엘리어트 파동이론
Elliott Wave Principle

**A. J. 프로스트, 로버트 R. 프렉터 주니어,
찰스 J. 콜린스** 지음
김태훈 옮김

엘리어트
파동이론

Elliott Wave Principle

**A. J. 프로스트, 로버트 R. 프렉터 주니어,
찰스 J. 콜린스** 지음
김태훈 옮김

이레미디어

20주년 판에 부치는 편집인의 글

• • •

『엘리어트 파동이론Elliott Wave Principle』은 다우지수가 790포인트이던 1978년 11월에 처음 나왔다. 이 책은 출간 즉시 엘리어트 파동이론에 대한 최고의 해설서로 인정받았지만 베스트셀러가 되기에는 판매량이 한참 모자랐다. 그러나 훌륭한 내용과 장기 예측의 정확성에 대한 관심이 높아지면서 해마다 판매량이 증가하여 월스트리트의 고전으로 자리 잡았다. 엘리어트 파동이론처럼 이 책도 시간의 시험을 통과한 것이다.

『엘리어트 파동이론』은 판을 거듭하면서 계속 진화했다. 이 책은 오랜 세월에 걸친 저자들의 지속적인 수정과 보완으로 해설서로서의 충실도를 높여왔다. 저자들의 이런 노력은 마침내 결실을 맺었다. A. J. 프로스트A. J. Frost는 1970년대에 "다우이론을 아는 백 명 중에 엘리어트 파동이론을 들어보기라도 한 사람은 한 명에 불과하다"는 해밀턴 볼튼Hamilton Bolton의 말을 자주 인용했다. 그러나 그는 1986년에 프렉터Robert R. Prechter, Jr.에게 전화를 걸어서 "상황이 바뀌기 시작했다"고 말했다.

수년 전만 해도 시장이 자기유사적Self-Similar인 패턴에 따라 움직인다는 생각은 상당한 논쟁을 불러일으켰다. 그러나 최근의 과학적 발견으로 자기유사적인 패턴이 금융시장을 포함한 복잡계의 근본적인 특성이라는 사실이 드러났다. 일부 복잡계는 성장과 정체 또는 하락을 반복하면서 비슷한 패턴의 규모가 커지는 '단속적 성장Punctuated Growth'을 한다. 자연계는 이러한 프랙탈Fractal로 가득하며, 20년 전에 이 책이 증명하고 60여 년 전에 엘리어트가 밝힌 대로 주식시장도 예외는 아니다.*

프로스트와 프렉터가 대상승장을 예측한 지 20년이 지났다는 사실을 믿기 어렵다. 그 규모는 애초 예상보다 훨씬 컸지만 저자들은 여전히 이 상승을 사이클 파동 V로 본다. 현재 시장은 15년 전에 프렉터가 한 예측을 그대로 따르고 있다. 당시 그는 '파동 V의 종결점이

---

* 로버트 프렉터는 1990년에 〈사회적 진전의 프랙탈 형식(The Fractal Design of Social Progress)〉이라는 글을 썼다. 이 글은 1986년 5월 기술적분석가협회에서 한 강연을 기반으로 쓴 것이며 앞으로 나올 책에 수록될 예정이다.

가까워지면 1929년, 1968년, 1973년에 나타난 모든 요소들의 영향으로 투자 심리가 열광적인 상태에 이를 것이며, 마지막에는 극단으로 치달을 것이다'라고 예측했다. 1998년 현재, 시장 통계와 투자 심리는 정확하게 그러한 모습을 보여주고 있다.

이 판본은 독자들이 직접 정확성을 검증할 수 있도록 과거 두 저자가 한 예측을 그대로 남겨놓았다. 투자분석가인 제임스 W. 코완James W. Cowan은 두 저자의 예측에 대해 '사소한 오류를 감안하더라도 1978년의 예측은 주식시장 역사상 가장 놀라운 예측으로 기록되어야 한다'라고 말한다.

이 대상승장이 미국 역사상 최대의 하락장으로 이어지면서 저자들의 두 번째 예측까지 들어맞을지는 더 지켜보아야 한다. 물론 저자들은 원래의 시나리오를 여전히 고수하고 있다.

이 글은 『엘리어트 파동이론』 20주년 판을 기념하여 존 와일리 앤 선즈John Wiley & Sons Ltd. 편집자가 작성하였다. (편집자)

감사의 글

● ● ●

우리는 엘리어트 파동이론에 대하여 언급할 가치가 있는 모든 내용을 이 책에 담으려고 노력했다. 그 과정에서 항상 고맙게 생각하는 사람들의 도움이 없었다면 이 책을 쓰지 못했을 것이다. 뱅크 크레디트 애널리스트의 앤서니 보에크Anthony Boeckh는 유용한 자료를 제공했다. 조-앤 드루Jo-Anne Drew는 몇 시간 동안 초고를 다듬어주었다. 로버트 프렉터 주니어의 부모님은 최종 원고를 꼼꼼하게 살펴주셨다. 메릴 분석Merrill Analysis, Inc.의 아서 메릴Arthur Merrill은 제작 과정에서 귀중한 도움을 제공했다. 그 밖에 너무나 많은 사람들이 조언과 격려를 아끼지 않았다. 그들 모두에게 감사인사를 전한다.

책에 나온 차트를 제공한 곳은 다음과 같다. 뱅크 크레디트 애널리스트: (그림 2-11, 5-5, 8-3), R. W. 맨스필드R. W. Mansfield: (그림 1-18), 메릴린치: (그림 3-12, 6-8, 6-9, 6-10, 6-12, 7-5), 스탠더드앤드푸어스의 추세선Trendline: (1-14, 1-17, 1-27, 1-37, 4-14). 그림 3-9는 트루디 H. 갈랜드Trudi H. Garland의 『놀라운 피보나치 수열Fascinating

Fibonaccis』, 데이비드 베르가미니David Bergamini의 『수학Mathematics』,
《라이프》, 《옴니Omni》, 《사이언티픽 아메리칸Scientific American》, 《사
이언스 86Science 86》, 《브레인/마인드 불리틴Brain/Mind Bulletin》, 《계
간 피보나치Fibonacci Quarterly》, 『노바-과학 탐험Nova-Adventures in
Science』, 대니얼 세츠먼Daniel Schechtman, 헤일Hale 천문대의 자료를
인용한 것이다. 부록에 나온 차트는 네드 데이비스 리서치Ned Davis
Research, 주기연구협회Foundation for the Study of Cycles, 《미디어 제너럴
파이낸셜 위클리The Media General Financial Weekly》에서 제공한 것이다.

다른 그림들은 밥 프렉터Bob Prechter: 본문와 데이브 올먼Dave Allman: 부
록이 작업했다.

저자들은 모든 자료의 출처를 밝히려고 노력했다. 빠진 부분은 실
수 때문이며, 지적이 있을 경우 추가 인쇄 시 바로잡도록 하겠다.

차례

차례

이 책을 천재성과 확고한 직업정신으로
엘리어트 파동이론의 보급에 기여한
고 해밀턴 볼튼에게 바칩니다.

머리말

• • •

2,000여 년 전, 한 사람이 지금까지 진리로 여겨지는 말을 남겼다.

한 세대가 가고 다음 세대가 오지만 땅은 영원히 남는다. 또한 태양은 떴다가 져서 온 곳으로 서둘러 돌아간다. 바람은 남쪽으로 불다가 방향을 돌려 북쪽으로 불며, 계속 맴돈다. 모든 강은 바다로 흘러가지만 바다는 넘치지 않으며, 흐름은 다시 강으로 돌아간다.…… 있었던 일은 앞으로 있을 일이며, 행해진 일은 앞으로 행해질 일이다. 태양 아래 새로운 것은 없다.

이 심오한 말의 의미는 인간의 본성과 그 패턴은 변하지 않는다는 것이다. 우리 세대 중 네 명이 이 진리를 기반으로 하여 경제학 분야에서 명성을 쌓았다. 그들의 이름은 아서 피구Arthur Pigou, 찰스 H. 다우Charles H. Dow, 버나드 바루크Bernard Baruch, 랠프 넬슨 엘리어트Ralph Nelson Elliott이다.

경기의 상승과 하강 즉 경기 순환을 설명하는 수백 가지 이론이 나왔다. 이 이론들은 통화 공급의 변동, 재고의 과다 조정 및 과소 조정, 정치적 영향에 따른 교역량의 변화, 소비자의 태도, 자본의 지출 심지어 태양 흑점과 행성의 배열을 순환의 근거로 들었다. 영국의 경제학자인 피구는 인간의 심리가 경기 순환의 이유라고 주장했다. 그는 과도한 낙관에 뒤이은 과도한 비관이 경기의 상승과 하강을 초래한다고 말했다. 한쪽으로 지나치게 치우친 분위기는 공급 과잉을 초래한 뒤 다시 반대쪽으로 지나치게 치우쳐서 공급 부족을 초래한다. 이처럼 한쪽의 과잉이 반대쪽의 과소를 낳는 현상은 심장의 확장과 수축처럼 영원히 계속된다.

주가의 변동을 깊이 있게 연구한 찰스 H. 다우는 특정한 움직임이 지속적으로 반복된다는 사실을 발견했다. 그는 주가가 언뜻 바람결에 이리저리 떠도는 풍선처럼 혼란스럽게 움직이는 것 같아 보이지만 실은 규칙적인 순서를 따른다는 점을 깨달았다. 이 깨달음을 바탕으로 하여 그는 시간의 시험을 견뎌낸 두 가지 법칙을 밝혀냈다. 첫 번째 법칙은 시장의 상방 추세가 세 가지 성향을 지닌다는 것이다. 그 성향을 살펴보면 첫째, 앞선 하방 추세가 초래한 과도한 비관적 전망에 따른 하락으로부터의 반등이다. 둘째는 경기 및 실적 개선에 따른 상승이며, 셋째는 과도한 저평가에 대한 반발이다. 다우의 두 번째 법칙은 모든 시장의 변동에서 상승이든 하락이든 특정한 시점이 되면 8분의 3 또는 그 이상을 되돌리는 조정이 발생한다는 것이다. 다만 다우는 이 법칙들을 투자심리와 명확하게 연관 짓지는 않았다. 그러나 시장은 사람이 만드는 것이며, 다우가 지적한 시장의 지속성이나 반복성 또한 사람에게서 나온다.

주식 투자로 수백만 달러를 번 거부이자 대통령 자문을 지낸 바루크는 다음과 같은 말로 핵심을 찔렀다. "실질적으로 주식시장에 변동을 일으키는 것은 사건 자체가 아니라 사건에 대한 사람들의 반응이다. 간단하게 말해서 수백만 명의 사람들이 특정한 사건에 대하여 가지는 감정이 미래에 영향을 끼친다. 주식시장은 결국 사람이 움직인다. 사람들은 미래를 읽으려고 애쓰는데, 이러한 경향이 주식시장의 움직임을 극적으로 만든다. 주식시장은 상반되는 판단, 희망과 공포,

강점과 약점, 탐욕과 이상이 뒤섞이는 곳이다."

 랠프 N. 엘리어트는 이 이론들이 소개될 무렵 자신의 이론을 정립하고 있었다. 그러나 그는 아마 피구의 이름을 들어보지도 못했을 것이다. 멕시코에서 일하던 그는 건강이 나빠지자(빈혈증으로 기억한다) 요양을 위해 캘리포니아로 갔다. 여유가 생긴 그는 다우지수의 변동을 연구하기 시작했다. 이 연구를 통해 그는 주식시장에서 반복적으로 드러나는 패턴을 발견했으며, 이 발견을 바탕으로 다우의 이론보다 훨씬 광범위하고 정확한 이론을 수립했다. 엘리어트와 다우는 모두 시장의 움직임에 영향을 미치는 심리적 요소를 파악해냈다. 그러나 다우는 굵은 붓으로 거칠게 그림을 그린 반면 엘리어트는 더 넓고 세밀한 그림을 그렸다.

 나는 엘리어트와 편지를 나누었다. 그는 내가 발행하던 주간 주식시장 소식지에 글을 싣고 싶어 했다. 몇 번 편지가 오가다가 1935년 1분기 때 마침내 결정적인 계기가 마련되었다. 당시 주식시장은 1933년의 고점과 1934년의 저점을 지나 상승하던 중이었다. 그러나 1935

년 1분기에 다우 철도평균지수Dow Railroad Average는 다시 1934년의 저점 아래로 떨어졌다. 투자자, 경제학자, 주식시장분석가들이 1929년부터 1932년 사이에 겪은 힘든 기억에서 아직 회복하지 못한 상황이었기 때문에 1935년의 급락은 심한 불안을 불러일으켰다. 주식시장이 더 깊은 침체에 빠질지 모른다는 우려가 팽배했다.

주가가 하락하던 마지막 날, 엘리어트는 편지를 보내왔다. 편지에는 이번 하락이 앞으로 훨씬 오래 지속될 상승장의 첫 번째 조정이며, 이 조정은 이미 끝났다는 내용이 담겨 있었다. 그 후 몇 개월 동안 시장은 그의 예측대로 흘러갔다. 나는 주말 동안 그를 미시간 주에 있는 집으로 초대하여 비결을 물어보았다. 그는 자신의 이론을 자세하게 들려주었다. 나는 그의 이론에 관심이 갔다. 그러나 자신의 이론에 따라 모든 결정을 내려야 한다고 주장하는 바람에 같이 일할 수는 없었다. 대신 내게 연구내용을 알려준 대가로 월가에서 일자리를 얻도록 도와주고 그의 이름으로 『파동이론』이라는 소책자를 내주었다. 또한 내가 글을 싣던 《파이낸셜 월드Financial World》에도 그를 소개해주었다. 나중에 그는 『파동이론』의 내용을 보충하여 『자연의 법칙 Nature's Law』이라는 책을 썼다. 그는 이 책에서 자신의 시각을 뒷받침 하는 피보나치 수열의 마법을 비롯한 심오한 근거들을 제시했다.

이 책의 두 저자는 엘리어트 파동이론의 전문가로서 많은 투자자 들이 성공투자에 참고하여 보람을 얻기를 바라고 있다.

찰스 J. 콜린스 Charles J. Collins

1934년 11월 28일

콜린스 씨,

한동안 이 편지를 쓰려고 애썼지만 제가 원하는 인상을 남길 마땅한 표현을 찾지 못했습니다. 지금도 그럴 수 있을지 확신하지 못하고 있습니다. 개인적으로 당신을 알지는 못하지만 제가 대단히 높게 평가하는 소식지를 자주 접하다보니 친숙한 느낌이 듭니다. 저의 추천으로 친구 몇 명도 당신의 소식지를 구독하게 되었습니다. 저는 레아 Robert Rhea 씨의 책과 소식지도 누구보다 먼저 구독했습니다.

저는 약 6개월 전에 주가의 변동이 지닌 세 가지 특징을 발견했습니다. 제가 알기로는 모두 새로운 내용들입니다. 제 발견이 다우이론을 보완할 것이라고 주장해도 오만한 것은 아니라고 믿습니다.

당연히 저는 이 발견에 대한 소득을 얻고 싶습니다. 당신은 전국적으로 소식지를 발행합니다. 저는 우리가 서로에게 만족스러운 조건을 이끌어낼 수 있다고 생각합니다. 당신은 소식지에서 가끔 '다른 정보 소스들'을 언급했습니다. 그래서 제 이론에도 관심을 가질 것이라는 희망이 생겼습니다. 당신의 소식지를 보건대 아직 제 이론은 접하지 못한 것으로 생각됩니다.

제 이론은 아무런 참고사항 없이 적용할 수 있습니다. 가령 다우지수가 지난 4월에 107포인트의 고점에 이르렀을 때 저는 대략 언제쯤 85포인트에서 저점이 형성될 것인지 예측할 수 있었습니다. 물론 당신의 소식지는 롱 포지션을 버릴 근거로 다우이론을 들 수도 있습니다. 또한 저는 이러한 일이 언제나 가능하다고 주장하는 것은 아닙니다. 그래도 제 이론을 소개했다면 말할 필요도 없이 소식지의 명성은 크게 높아졌을 것입니다. 예측을 하나 하자면 현재의 대상승장은 대하락장으로 이어질 것입니다. 이 예측은 의견이 아니라 규칙을 적용한 결과입니다.

제 이론은 다우이론보다 기계적이지 않으며, 훨씬 강력한 예측력을 발휘합니다. 소규모, 중규모, 대규모 진행의 말기에는 거의 예외 없이 되돌림 신호가 발생합니다. 또한 주가의 모든 움직임을 반영하는 파동은 여섯 가지로 분류할 수 있습니다. 그리고 1932년의 저점으로부터 지금까지 83퍼센트의 정확도를 보이는 시간요소도 파악했습니다. 시장에서 괴리가 일어날 때 시간요소는 일시적으로 정석에서 벗어납니다.

당신이 캘리포니아로 오실 생각이 없다면 제가 디트로이트를 방문할 비용을 지불해주실 수 있으시겠습니까? 이곳에 있는 당신의 에이전트인 오스본 씨를 알고 있으며, 저에게 좋은 인상을 줄 것이라고 믿습니다. 그러나 그를 비롯한 어느 누구도 아직 저의 발견에 대해 모른다는 점을 미리 말씀드립니다.

감사합니다.

R. N. 엘리어트

저자 노트

• • •

이 책을 같이 쓰면서 우리는 펭귄에 대한 책을 읽고 "이 책에는 내가 펭귄에 대해 알고 싶은 것보다 너 많은 내용이 나와"라고 말한 어린 소녀를 기억했다. 우리는 간단하고 명확하게 파동이론을 설명하려고 애썼으며, 대부분의 경우 기술적인 내용을 지나치게 세부적으로 파고드는 일은 피했다.

파동이론의 기본적인 내용들은 명확한 설명만 있으면 쉽게 배우고 적용할 수 있다. 그러나 불행하게도 파동이론을 다룬 초기 저작들은 절판되었으며, 그 후 여기저기에서 산발적으로 언급만 되었을 뿐 대표적인 참고서적은 없었다. 우리는 경험 많은 분석가나 관심 있는 일반인 모두가 이 책을 읽고 난 뒤 엘리어트 파동이론을 제대로 이해할 수 있도록 노력했다.

우리는 독자들이 직접 다우지수를 관찰하여 엘리어트 파동이론의 법칙들이 어떻게 구현되는지 확인하기를 바란다. 그러면 시장을 분석하는 새롭고 놀라운 시각을 얻을 수 있을 것이다. 엘리어트 파동이론은 삶의 다른 영역에도 적용할 수 있는 수학적 철학을 제공한다.

물론 엘리어트 파동이론이 모든 문제에 해결책을 제시하지는 못하지만 인간 행동 특히 시장 행동을 좌우하는 심리를 이해하는 데 중요한 관점을 제공해줄 것이다. 엘리어트 파동이론은 혼자서 쉽게 증명할 수 있으며, 새로운 시각으로 주식시장을 바라볼 수 있도록 해준다.

1978년
A. J. 프로스트, 로버트 R. 프렉터 주니어

1부

파동이론이란
무엇인가

● 파동이론은 현존하는 최고의 주가예측도구이지만 근본적으로는 주가예측도구가 아니라 시장 행동을 구체적으로 설명하는 방법론이다. 이 설명은 연속되는 변화의 경로에서 시장이 현재 어느 위치에 있는지 그리고 앞으로 어떻게 나아갈지를 말해준다.

1장

• • •

파동이론의
기본 개념

해밀턴 볼튼은 『엘리어트 파동이론-비판적 평가The Elliott Wave Principle-A Critical Appraisal』의 글머리에서 다음과 같이 썼다.

대공황, 제2차 세계대전, 전후 복구와 호황을 거치며 도저히 예측할 수 없는 경제적 상황을 지나온 지금, 나는 엘리어트 파동이론이 얼마나 현실에 부합하는지 깨달았다. 그래서 이 이론이 훌륭한 가치를 지녔다는 나의 믿음은 더욱 확고해졌다.

1930년대에 랠프 넬슨 엘리어트는 주가가 파악 가능한 패턴에 따라 오르내린다는 사실을 발견했다. 그가 발견한 패턴은 반복적인 형태로 나타났지만 시간이나 진폭은 다르게 나타났다. 엘리어트는 주가 차트에서 반복적으로 드러나는 13가지 패턴 또는 파동을 정리한 다음 이름과 정의 그리고 설명을 덧붙였다. 뒤이어 그는 각 패턴이 결합하여 형태는 같지만 규모가 더 큰 패턴을 형성하면서 구조화된 진행을 한다는 점을 설명했다. 엘리어트는 이 현상에 파동이론이라는 이름을 붙였다.

파동이론은 현존하는 최고의 주가예측도구이지만 근본적으로는 주가예측도구가 아니라 시장 행동을 구체적으로 설명하는 방법론이다. 이 설명은 연속되는 변화의 경로에서 시장이 현재 어느 위치에 있는지 그리고 앞으로 어떻게 나아갈지를 말해준다. 파동이론의 핵심가치는 주가를 분석하기 위한 맥락을 제공한다는 데 있다. 이 맥락은 시장의 위치를 가늠하고 전망하는 사고와 관점의 근거가 된다. 변화의 방향을 정확하게 파악하고 예측하는 파동이론의 능력은 때로 믿기 어려울 정도이다. 인간이 보이는 집단행동 가운데 다수는 파동이론을 따르지만 가장 보편적으로 적용할 수 있는 분야는 주식시장이다. 주식시장은 일반인이나 전문가가 판단하는 것보다 훨씬 강하게 인간적인 조건의 영향을 받는다. 주가의 수준은 전체 생산역량에 대한 보편적인 평가를 직접적으로 반영한다. 이러한 평가가 일정한 형태로 드러난다는 사실은 사회학을 근본적으로 혁신시킬 중요한 의미를 지닌다고 볼 수 있다. 그러나 이 문제는 다른 기회에 다루도록 하겠다.

엘리어트의 천재성은 다우존스 산업평균지수와 이전의 지수를 철저하고 정확하게 분석하여 1940년대 중반까지 알려진 모든 시장 행동을 반영하는 일련의 법칙들을 구성해냈다는 점에 있다. 다우지수가 100포인트에 가까웠으며, 대부분의 투자자들이 1929년의 고점을 돌파하기는 불가능하다고 생각하던 시기에 엘리어트는 향후 수십 년 동안 모두의 예상을 뛰어넘는 대상승장이 이어질 것이라고 예측했다. 앞으로 살펴보겠지만 이처럼 엘리어트 파동이론을 활용하여 수년 전에 정확하게 시장의 움직임을 예측해낸 사례들은 여러 곳에서 찾아볼 수 있다.

엘리어트는 자신이 발견한 패턴의 기원과 의미를 설명하는 이론을 정립했는데, 3장에서 그 부분을 설명하도록 하겠다. 1장과 2장에서 설명하는 패턴들은 시간의 시험을 이겨낸 것들이다.

최근에 등장한 전문가들 중에는 피상적이고 즉흥적으로 지수를 분석하여 같은 엘리어트 파동이론을 활용했음에도 불구하고 시장의 상황을 다르게 해석하는 경우도 있다. 그러나 산술 척도와 반半로그 Semilog 척도에 따라 차트를 분석하고, 이 책에서 제시한 규칙과 지침을 참고한다면 대부분의 불확실성을 제거할 수 있을 것이다. 엘리어트 파동이론의 세계로 오신 것을 환영한다.

: 파동이론의 기본 원칙

파동이론에 따르면 시장의 모든 결정은 의미 있는 정보를 바탕으로 이루어지며, 시장의 결정이 의미 있는 정보를 만든다. 또한 투자 결정의 결과인 개별거래는 다른 투자자들에게 정보를 제공하여 연쇄적인 행동을 유발하는 원인으로 작용한다. 이러한 순환구조는 인간의 사회적 속성에 영향을 받으며, 속성이 반영되는 절차는 일정한 형태를 지니게 된다. 이 형태는 반복적으로 나타나기 때문에 예측이 가능하다.

때로 시장은 외부의 조건과 사건들을 반영하는 것처럼 보이기도 한다. 그러나 다른 경우에는 대부분의 사람들이 영향을 미칠 만하다고 생각하는 조건으로부터 완전히 분리되어 움직인다. 그 이유는 시장이 자체적인 법칙을 가졌기 때문이다. 이 법칙은 일상에서 자주 경험하는 직선적인 인과성에는 좌우되지 않는다. 주가 변동은 뉴스의 산물이 아니다. 시장도 일부에서 주장하는 것처럼 주기적으로 순환하는 기계장치가 아니다. 시장의 움직임은 인과성이나 주기성으로부터 독립된 형태의 반복으로 이루어진다.

주가의 진행은 파동으로 나타나는데, 파동은 방향성을 지닌 움직임의 패턴을 말한다. 그렇다면 자연적으로 발생하는 파동의 패턴들을 살펴보도록 하자.

•• 5파 패턴

시장에서 추세는 5파라는 구체적인 구조를 지닌다. 그림 1-1에 나온 대로 5파 중에서 1, 3, 5로 표기된 세 개의 파동은 전체적인 움직임의 방향을 결정짓는다. 이 파동들 사이에 2, 4로 표기된 두 개의 조정파동이 끼어든다. 조정파동은 방향성을 결정짓는 데 반드시 필요한 요소이다.

엘리어트는 5파 패턴의 세 가지 법칙을 제시했다. 그 법칙은 파동 2가 파동 1의 시작짐을 넘지 않는나는 섯, 파동 3은 가장 짧은 파동이 아니라는 것, 파동 4는 파동 1의 종결점을 넘지 않는다는 것이다.

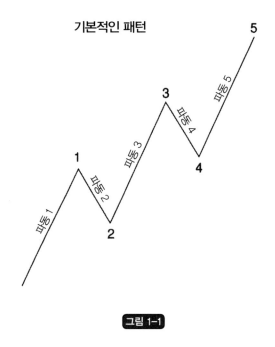

기본적인 패턴

그림 1-1

엘리어트는 5파 패턴이 유일한 근본적인 형태라고 말하지 않았지만 명백히 그러하다고 말할 수 있다. 가장 큰 그림으로 보면 언제나 5파 패턴을 통해 시장의 위치를 파악할 수 있다. 5파 패턴은 시장이 따르는 가장 근본적인 형태로서 다른 모든 패턴을 종속시킨다.

•• 파동의 종류

파동에는 두 가지 종류가 있는데, 바로 동인파동Motive Wave과 조정파동Corrective Wave이 그것이다. 동인파동은 5파 패턴을, 조정파동은 3파 패턴이나 그 변형을 보여준다. 동인파동은 그림 1-1에 나온 5파 패턴과 동일한 방향으로 나아가는 파동 1, 3, 5를 모두 가리킨다. 강력하게 시장을 추동하기 때문에 '동인動因'파동으로 불린다. 조정파동은 추세를 되돌리는 모든 파동과 그림 1-1에 나온 파동 2, 4를 가리킨다. 조정파동은 이전의 파동을 되돌리지만 그 정도는 부분적인 수준에 그친다. 이처럼 두 파동은 근본적으로 다른 성격을 지닌다. 이 장에서는 두 파동의 역할과 구조에 대해 자세히 살펴볼 것이다.

•• 완전한 주기

하나의 완전한 주기는 그림 1-2에 나온 대로 5파로 구성되는 상승국면과 3파로 구성되는 조정국면으로 나누어진다. 5파를 구성하는 하위파동들은 숫자로, 3파를 구성하는 하위파동들은 알파벳으로 표기된다. 그림 1-1에서 파동 2가 파동 1을 조정하듯이 파동 A, B, C는

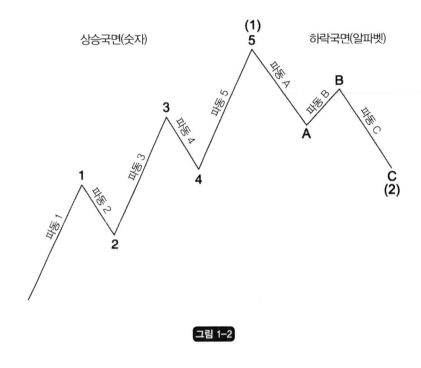

상승국면(숫자)　　　　　　(1)　　　하락국면(알파벳)
　　　　　　　　　　　　　　5

그림 1-2

파동 1, 2, 3, 4, 5를 조정한다.

·· 복합 구성

　그림 1-2에 나온 최초의 8파 주기가 끝나면 5파로 시작되는 새로운 주기가 시작된다. 이러한 개별적인 패턴들이 모여서 한 단계 더 큰 패턴을 형성한다. 그 결과가 그림 1-3에 나오는 (5)를 고점으로 한 패턴이다. 이 대형 5파 패턴은 비슷한 규모의 3파 패턴으로 조정을 받아서 전체 패턴을 형성한다.

①, ② = 2파
(1), (2), (3), (4), (5), (A), (B), (C) = 8파
1, 2, 3, 4, 5, A, B, C, 기타 = 34파

그림 1-3

그림 1-3에 나온 대로 동인파동과 같은 방향으로 나아가는 각 요소(예: 파동 1, 파동 3, 파동 5)와 완전한 주기에 속한 작은 주기(예: 파동 1+2, 파동 3+4)는 전체 패턴의 작은 버전에 해당한다.

여기서 이해하고 넘어가야 할 사항이 있다. 그림 1-3은 그림 1-2의 확대 버전일 뿐만 아니라 보다 구체적으로 표현한 그림 1-2 자체이기도 하다. 그림 1-2에서 하위파동 1, 3, 5는 5파로 세분화할 수 있는 동인파동이며, 하위파동 2, 4는 3파로 세분화할 수 있는 조정파동이다. 그림 1-3의 파동 (1)과 (2)를 현미경으로 살펴보면 파동 ①과 ②

같은 형태를 갖게 될 것이다. 다만 규모에 상관없이 형태는 일정하다. 그래서 설정한 규모에 따라 그림 1-3으로 2파, 8파, 34파를 계산할 수 있다.

˙˙파동의 근본 구조

그림 1-3에서 큰 조정파동인 ②를 구성하는 파동 중에 아래로 향하는 (A)와 (C)는 각각 5파(1, 2, 3, 4, 5)로 구성되어 있다. 반면 위로 향하는 (B)는 3파(A, B, C)로 구성되어 있다. 이러한 구성은 중요한 사실을 드러낸다. 동인파동이 항상 위로 향하는 것은 아니며, 조정파동이 항상 아래로 향하는 것은 아니라는 점이다. 파동의 성격은 절대적인 방향이 아니라 상대적인 방향에 따라 결정된다. 나중에 설명할 네 가지 예외를 제외하고 모든 파동은 그것이 일부를 구성하는 더 큰 규모의 파동과 같은 방향으로 나아가는 동인파동(5파)과 반대 방향으로 나아가는 조정파동(3파 또는 변형)으로 구분된다. (A)와 (C)는 ②와 같은 방향으로 나아가므로 동인파동이다. (B)는 (A)를 되돌리고 ②와 반대 방향으로 나아가므로 조정파동이다. 결론적으로 파동의 근본 구조는 규모를 막론하고 한 단계 더 큰 추세와 같은 방향으로 나아가는 작용은 5파로 형성되고 그에 반하는 반작용은 3파로 형성된다고 보면 된다.

그림 1-4는 파동의 형태, 규모, 상대적 방향의 양상을 한 단계 더 키운 것이다. 모든 시장 주기에서 파동은 아래에 나온 표와 같이 나

누어진다.

각 규모별 파동의 수				
	동인 (충격)	+	조정 (지그재그)	= 주기
가장 큰 파동	1		1	2
가장 큰 하위파동	5		3	8
그 다음 하위파동	21		13	34
그 다음 하위파동	89		55	144

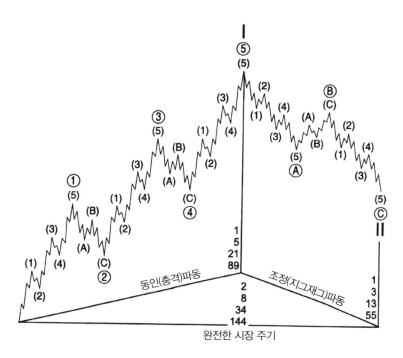

그림 1-4

그림 1-2, 1-3의 경우와 마찬가지로 그림 1-4도 최종적인 패턴은 아니다. 이 대형 파동도 자동적으로 더 큰 파동의 하위파동이 된다. 진행이 계속되는 한 더 큰 규모의 파동을 형성하는 과정은 멈추지 않는다. 반대로 파동을 더 작은 규모의 파동으로 나누는 과정도 끝없이 진행된다. 따라서 모든 파동은 하위파동을 가지며, 하위파동 자체이기도 하다.

•• 왜 5파 – 3파인가?

엘리어트는 시장 행동의 근본적인 형태가 5파 진행과 3파 조정으로 구성되는 이유를 따지지 않았다. 단지 그것이 현상이라고 지적했을 뿐이다. 시장 행동의 근본적인 형태는 무조건 5파와 3파로 구성되어야 하는 것일까? 생각해보면 그것이 변동Fluctuation과 진전Progress을 이루는 최소의, 따라서 가장 효율적인 구성이라는 사실을 알 수 있다. 하나의 파동으로는 변동을 이룰 수 없다. 변동을 이루려면 최소한 세 개의 파동이 필요하다. 또한 양방향으로 나아가는 부적당한 크기를 가진 세 개의 파동은 진전을 이루지 못한다. 일정한 기간 동안 조정이 있더라도 한 방향으로 진전이 이루어지려면 적어도 다섯 개의 파동이 필요하다. 그래야 세 개의 파동보다 더 많은 거리를 이동하면서 변동성을 유지할 수 있다. 더 많은 파동이 존재할 수 있지만 단속적 진전Punctuated Progress을 이루는 가장 효율적인 형태는 5파-3파이다. 자연계는 대개 가장 효율적인 이 경로를 따른다.

••파동의 규모: 명칭과 표기

모든 파동은 상대적인 크기 또는 규모에 따라 구분되며, 파동의 규모는 하위파동, 인접파동, 상위파동에 대비한 크기와 위치에 따라 결정된다. 엘리어트는 60분 차트로 파악할 수 있는 가장 작은 규모부터 당대까지 존재한 데이터로 추측할 수 있는 가장 큰 규모까지 파동을 9단계로 나누었다. 그리고 큰 순서부터 작은 순서대로 각각 그랜드 슈퍼사이클Grand Supercycle, 슈퍼사이클Supercycle, 사이클Cycle, 프라이머리Primary, 인터미디에이트Intermediate, 마이너Minor, 마이뉴트Minute, 미뉴엣Minuette, 서브미뉴엣Subminuette으로 이름 붙였다. 사이클 파동은 프라이머리 파동으로, 프라이머리 파동은 인터미디에이트 파동으로, 인터미디에이트 파동은 마이너 파동으로 나누어진다. 현재 이 명칭이 흔히 사용되고 있으나 명칭 자체는 파동의 규모를 파악하는 데 그다지 중요하지 않다.

차트에서 파동을 효과적으로 구분하려면 일정한 표기법이 필요하다. 우리는 다음 표에 나오는 대로 숫자와 문자를 이용하여 일련의 표준화된 표기법을 만들었다. 파동의 규모는 양방향으로 무한정 계속된다. 이 표기법은 쉽게 기억할 수 있는 반복적 패턴에 기반을 두었다. 동인파동은 로마자와 숫자로 표기되며, 조정파동은 알파벳으로 표기된다. 마이너를 기준으로 로마자의 대문자와 소문자가 구분되기 때문에 쉽게 규모를 파악할 수 있을 것이다. 다만 이 책에 소개된 일부 차트는 이 표기법을 적용하기 전에 만들어졌다.

파동 규모	5파					3파		
	(↑다음 표기는 숫자)					(↑다음 표기는 대문자)		
그랜드 슈퍼사이클	Ⓘ	Ⓘ	Ⓘ	Ⓘ	Ⓥ	ⓐ	ⓑ	ⓒ
슈퍼사이클	(Ⅰ)	(Ⅱ)	(Ⅲ)	(Ⅳ)	(Ⅴ)	(a)	(b)	(c)
사이클	Ⅰ	Ⅱ	Ⅲ	Ⅳ	Ⅴ	a	b	c
프라이머리	①	②	③	④	⑤	Ⓐ	Ⓑ	Ⓒ
인터미디에이트	(1)	(2)	(3)	(4)	(5)	(A)	(B)	(C)
마이너	1	2	3	4	5	A	B	C
마이뉴트	ⓘ	ⓘ	ⓘ	ⓘ	ⓥ	ⓐ	ⓑ	ⓒ
미뉴엣	(ⅰ)	(ⅱ)	(ⅲ)	(ⅳ)	(ⅴ)	(a)	(b)	(c)
서브미뉴엣	ⅰ	ⅱ	ⅲ	ⅳ	ⅴ	a	b	c
	(↓다음 표기는 숫자)					(↓다음 표기는 대문자)		

과학적으로 가장 이상적인 형태는 1_1, 1_2, 1_3, 1_4, 1_5……처럼 파동의 규모에 상응하는 크기의 숫자를 아래에 작게 첨가하는 것이다. 그러나 그렇게 하면 차트상으로 많은 숫자를 읽기가 어렵다. 반면 위 표기법은 간단하게 식별할 수 있다.

이러한 명칭과 표기가 구체적으로 인식할 수 있는 파동의 규모를 가리킨다는 사실을 이해하는 것이 중요하다. 명칭을 활용하면 위도와 경도로 지리적 위치를 파악하듯이 주식시장의 전반적인 진행과정에서 파동의 위치를 정확하게 파악할 수 있다. 가령 특정한 주가의 위치를 '슈퍼사이클 파동 (Ⅴ), 사이클 파동 Ⅰ, 프라이머리 파동 ⑤,

인터미디에이트 파동 (3), 마이너 파동 1, 마이뉴트 파동 ⓥ'로 설명할 수 있다.

모든 파동은 특정한 규모를 지닌다. 그러나 생성 중인 파동, 특히 새로운 파동의 시작에 해당하는 하위파동의 규모를 정확하게 파악하기란 불가능하다. 규모는 특정한 주가나 지속 시간이 아니라 주가와 시간의 작용으로 만들어지는 형태에 따라 결정되기 때문이다. 다행히 파동의 규모를 정확하게 알지 못해도 성공적인 예측을 할 수 있다. 중요한 것은 상대적인 규모이기 때문이다. 강한 상승이 임박했음을 아는 것이 정확한 파동의 규모를 아는 것보다 더 중요하다. 규모는 언제나 나중에 일어나는 변화를 통해 명확해진다.

‥파동의 기능

모든 파동은 '작용'과 '반작용' 둘 중 하나의 기능을 한다. 보다 구체적으로 말하자면 파동은 한 단계 더 큰 규모의 파동에 동조하거나 맞선다. 파동의 기능은 상대적인 방향에 따라 결정된다. 작용파동은 그것이 속한 한 단계 더 큰 규모의 파동과 같은 방향으로 나아간다. 반면 반작용파동은 그것이 속한 한 단계 더 큰 규모의 파동과 반대 방향으로 나아간다. 작용파동은 홀수와 문자(예: 그림 1-2의 1, 3, 5와 a, c)로, 반작용파동은 짝수와 문자(예: 그림 1-2의 2, 4와 b)로 표기된다.

모든 반작용파동은 조정 모드로 생성되지만 모든 작용파동이 동인 모드로 생성되는 것은 아니다. 대부분의 작용파동은 5파로 나누어진다. 그러나 앞으로 설명하겠지만 소수의 작용파동은 3파 내지 그 변형으로 나누어지면서 조정 모드로 생성되기도 한다. 작용 기능과 동인 모드를 구분하려면 패턴 형성에 대한 구체적인 지식이 필요하다. 그림 1-1부터 1-4에 나온 형태에서는 그 구분이 명확하지 않다. 나중에 설명할 여러 가지 형태를 잘 이해하면 이 개념들을 제시하는 이유가 명확해질 것이다.

·· 파동의 변형

앞서 설명한 근본 구조로 시장 행동을 완전하게 설명할 수 있다면 파동이론을 적용하기가 한결 쉬울 것이다. 그러나 현실은 그렇게 단순하지 않다. 시장의 주기성이라는 개념은 정확한 반복을 전제하지만 파동의 개념은 엄청난 변형을 허용한다. 세상은 그에 대한 증거로 가득하다. 이 장의 나머지 부분은 시장이 실제로 어떻게 움직이는지 설명하는 데 할애될 것이다. 그것이 엘리어트가 설명하고자 시도하여 결국 성공한 일이다.

엘리어트는 다수의 구체적인 변형들을 자세하게 설명했다. 그는 각 패턴이 인식 가능한 경향과 요건을 지녔다는 중요한 사실을 지적했다. 그리고 이 사실을 기반으로 하여 파동을 파악하는 수많은 규칙과 지침을 만들어냈다. 그것들을 자세하게 알아야만 시장이 할 수 있는 일과 하지 않는 일을 알 수 있게 된다.

2장과 4장은 파동을 적절하게 파악하는 데 필요한 지침들을 소개할 것이다. 시장분석가가 될 생각이 없거나 기술적인 세부사항에 관심이 없다면 아래 부분만 읽고 바로 3장으로 건너뛰어도 된다. 아래 부분은 전체 내용을 간략하게 소개한 것으로 나중에 나올 개념들을 익히기 위해 꼭 읽어둘 필요가 있다.

•• 파동이론의 기술적 부분 요약

지금부터 2장까지 설명할 파동이론의 기술적인 부분을 최대한 간략하게 정리하도록 하겠다. 대부분의 동인파동은 충격파동의 형태를 띤다. 그림 1-1부터 1-4에 걸쳐서 나온 5파 패턴이 그러한 예이다. 이 패턴에서 하위파동 4는 하위파동 1과 겹치지 않으며, 하위파동 3은 가장 짧은 파동이 아니다. 충격파동의 진행은 대개 평행한 궤도 안에서 이루어진다. 충격파동에서 1, 3, 5 중 하나의 동인파동은 대개 다른 두 파동보다 훨씬 길게 연장된다. 동인파동에는 대각삼각형 Diagonal Triangles으로 불리는 두 가지 드문 변형이 있다. 쐐기 형태인 이 패턴은 시작부분(파동 1 또는 파동 A)과 종결부분(파동 5 또는 파동 C)에서만 나타난다. 조정파동은 많은 변형을 보이는데, 주요 변형으로는 그림 1-2, 1-3, 1-4에서 나타나는 지그재그Zigzag 파동과 플랫Flat 파동, 삼각형Triangle 파동이 있다. 이 세 가지 조정 패턴은 합쳐져서 W, X, Y, Z로 표기되는 하위파동을 포함하는 보다 복잡한 조정파동을 형성할 수 있다. 충격파동에서 파동 2와 4는 거의 언제나 다른 형태를 지닌다. 대개 한 조정파동은 지그재그형이며 다른 조정파동은 플랫이나 삼각형이다. 조정은 대개 같은 규모의 앞선 충격파동에 속한 파동 4의 범위 안에서 끝난다. 각 파동은 모멘텀과 투자심리 면에서 특징적인 성격과 거래량을 드러낸다.

이제 일반 독자들은 3장으로 바로 가도 된다. 지금부터 보다 자세한 내용을 알고 싶어하는 사람들을 위해 구체적인 파동의 형태를 설명할 것이기 때문이다.

: 파동의 종류별 분석

·· 동인파동

동인파동은 5파로 나누어지며 언제나 한 단계 더 큰 규모의 파동과 같은 방향으로 나아간다. 또한 명확하게 드러나기 때문에 상대적으로 쉽게 파악할 수 있다.

동인파동 내에서 파동 2는 언제나 파동 1의 100퍼센트보다 적게 되돌리며, 파동 4는 언제나 파동 3의 100퍼센트보다 적게 되돌린다. 또한 파동 3은 언제나 파동 1의 종결점을 넘어서 나아간다. 동인파동의 목표는 진전을 이루는 것이며, 앞서 말한 형성규칙들이 그것을 보장한다.

엘리어트는 가격 측면에서 파동 3이 종종 동인파동의 세 작용파동 (1, 3, 5) 중에서 가장 길며, 절대 가장 짧지 않다는 사실을 발견했다.

파동 3의 구간이 파동 1과 5의 구간보다 더 큰 비중을 차지하는 한 이 규칙은 충족된 것으로 본다. 산술 척도에서도 이 규칙은 거의 언제나 유효하다. 동인파동은 충격파동과 대각삼각형 파동 두 종류로 나뉘어진다.

■ 충격파동

가장 흔한 형태의 동인파동은 충격파동이다. 충격파동에서 파동 4는 파동 1의 범위 안으로 들어가지(중복되지) 않는다. 이 규칙은 레버리지를 쓰지 않는 모든 현금시장에 적용된다. 레버리지를 많이 쓰는 선물시장은 단기적으로 현금시장에서 발생하지 않는 극단적인 가격 변동을 일으킨다. 그렇다고 해도 파동 4가 파동 1의 범위와 중복되는 일은 하루 동안에 그치며, 그나마도 매우 드물게 생긴다. 또한 충격파동에 속한 작용파동(1, 3, 5)은 동인파동이며, 하위파동 3은 분명한 충격파동이다. 그림 1-2, 1-3, 1-4는 모두 1, 3, 5, A, C 위치에서 형성된 충격파동을 보여준다.

앞서 설명했듯이 충격파동은 소수의 단순한 규칙으로 설명할 수 있다. 그것을 규칙으로 부르는 이유는 적용되는 모든 파동의 성격을 규정하기 때문이다. 전형적이지만 절대적이지 않은 파동의 특성은 '지침'으로 불린다. 연장Extention, 절단Truncation, 교대Alternation, 동등성, 궤도 설정, 성격, 비율관계를 비롯한 충격파동의 형성에 대한 지침은 지금부터 4장까지 논의될 것이다. 규칙을 절대 무시해서는 안 된다.

저자들은 수년에 걸쳐 수많은 패턴을 분석했지만 규칙에 어긋난 경우는 한 번밖에 보지 못했다. 따라서 이 장에서 설명하는 규칙에 어긋난 분석을 하는 사람들은 파동이론을 따르고 있지 않다고 보면 된다. 이 규칙들은 정확한 분석을 하는 데 대단히 유용하다.

■ 연장

대부분의 충격파동은 엘리어트가 말한 연장파동을 지닌다. 연장파동은 길게 늘어난 충격파동을 말한다. 대부분의 충격파동은 세 개의 하위작용파동 중 하나의 연장파동을 포함한다. 때로 연장파동의 하위파동은 더 큰 충격파동에 속한 다른 네 개의 파동과 거의 같은 진폭과 지속시간을 가지면서, 일반적인 다섯 개의 파동이 아닌 아홉 개의 파동을 형성한다. 이렇게 9파 패턴이 형성되면 어떤 것이 연장파동인지 구분하기 어려운 경우가 있다. 그러나 파동이론에서 9파와 5파는 기술적으로 같은 의미를 지니기 때문에 대개는 굳이 구분할 필요가 없다. 그림 1-5에 나오는 연장파동을 보면 그 의미를 알 수 있을 것이다.

연장이 대개 하나의 하위작용 파동에서만 일어난다는 사실은 향후 진행될 파동의 길이를 가늠하는 데 유용한 지침을 제공한다. 가령 첫 번째 파동과 세 번째 파동의 길이가 거의 같다면 다섯 번째 파동이 연장될 여지가 많다. 반대로 세 번째 파동이 연장되면 다섯 번째 파동은 첫 번째 파동과 비슷한 형태가 될 것이다.

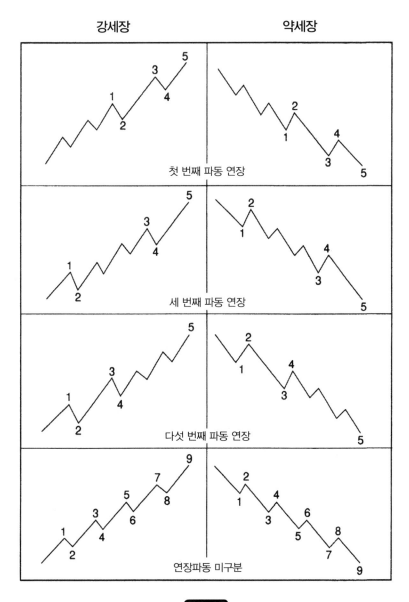

강세장   약세장

첫 번째 파동 연장

세 번째 파동 연장

다섯 번째 파동 연장

연장파동 미구분

그림 1-5

주식시장에서 가장 흔하게 나타나는 연장파동은 파동 3이다. 이 사실은 충격파동에 대한 다른 두 가지 규칙을 고려할 때 실시간 파동분석에서 특히 중요한 의미를 지닌다. 그 두 가지 규칙은 다음과 같다. 파동 3은 가장 짧은 작용파동이 절대 아니며, 파동 4는 파동 1과 중복되지 않는다. 이 점을 명확하게 설명하기 위하여 부적절한 파동 계산을 가정한 그림 1-6과 1-7을 살펴보자.

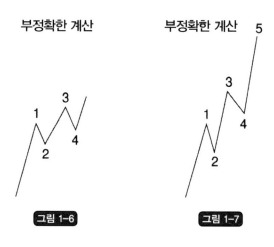

그림 1-6에서 파동 4는 파동 1의 종결점을 지난다. 다시 말해서 파동 4의 영역이 파동 1의 영역과 중복된다. 또한 그림 1-7에서 파동 3은 파동 1과 5보다 짧다. 이는 모두 파동이론의 규칙에 어긋난다. 파동 3으로 보이는 중간 파동이 규칙에 어긋난다면 부합하는 방향으로 다시 분석해야 한다. 실제로는 거의 언제나 그림 1-8처럼 연장파동 (3)이 형성되는 과정으로 보는 것이 옳다. 따라서 이와 비슷한 경

우에는 세 번째 파동의 연장이 진행되는 초기로 판단해도 된다. 2장에서 다룰 파동의 성격에 대한 논의를 보면 이러한 판단이 상당한 보상을 안겨준다는 사실을 알게 될 것이다. 그림 1-8은 이 책에 소개된 실시간 충격파동의 계산을 위한 지침 중에서 가장 유용한 내용이라고 말할 수 있다.

정확한 계산

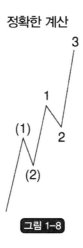

그림 1-8

연장은 연장파동 내에서도 일어날 수 있다. 주식시장에서는 그림 1-9처럼 연장된 세 번째 파동에 속한 세 번째 파동도 연장되는 경우가 많다. 그림 5-5는 실제 사례를 보여준다. 그림 1-10은 연장된 다섯 번째 파동에 속한 다섯 번째 파동이 연장된 형태이다. 다섯 번째 파동이 연장되는 경우는 원자재시장이 강하게 상승하는 때를 제외하고는 드물게 나타난다(6장 참조).

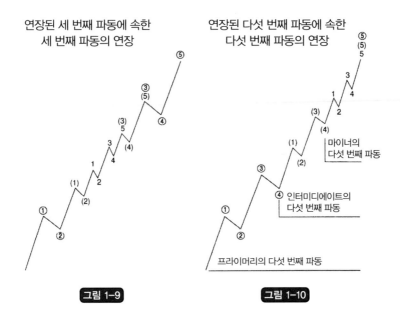

연장된 세 번째 파동에 속한
세 번째 파동의 연장

연장된 다섯 번째 파동에 속한
다섯 번째 파동의 연장

그림 1-9

그림 1-10

■ 절단

엘리어트는 다섯 번째 파동이 세 번째 파동의 종결점을 넘지 못하는 경우에 미달Failure이라는 표현을 썼다. 그러나 우리는 이보다 조금 덜 함축적인 '절단파동' 내지 '절단된 다섯 번째 파동'이라는 표현을 선호한다. 절단파동은 그림 1-11과 1-12에 나온 대로 대상이 되는 다섯 번째 파동이 하위 5파를 포함하는 경우에 명확하게 드러난다. 그리고 절단파동은 종종 아주 강한 세 번째 파동 이후에 나타나기도 한다.

1932년 이래 미국 주식시장에서 대규모의 절단된 다섯 번째 파동

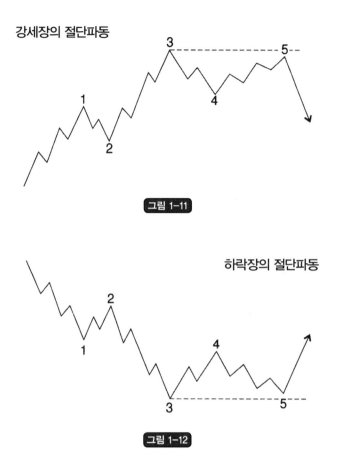

강세장의 절단파동

그림 1-11

하락장의 절단파동

그림 1-12

이 나타난 사례는 두 번 있었다. 첫 번째는 쿠바 미사일 위기가 일어난 1962년 10월에 발생했다(그림 1-13 참조). 이 절단파동은 파동 3이 급락한 이후에 나타났다. 두 번째는 1976년 연말에 발생했다(그림 1-14 참조). 이 절단파동은 1975년 10월부터 1976년 3월에 걸쳐 파동 (3)이 급등한 이후에 나타났다.

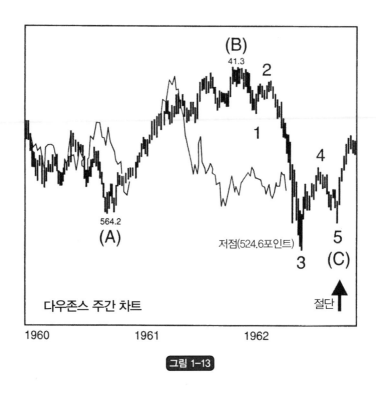

(B)

41.3

2

1

4

564.2

(A)

저점(524.6포인트)

5

3 (C)

다우존스 주간 차트

절단

1960   1961   1962

그림 1-13

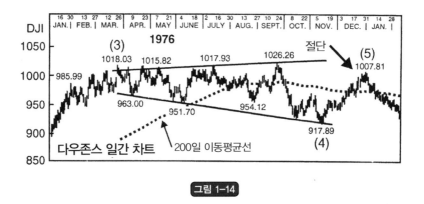

| 16 30 | 13 27 | 12 26 | 9 23 | 7 21 | 4 18 | 2 16 | 30 13 | 27 10 24 | 8 22 | 5 19 | 3 17 31 | 14 28 |
| JAN. | FEB. | MAR. | APR. | MAY | JUNE | JULY | AUG. | SEPT. | OCT. | NOV. | DEC. | JAN. |

DJI

1050

(3)   1976   절단   (5)

1018.03 1015.82   1017.93   1026.26

985.99   1007.81

1000

963.00   951.70   954.12

950

                                                    917.89

900   (4)

다우존스 일간 차트   200일 이동평균선

850

그림 1-14

■ 대각삼각형(쐐기형)

대각삼각형 파동은 동인파동의 패턴을 지닌다. 그러나 한두 가지 조정적인 성격을 띠기 때문에 충격파동은 아니다. 대각삼각형 파동은 파동 구조의 특정 위치에서 충격파동을 대체한다. 충격파동의 경우와 마찬가지로 대각삼각형 파동에 속한 반작용 하위파동은 앞선 작용 하위파동을 완전히 되돌리지 않으며, 세 번째 하위파동은 가장 짧지 않다. 대각삼각형 파동은 주요 추세의 방향을 따르는 5파 구조의 파동 중에서 유일하게 파동 4가 거의 언제나 파동 1의 범위로 들어간다(중복된다). 드물게 대각삼각형 파동이 절단파동으로 끝나기도 한다. 그러나 경험상 그 확률은 매우 낮다.

종결쐐기형

종결쐐기형Ending Diagonal 파동은 주로 앞선 파동들이 엘리어트의 표현대로 '너무 빨리, 너무 많이' 나아갔을 때 다섯 번째 파동의 위치에서 발생한다. 이때 아주 작은 비중의 종결쐐기형 파동이 A–B–C 형태의 C파동에서 나타나며, 이중 또는 삼중 3파(뒷부분 참조)의 경우 종결쐐기형 파동은 마지막 C파동으로만 나타난다. 모든 경우에 종결쐐기형 파동은 더 큰 패턴의 종결부를 이루어 동력이 소진된다.

종결쐐기형 파동은 두 개의 수렴하는 선 안에서 쐐기 형태를 띠며, 파동 1, 3, 5를 포함한 각 하위파동은 3파로 나누어진다. 따라서 종결쐐기형 파동은 3-3-3-3-3의 형태가 된다. 그림 1-15와 1-16은 더 큰 충격파동 안에서 전형적인 위치에 형성된 종결쐐기형 파동을 보여준다.

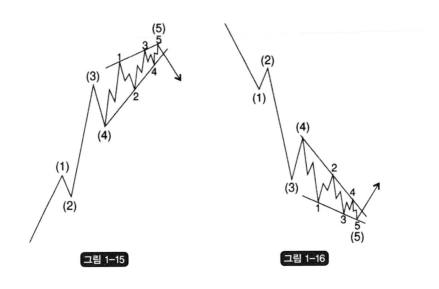

그림 1-15　　　　그림 1-16

우리는 종결쐐기형 패턴의 경계선이 분산되면서 끝이 넓어지는 쐐기 모양을 만드는 한 가지 사례를 발견했다. 그러나 세 번째 파동이 가장 짧은 작용파동이었고, 전체 형태가 정상적인 경우보다 컸으며, 다른 해석이 가능하다는 점에서 분석할 만한 가치가 떨어진다고 보았다. 그래서 유용한 변형으로 따로 소개하지 않기로 했다.

종결쐐기형 패턴은 1978년 초반에 마이너에서, 1976년 2월부터 3월까지 마이뉴트에서, 1976년 6월에 서브미뉴엣에서 나타났다. 그림 1-17과 1-18은 각각 두 시기에 상승하는 패턴과 하강하는 실제 패턴

을 보여준다. 그림 1-19는 확장쐐기형 파동으로 볼 수 있는 실제 사
례이다. 각 사례에서 추세의 방향이 전환된다는 점에 주목하자.

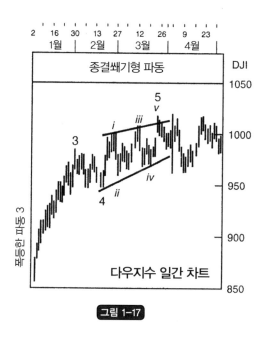

그림 1-17

그림 1-15와 1-16에서 표현되지는 않았지만 쐐기형 파동의 다섯
번째 파동은 종종 '초과진행Throw-over'으로 끝난다. 초과진행파동은
일시적으로 파동 1과 3의 종결점을 잇는 추세선을 돌파한다. 그림
1-17과 1-19에서 초과진행파동의 사례를 볼 수 있다. 거래량은 작은
규모의 쐐기형 파동이 진행함에 따라 줄어드는 경향을 보이지만 초
과진행파동이 나타나면 언제나 급등한다. 드물게 다섯 번째 하위파
동이 저항선에 못 미치는 경우도 있다.

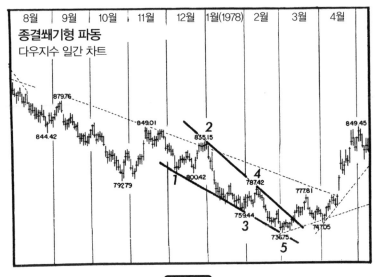

종결쐐기형 파동
다우지수 일간 차트

그림 1-18

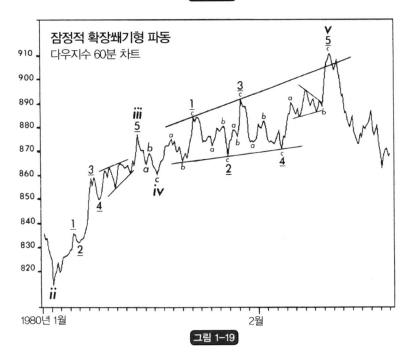

잠정적 확장쐐기형 파동
다우지수 60분 차트

그림 1-19

상승쐐기형은 약세 반전을 뜻하며 대개 최소한 시작점으로 되돌리는 급락으로 이어진다. 반대로 하락쐐기형은 강세 반전을 뜻하며 대개 급등으로 이어진다.

다섯 번째 파동의 연장이나 절단, 쐐기형 파동은 모두 극적인 추세 반전이 임박했음을 의미한다. 때로 두 가지 파동이 다른 규모에서 동시에 출현하여 추세 반전의 강도를 더하기도 한다.

선도쐐기형

쐐기형 파동이 파동 5나 C의 위치에서 나타나면 엘리어트가 설명한 대로 3-3-3-3-3의 형태가 된다. 그러나 이 패턴의 변형이 충격파동에 속한 파동 1과 지그재그형 파동에 속한 파동 A의 위치에서 종종 나타난다는 사실이 최근에 밝혀졌다. 이 경우에도 종결쐐기형 파동과 마찬가지로 파동 1과 4가 중복되고 경계선이 수렴하면서 쐐기모양을 만드는 특징은 그대로 유지된다. 그러나 하위파동이 5-3-5-3-5의 패턴을 이룬다는 점이 다르다. 선도쐐기형Leading Diagonal 파동의 구조는 작용파동을 구성하는 하위 5파가 '지속'을 시사해준다는 점에서 파동이론의 정신에 부합한다(그림 1-20 참조). 반면 종결쐐기형 파동의 작용파동을 구성하는 하위 3파는 '종결'을 시사한다. 종결쐐기형 파동과 훨씬 흔하게 나타나는 첫 번째 파동 및 두 번째 파동의 연속 패턴을 혼동하지 말아야 한다(그림 1-8 참조). 선도쐐기형 패턴을 판별하는 핵심적인 요소는 세 번째 하위파동에 비해 다섯 번째 하위파동의 주가 변동이 훨씬 느리다는 것이다. 반면 첫 번째 파동과 두 번째 파동이 형성되는 단계에서는 대개 단기적으로 속도가 증가하고 폭Breadth, 추세를 따르는 주식이나 부지표의 수이 확장된다.

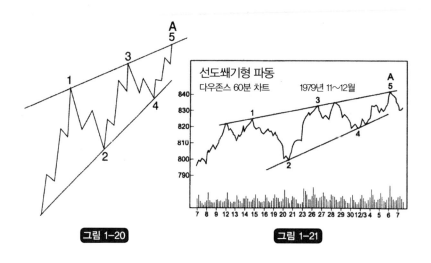

그림 1-20   그림 1-21

그림 1-21은 선도쐐기형 파동의 실제 사례를 보여준다. 이 패턴은 엘리어트가 발견한 것이 아니다. 그래도 오랜 기간 충분한 횟수로 등장했기 때문에 우리는 유효하다고 확신한다.

•• 조정파동

시장은 때로 어렵게 한 단계 더 큰 규모의 추세를 거슬러 움직인다. 그러나 더 큰 규모의 추세는 조정이 완전한 동인 구조를 갖추지 못하게 막는다. 반대 방향으로 향하는 서로 다른 규모의 추세가 벌이는 힘겨루기는 조정파동을 더 큰 규모의 추세에 상대적으로 쉽게 편승하는 동인파동보다 판별하기 어렵게 만든다. 추세 사이의 힘겨루기 때문에 조정파동은 동인파동보다 훨씬 다양한 형태를 보인다. 때로 형성되는 과정에서 복잡성이 줄거나 늘어나서 같은 규모의 파동에 속한 하위파동들이 복잡성이나 시간의 길이에 따라 다른 규모인 것처럼 보이기도 한다(그림 2-4 및 2-5 참조). 이러한 이유로 조정파동은 완성되기 전에는 특정 패턴으로 판별하기 어렵다. 조정파동의 종결은 동인파동의 종결보다 예측하기 어렵기 때문에 추세가 불명확한 조정 양상을 보일 때에는 인내심과 유연성을 가지고 대응해야 한다.

다양한 조정파동을 연구하여 얻은 규칙 중 가장 중요한 것은 조정파동이 절대 5파로 구성되지 않는다는 점이다. 동인파동만 5파로 구성된다. 그래서 더 큰 추세를 거스르는 초기 5파는 조정의 끝이 절대 아니며 일부에 불과하다. 이 장에 나온 그림들을 보면 그 사실을 알 수 있다.

조정 과정은 두 가지 스타일로 나타난다. 급각조정Sharp Corrections은 보다 큰 추세에 맞서서 급경사를 이루며, 횡보조정Sideways Corrections은 언제나 궁극적으로는 진행되는 파동을 되돌리지만 대개 출발점으로 돌아가거나 출발점을 넘어서는 움직임을 포함하기 때문에 전체적으로 횡보하는 것처럼 보인다. 이 두 스타일을 언급하는 이유는 2장에서 설명할 교대 지침과 관련되기 때문이다.

조정 패턴은 다음과 같은 네 가지 주요 범주로 나뉜다.

지그재그형(5-3-5 : 단일, 이중, 삼중)

플랫형(3-3-5 : 정상, 확장, 유동)

삼각형[3-3-3-3-3 : 수렴(상승, 하강, 대칭), 확장(역대칭)]

혼합형(이중 3파, 삼중 3파)

■ 지그재그형(5-3-5)

강세장에서 단일 지그재그형 파동은 A-B-C로 표시되는 단순한 하락 3파로 이루어진다. 그림 1-22와 1-23에 나온 대로 하위파동은 5-3-5로 구성되며, B파동의 고점은 A파동의 시작점보다 낮다.

하락장에서 지그재그형 조정은 그림 1-24와 1-25에 나온 것처럼 반대 방향으로 진행된다. 그래서 하락장에서 나타나는 지그재그형 파동은 종종 뒤집힌 지그재그형 파동으로 불린다.

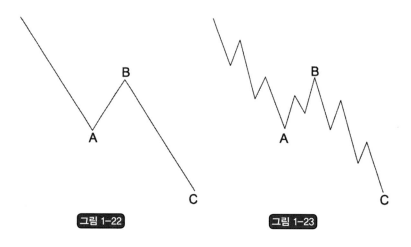

그림 1-22

그림 1-23

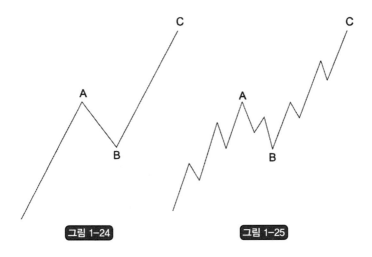

그림 1-24   그림 1-25

때로 지그재그형 파동은 두 번 내지 최대 세 번 연속으로 나타난
다. 특히 첫 지그재그형 파동이 정상적인 목표지점에 도달하지 못했
을 때 더욱 그러하다. 이 경우 각 지그재그형 파동이 중간에 끼어든 3

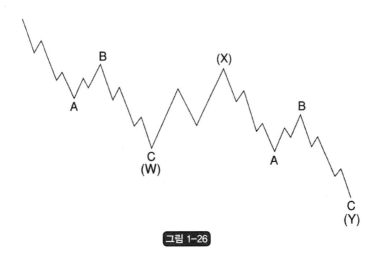

그림 1-26

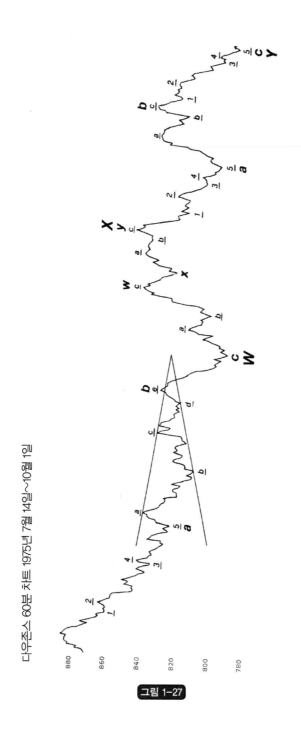

다우존스 60분 차트 1975년 7월 14일~10월 1일

그림 1-27

파로 나누어지면서 이중 지그재그형 파동(그림 1-26 참조)이나 삼중 지그재그형 파동으로 이어진다. 이러한 형태는 충격파동의 연장형과 같지만 덜 흔하게 나타난다.

1975년 7월부터 10월에 걸쳐 다우존스 산업평균지수에서 진행된 조정(그림 1-27 참조)과 1977년 1월부터 1978년 3월에 걸쳐 S&P 500지수에서 진행된 조정(그림 1-28 참조)은 이중 지그재그형 파동으로 볼 수 있다. 충격파동 안에서 두 번째 파동은 종종 지그재그형으로 전개되지만 네 번째 파동은 그렇게 되는 경우가 드물다.

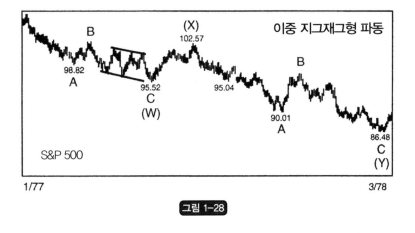

그림 1-28

엘리어트는 이중, 삼중 지그재그형 파동과 이중, 삼중 3파를 간략하게 표시했다. 그리고 중간에 끼어드는 움직임을 파동 X로 표시했다. 이 표기법에 따르면 이중 조정은 A-B-C-X-A-B-C의 형태로 이루어진다. 유감스럽게도 이 표기법은 각 패턴에 속한 하위작용파동의 규모를 적절하게 나타내지 못한다. 이 표기법에서 하위작용파동의 규모는 전체 조정보다 한 단계 아래로 표시되지만 실은 두 단계 아래이다. 그래서 우리는 유용한 표기법을 활용하여 이 문제를 해결하기로 했다. 이 표기법에서 이중, 삼중 조정파동에 속한 연속적인 작용파동은 W, Y, Z로 표시된다. 따라서 전체 패턴은 'W-X-Y(-X-Z)'가 된다. W는 이중, 삼중 조정파동에서 첫 번째 조정 패턴을 가리키며, Y는 두 번째 조정 패턴을 가리키고, Z는 세 번째 조정 패턴을 가리킨다. 또한 각 하위파동(A, B, C 및 삼각형 파동의 D, E : 뒷부분 참조)은 전체 조정보다 두 단계 아래로 적절하게 표시된다. 각 파동 X는 반작용파동으로서 언제나 조정파동이며, 대개 지그재그형으로 나타난다.

■ 플랫형(3-3-5)

플랫형 조정파동은 하위파동의 순서가 그림 1-29와 1-30에 나온대로 3-3-5라는 점에서 지그재그형 조정파동과 다르다. 플랫형 파동에서는 첫 번째 작용파동인 파동 A가 지그재그형에서와 달리 5파로 완전히 전개할 하방 압력이 부족하다. 또한 파동 B의 반작용도 추세를 거스르는 힘이 부족한 특성대로 파동 A의 시작점 근처에서 끝난다. 파동 C 역시 지그재그형 파동과 달리 파동 A의 종결점을 약간 넘어서는 지점에서 끝난다.

하락장에서는 그림 1-31과 1-32처럼 이 패턴이 뒤집힌다.

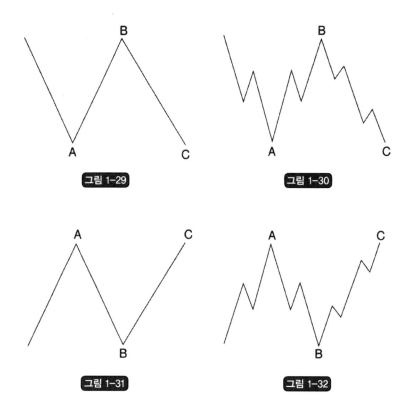

그림 1-29

그림 1-30

그림 1-31

그림 1-32

　플랫형 조정파동은 대개 지그재그형 조정파동보다 앞선 충격파동을 적게 되돌린다. 또한 더 큰 추세가 강력할 때 발생하는 경향이 있어서 거의 언제나 연장파동을 앞서거나 뒤따른다. 기본 추세가 강력할수록 플랫형 파동은 짧아진다. 충격파동 내에서 네 번째 파동은 종종 플랫형 파동으로 전개되지만 두 번째 파동은 그렇게 되는 경우가 드물다.

　때로 '이중 플랫형 파동'으로 부를 만한 형태가 생기기도 하는데,

엘리어트는 그러한 형태를 '이중 3파'라고 불렀다. 이중 3파에 대해서는 나중에 다시 다룰 것이다.

플랫형이라는 명칭은 3-3-5로 구성되는 모든 A-B-C 조정파동에 적용된다. 엘리어트는 세 종류의 3-3-5 조정파동을 전반적인 형태에 따라 구분했다. 정상Regular 플랫형 조정파동은 그림 1-29부터 1-32에 나온 대로 파동 B가 파동 A의 시작점 근처에서 끝나고, 파동 C는 파동 A의 종결점을 약간 지나서 끝난다. 그러나 우리가 확장Expanded 플랫형 파동이라고 부르는 변형이 훨씬 더 자주 나타난다. 이 파동은 앞선 충격파동을 넘어서는 가격 극단Price Extreme을 포함한다. 엘리어트는 이 변형을 비정상 플랫형 파동이라고 불렀다. 그러나 이 명칭은 적절하지 않다. 실제로는 비정상 플랫형 파동이 정상 플랫형 파동보다 훨씬 더 자주 나타나기 때문이다.

확장 플랫형 파동에서 3-3-5 패턴의 파동 B는 파동 A의 시작점을

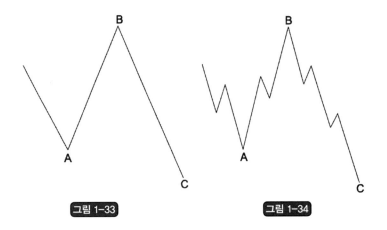

그림 1-33   그림 1-34

넘어서 끝나며, 파동 C는 파동 A의 종결점을 훨씬 넘어서 끝난다. 그림 1-33과 1-34는 강세장에서 나타나는 확장 플랫형 파동을, 1-35와 1-36은 하락장에서 나타나는 확장 플랫형 파동을 보여준다. 다우지수에서 1973년 8월부터 11월에 걸쳐 나타난 형태는 하락장의 확장 플랫형 조정파동 또는 '뒤집힌 확장 플랫형 파동'이었다(그림 1-37 참조).

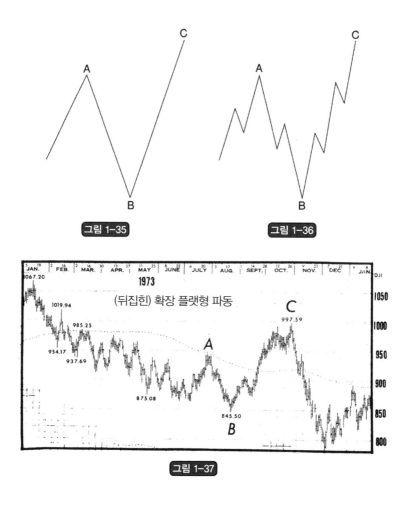

그림 1-35

그림 1-36

그림 1-37

3-3-5 패턴의 드문 변형으로 유동Running 플랫형 파동이 있다. 이 패턴에서 파동 B는 확장 플랫형 파동처럼 파동 A의 시작점을 훨씬 넘어서 끝나지만 파동 C는 파동 A의 종결점에 미치지 못한 채 끝난다. 그림 1-38부터 1-41은 유동 플랫형 파동의 사례를 보여준다. 이러한 형태는 더 큰 추세의 힘이 너무 강력해서 그 진행방향으로 휩쓸리면서 만들어진다. 유동 플랫형 파동을 판정할 때는 하위파동들이 파동이론의 규칙에 부합하는지 확인하는 것이 중요하다. 가령 파동 B가 3파가 아니라 5피로 구성된다면 한 단계 높은 규모의 충격파동에 속한 첫 번째 파동일 가능성이 크다. 인접한 충격파동의 힘은 강하고 빠르게 상승하는 시장에서만 나타나는 경향을 지닌 유동 플랫형 파동을 판별할 때 중요한 단서가 된다. 한 가지 주의할 점은 이러한 형태의 조정이 일어난 사례가 거의 없다는 것이다. 따라서 성급하게 유동 플랫형 파동이라고 단정 지으면 십중팔구는 틀릴 것이다. 반면 유동 삼각형 파동은 훨씬 자주 나타난다(뒷부분 참조).

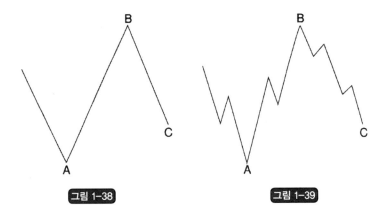

그림 1-38   그림 1-39

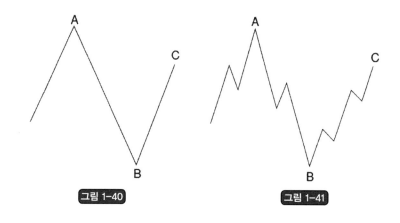

그림 1-40 그림 1-41

■ 수평삼각형(삼각형)

삼각형 파동은 힘의 균형을 반영하며, 대개 거래량과 변동성의 감소를 수반하는 횡보상태에서 나타난다. 삼각형 패턴은 3-3-3-3-3으로 구성되는 다섯 개의 겹치는 파동을 포함하며, A-B-C-D-E로 표기된다. 삼각형 파동은 파동 A와 파동 C, 파동 B와 파동 D의 종결점을 연결하는 경계선을 형성한다. 파동 E는 A와 C를 잇는 경계선에 미치지 못하거나 지나칠 수 있는데, 경험상 그러한 현상은 자주 발생한다.

삼각형 파동에는 수렴형과 확장형의 두 가지 변형이 있다. 수렴형에는 그림 1-42에 나온 것처럼 대칭형, 상승형, 하강형이 있다. 수렴형보다 드물게 나타나는 확장삼각형 파동에는 변형이 없다. 확장삼각형 파동은 언제나 그림 1-42에 나온 형태를 지닌다. 그래서 엘리어트는 따로 역대칭삼각형 파동이라는 이름을 붙였다.

삼각형 조정파동

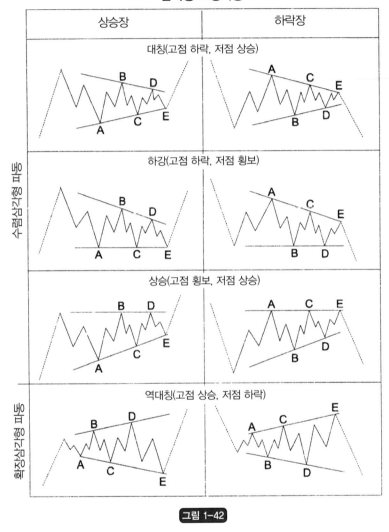

상승장	하락장
대칭(고점 하락, 저점 상승)	
하강(고점 하락, 저점 횡보)	
상승(고점 횡보, 저점 상승)	
역대칭(고점 상승, 저점 하락)	

그림 1-42

그림 1-42는 앞선 파동의 가격범위 내에서만 움직이는 수렴삼각형 파동을 보여준다. 이러한 패턴은 정상삼각형 파동이라 부른다. 그

러나 수렴삼각형 파동의 파동 B가 그림 1-43처럼 파동 A의 시작점을 넘는 경우는 매우 흔하다. 이러한 패턴은 유동삼각형 파동에 해당한다. 언뜻 횡보하는 듯 보이지만 유동삼각형 파동을 비롯한 모든 삼각형 파동은 파동 E의 종결점에서 앞선 파동을 결과적으로 되돌린다.

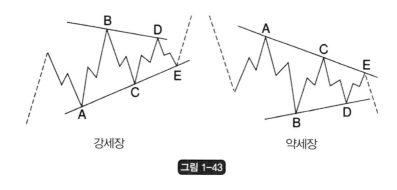

강세장   약세장

그림 1-43

　이 책에는 삼각형 파동의 사례를 보여주는 실제 차트들이 많이 소개되어 있다(그림 1-28, 3-15, 5-3, 6-9, 6-10, 6-12). 이 차트들을 보면 삼각형 파동에 속한 대부분의 하위파동이 지그재그형 파동임을 알 수 있다. 그러나 때로 하위파동 중 하나(대개 파동 C)가 다른 하위파동들보다 복잡한 형태를 띠면서 정상삼각형 파동이나 확장삼각형 파동 또는 다중 지그재그형 파동이 되기도 한다. 또한 드물게 하위파동 중 하나(대개 파동 E)가 삼각형 파동이 되어 전체 패턴을 9파로 연장시키기도 한다. 이처럼 삼각형 파동은 지그재그형 파동처럼 때로 연장파동과 비슷한 형성과정을 보인다. 그림 1-44는 1973년부터 1977년에 걸친 은 차트에서 나타난 삼각형 파동을 보여준다.

그림 1-44

삼각형 파동은 언제나 충격파동의 파동 4, A-B-C 패턴의 파동 B, 이중 내지 삼중 지그재그형 파동이나 혼합형 파동(뒷부분 참조)의 마지막 파동 X처럼 한 단계 더 큰 규모의 패턴에 속한 마지막 작용파동의 앞에 형성된다. 또한 뒤에서 다룰 혼합형 조정파동의 마지막 작용 패턴으로 발생하기도 한다. 그러나 이 경우에도 대개 혼합형 조정파동보다 한 단계 더 큰 규모의 패턴에 속한 마지막 작용파동에 선행한다. 아주 드문 경우에 충격파동의 두 번째 파동이 삼각형 파동처럼 보이기도 한다. 그 이유는 대개 삼각형 파동이 사실은 이중 3파인 조정파동의 일부이기 때문이다(그림 3-12 참조).

주식시장에서 네 번째 파동의 자리에서 삼각형 파동이 발생하면 다섯 번째 파동이 빠르게 삼각형의 가장 넓은 거리만큼 이동하는 경우가 있다. 엘리어트는 삼각형 파동에 뒤이어 나타나는 이 짧고 빠른 동인파동을 추진Thrust파동이라고 불렀다. 추진파동은 대개 충격파동이지만 종결쐐기형 파동이 될 수도 있다. 강세장에서는 추진파동 대신 연장된 다섯 번째 파동이 나온다. 따라서 삼각형 파동에 뒤이은 다섯 번째 파동이 정상적인 추진범위를 넘어서는 것은 연장된 파동일 가능성이 높다는 신호이다. 6장에서 설명하겠지만 원자재시장의 경우 인터미디에이트 이상의 규모에서 삼각형 파동 이후 나아가는 충격파동은 대개 가장 긴 파동이다.

그림 1-27, 3-11, 3-12에 나온 대로 때로 수렴삼각형 파동의 경계선이 만나는 꼭짓점에서 추세가 전환되기도 한다. 이러한 사례가 자주 나타난다면 파동이론의 지침에 포함시킬 수 있을 것이다.

삼각형 파동에 적용되는 수평이라는 개념은 동인 패턴을 가리키는 대각이라는 개념과 반대로 조정 패턴을 가리킨다. 따라서 수평삼각형 파동과 대각삼각형 파동은 특정한 형태를 의미한다. 이 두 개념은 보다 간단한 삼각형 파동과 쐐기형 파동으로 대체할 수 있다. 그러나 기술적 분석가들은 오랫동안 구체적으로 구분되지 않는 하위파동들을 지칭하는 데 이 개념들을 사용해왔다. 따라서 별도의 개념을 정하는 것이 유용하다.

■ 혼합형 파동(이중, 삼중 3파)

엘리어트는 두 조정 패턴이 합쳐진 횡보 조합을 '이중 3파', 세 조정 패턴이 합쳐진 횡보 조합을 '삼중 3파'라고 불렀다. 단일 3파는 지그재그형 또는 플랫형으로 구성되지만 마지막 요소로 삼각형이 나타날 수 있다. 혼합형 파동은 지그재그형, 플랫형, 삼각형으로 전개되는 단순한 형태의 조정파동들로 구성된다. 이 파동들은 평탄한 조정이 횡보로 연장되는 것처럼 전개된다. 이중, 삼중 지그재그형 파동과 마찬가지로 조정 패턴의 요소들은 W, Y, Z로 표시된다. X로 표시되는 반작용파동들은 어떤 형태의 조정 패턴이라도 취할 수 있지만 가장 흔한 것은 지그재그형이다. 다중 지그재그형의 경우처럼 삼중 3파는 혼합의 한계이며, 이중 3파보다 드물게 나타난다.

엘리어트는 3파 패턴의 조합을 시기별로 다르게 표기했다. 그러나

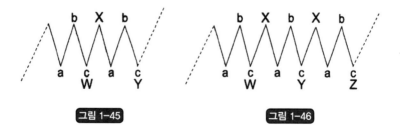

그림 1-45　　　　　　　　그림 1-46

기본적인 형태는 언제나 그림 1-45와 1-46에 나온 대로 두 개 또는 세 개의 플랫형 파동이 나란히 놓인 것이었다. 그렇지만 구성요소의 패턴은 대개 교대하는 양상을 보인다. 가령 1-47에 나온 대로 플랫형 파동에 뒤이어 삼각형 파동이 나오는 것이 보다 일반적인 이중 3파의 형태이다(부록 참조).

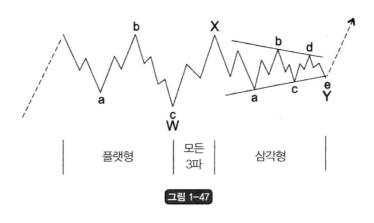

그림 1-47

그림 1-48처럼 플랫형에 이어 지그재그형이 나오기도 한다. 여기

그림 1-48

에서 소개하는 그림들은 강세장에서의 조정을 표현하지만 뒤집으면 약세장에서의 상방 조정을 표현하는 것이 되기도 한다.

대개 혼합형 파동은 수평으로 진행된다. 엘리어트는 혼합형 파동의 전체 형태가 더 큰 추세를 거슬러 비스듬하게 기울어질 수도 있다고 지적했지만 실제 사례는 찾아볼 수 없었다. 그 이유 중 하나는 혼합형 파동에서 하나 이상의 지그재그형 파동이 나오지 않기 때문이다. 또한 하나 이상의 삼각형 파동도 나오지 않는다. 앞서 말했듯이 삼각형 파동은 더 큰 추세의 마지막 움직임 이전에만 형성된다. 혼합형 파동 역시 이 특성에 따라 이중 3파나 삼중 3파의 마지막 파동으로만 삼각형 파동을 전개한다.

추세의 각도가 횡보하는 혼합형의 추세보다 급하기는 하지만(2장 교대 지침 참조), 이중 및 삼중 지그재그형(그림 1-26 참조)은 엘리어트가 『자연의 법칙』에서 시사한 대로 비수평 혼합형으로 볼 수 있다. 그러나 이중 3파와 삼중 3파는 기울기뿐만 아니라 목표지점도 이중 및 삼중 지그재그형과 다르다. 이중 및 삼중 지그재그형에서 첫 번째 지그재그형 파동은 앞선 파동을 적절하게 조정할 만큼 큰 경우가 드물다. 이중화 또는 삼중화는 대개 하나의 패턴만으로는 부족하여 적절한 규모로 주가를 되돌리기 위해 이루어진다. 그러나 혼합형 파동은 첫 번째 패턴이 종종 적절하게 주가를 되돌린다. 이러한 이중화 또는 삼중화는 대개 조정 목표를 거의 달성한 후 조정의 지속시간을 늘리기 위해 이루어진다. 때로 궤도선에 도달하거나 충격파동의 다른 조정파동과 보다 강력한 관계를 맺기 위해 시간이 더 필요할 때도 있다. 혼합형 파동이 이어지는 동안 투자심리와 펀더멘털의 추세도 그만큼 연장된다.

3+4+4+4 등으로 이어지는 수열과 5+4+4+4 등으로 이어지는 수열 사이에는 양적 차이가 있다. 충격파동은 5파로 구성되고 9파나 13파로 연장되지만, 조정파동은 3파로 구성되고 7파나 11파로 혼합된다. 삼각형 파동은 예외처럼 보이지만 삼중 3파의 경우처럼 1파로 계산하면 모두 11파가 된다. 따라서 내부적인 계산이 불명확할 때는 단순하게 파동의 수를 세어서 합리적인 결론을 내릴 수도 있다. 만약 파동의 수가 9파, 13파, 17파이고 겹치는 파동이 거의 없다면 동인파동일 가능성이 높고 파동의 수가 7파, 11파, 15파이고 겹치는 파동이 많다면 조정파동일 가능성이 높다. 주요 예외로는 상승세와 하락세가 혼합된 대각삼각형 파동이 있다.

■ 정통 고점과 저점

때로 패턴의 종결점이 연관된 가격 극단과 맞지 않는 경우가 있다. 이때 패턴의 종결점은 패턴 진행 도중이나 진행 후에 나타난 실제 주가의 고점이나 저점과 구별하기 위하여 정통Orthodox 고점 또는 저점으로 불린다. 예를 들어 그림 1-14에서 파동 (5)의 종결점은 (3)이 더 높은 주가에 도달하기는 했지만 정통 고점이다. 그림 1-13에서는 파동 5의 종결점이 정통 저점이다. 그림 1-33과 1-34에서 파동 A의 시작점은 B의 고점이 더 높기는 하지만 앞선 강세장의 정통 고점이다. 그림 1-35와 1-36에서는 파동 A의 시작점이 정통 저점이다. 또한 그림 1-47에서 파동 Y의 종결점은 W의 종결점이 더 낮기는 하지만 약세장의 정통 저점이다.

시장을 성공적으로 분석하려면 패턴을 정확하게 파악해야 하기 때문에 정통 고점과 저점의 개념은 중요하다. 특정한 가격 극단을 파동의 시작점으로 잘못 잡으면 한동안 분석의 갈피를 잡을 수 없다. 이처럼 길을 잃지 않으려면 파동의 형태에 대한 요건을 잘 따져야 한다. 4장에서 설명할 예측기법들을 적용할 때도 정통 종결점을 기준으로 파동의 길이와 지속시간을 결정한다.

■ 파동의 기능과 양상

앞에서 파동의 두 가지 기능(작용, 반작용)과 구조적 전개의 양상(동인, 조정)을 설명했다. 이제 모든 종류의 파동을 살폈으니 표기법을 다음과 같이 정리하도록 하자.

　- 작용파동은 1, 3, 5, A, C, E, W, Y, Z로 표기된다.

　- 반작용파동은 2, 4, B, D, X로 표기된다.

모든 반작용파동은 조정 양상으로 형성되며, 대부분의 작용파동은 동인 양상으로 형성된다. 앞서 조정 양상으로 형성되는 작용파동들을 소개한 바 있는데 그 목록은 다음과 같다.

　- 종결쐐기형 파동에 속한 파동 1, 3, 5

- 플랫형 조정파동에 속한 파동 A

- 삼각형 파동에 속한 파동 A, C, E

- 이중 지그재그형과 이중 3파에 속한 파동 W, Y

- 삼중 지그재그형과 삼중 3파에 속한 파동 Z

이 파동들은 작용파동이면서 조정 양상으로 형성된다. 그래서 우리는 '작용성 조정파동'이라는 이름을 붙였다.

: 파동을 구분하는 그 밖의 방법

•• 목적에 따른 파동의 구분

방향에 관계없이 모든 규모의 추세에서 5파의 작용에 이어 3파의 반작용이 뒤따른다. 그러나 대개 상향으로 그려지는 작용성 충격파동과 함께 진행이 시작된다. (이러한 그래프는 모두 비율을 드러내므로 하향으로 그려질 수도 있다. 가령 주당 달러를 달러당 주로 기준을 바꿀 수 있다.) 궁극적으로 인간의 진보를 반영하는 주식시장의 장기 추세는 상향이 된다. 진전은 더 큰 규모의 충격파동들이 전개되면서 이루어진다. 하향 동인파동은 단지 조정의 일부에 불과하다. 마찬가지로 상향 조정파동도 조정 작용을 하기 때문에 진전을 이루지 못한다. 따라서 진전에 기여하는 파동과 기여하지 않는 파동을 쉽게 구분하기 위하여 파동의 목적을 표기하는 세 가지 추가 용어가 필요하다.

더 큰 규모의 조정파동에 속하지 않는 모든 상향 동인파동은 진전 Progressive파동이다. 진전파동은 1, 3, 5로 표기된다. 양상에 관계없이 모든 하락파동은 퇴보Regressive파동이다. 끝으로 양상에 관계없이 더 큰 규모의 조정파동에 속하는 상승파동은 진퇴Proregressive파동이다. 퇴보파동과 진퇴파동은 모두 조정파동의 전체 또는 일부를 구성한다. 진전파동만이 추세에 맞서는 힘으로부터 독립적이다.

독자들은 흔히 쓰이는 '강세장Bull Market'이라는 용어가 진전파동에 해당하고, '약세장Bear Market'이라는 용어가 퇴보파동에 해당하며, '약세장 랠리Bear Market Rally'라는 용어가 진퇴파동에 해당한다고 생각할지 모른다. 그러나 강세장, 약세장, 프라이머리, 인터미디에이트, 마이너, 랠리, 하락pullback, 조정 같은 용어에 대한 전통적인 정의는 양적 요소를 포함한다. 이러한 자의적인 측면 때문에 파동이론에서는 쓸모가 없다. 가령 어떤 사람은 20퍼센트 이상 하락한 장을 약세장으로 본다. 이 정의에 따르면 19.99퍼센트 하락한 장은 약세장이 아니라 조정장이지만 20퍼센트 하락한 장은 약세장이다. 이러한 개념에는 의문의 여지가 있다. 양적 요소를 세분화한 용어를 만들 수 있지만(가령 큰 약세장, 중간 약세장, 작은 약세장) 단순히 퍼센트에 따라 나누는 선을 벗어날 수는 없다. 반면 파동이론의 용어는 정성적이기 때문에 적절한 규정성을 지닌다. 다시 말해서 패턴의 크기에 상관없이 일관된 개념을 반영한다. 따라서 진전파동, 퇴보파동, 진퇴파동에도 여러 규모가 있다고 말할 수 있다. 초대형 조정파동에 속한 대형파동 B

는 일반적으로 강세장으로 인식될 진폭과 지속시간을 갖게 된다. 그러나 파동이론의 관점에서는 진퇴파동 또는 전통적인 용어로 약세장 랠리가 된다.

•• 표기에 따른 파동의 구분

근본적인 중요성이 다른 두 가지 등급의 파동이 있다. 숫자로 표기되는 파동은 기본Cardinal파동이다. 기본파동은 그림 1-1에 나온 대로 가장 근본적인 파동의 형태인 5파 충격파동을 만든다. 시장은 언제나 가장 큰 규모의 주기에서 보면 기본파동에 속한다. 문자로 표기되는 파동은 공명Consonant파동 또는 부차Subcardinal파동이다. 공명파동은 기본파동인 2와 4의 구성요소로만 기능한다. 동인파동은 한 단계 작은 규모에서 기본파동으로 구성되며, 조정파동은 한 단계 작은 규모에서 공명파동으로 구성된다. 우리가 이 용어들을 선택한 이유는 이중의 의미를 지니기 때문이다. '기본'은 '근본적이고 핵심적'이라는 의미 외에 '기수基數: Cardinal Number'의 의미도 지닌다. 또한 '공명'은 '다른 부분과 조화를 이룬다'는 의미 외에 '자음'이라는 의미도 지닌다. 그러나 이 용어들은 실용적으로 쓸 일이 거의 없다. 그래서 이 장의 제일 끝에 소개하는 것이다. 다만 철학적이고 이론적인 논의에서는 쓸모가 있을 것이다.

: 잘못된 개념과 패턴

엘리어트는 『파동이론』에서 '비정상 고점Irregular Top'에 대해 아주 상세하게 설명했다. 그는 연장된 다섯 번째 파동이 한 단계 높은 규모의 다섯 번째 파동을 종결시킬 경우 뒤따르는 약세장은 파동 A가 C에 비해 극히(우리가 보기에는 불가능할 정도로) 작은 확장 플랫형으로 시작하거나 확장 플랫형이 될 것이라고 말했다(그림 1-49 참조). 이때 파동 B는 비정상 고점에 이른다. 이 고점이 비정상인 이유는 다섯 번째 파동이 종결된 뒤에 나타났기 때문이다. 엘리어트의 주장에 따르면 비정상 고점은 정상 고점과 번갈아 나타난다. 그러나 그의 분석은 정

그림 1-49

확하지 않으며, 연장된 다섯 번째 파동에 뒤이은 움직임과 2장에 나오는 조정파동의 깊이에 대한 설명을 복잡하게 만든다.

그렇다면 엘리어트가 해명이 필요한 두 개의 추가 파동에 직면한 이유는 무엇일까? 실제로는 세 번째 파동의 연장인데 다섯 번째 파동의 연장으로 파악하는 성향이 강했기 때문이다. 1920년대와 1930년대에 프라이머리에서 인상적인 다섯 번째 파동의 연장이 두 번 이루어지면서 그러한 성향이 생겼다. 엘리어트는 세 번째 파동의 연장을 다섯 번째 파동의 연장으로 만들기 위해 A-B-C 조정파동을 고안하고 '비정상 형태 2'라고 이름 붙였다. 이 경우 지그재그형과 마찬가지로 파동 B는 A의 시작점에 미치지 못하고, 유동 조정파동과 마찬가지로 파동 C는 A의 종결점에 미치지 못한다. 그는 종종 파동 2의 위치에서 이러한 표기를 했다. 이 표기에 따르면 고점에서 두 개의 추가 파동이 남는다. 그는 연장파동의 첫 두 파동을 설명하기 위해 '비정상 형태 2'라는 개념을 고안했고, 고점에 남은 두 파동을 설명하기 위해 '비정상 고점'이라는 개념을 고안했다. 결국 이 두 가지 잘못된 개념은 같은 성향 때문에 생긴 것이다. 사실 한 개념을 뒷받침하려면 다른 개념이 필요했다. 그림 1-50에서 알 수 있듯이 파동 2의 위치에 생긴 a-b-c '비정상 형태 2'는 '비정상 고점'을 가져야 한다. 사실 잘못된 분석 말고 파동 구조에서 비정상인 것은 없다.

엘리어트는 또한 모든 다섯 번째 파동의 연장은 '이중 되돌림'을 한다고 주장했다. 즉 1차 되돌림은 시작점 근처로 돌아가고, 2차 되돌

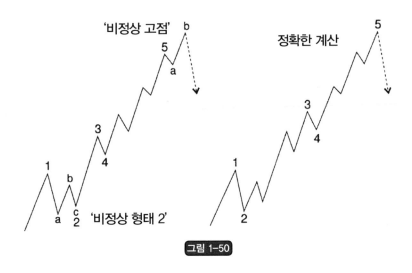

그림 1-50

림은 시작점 위로 돌아간다. 이러한 움직임은 조정파동이 대개 이전 네 번째 파동의 범위에서 바닥을 치기 때문에 자연스럽게 생긴다(2장 참조). 다시 말해서 2차 되돌림은 다음 충격파동이다. 2장 '다섯 번째 파동의 연장에 뒤이은 움직임'에서 살펴보겠지만 이 개념은 연장파 동을 뒤따르는 확장 플랫형 파동의 파동 A와 B에는 무리 없이 적용 될지도 모른다. 그러나 자연스러운 움직임에 별도의 명칭을 부여할 필요는 없다.

엘리어트는『자연의 법칙』에서 '반달Half Moon'이라는 형태를 소개했 다. 이 형태는 별도의 패턴이 아니라 단지 약세장에서 때로 하락이 느리게 시작했다가 점점 속도를 붙이고 끝에는 급가속하는 과정을 묘사한 것에 불과하다. 이 형태는 주가 하락을 반¾로그 척도로 표시 하거나, 다년 추세에서 주가 상승을 산술 척도로 표시할 때 종종 나타난다.

또한 엘리어트는 『자연의 법칙』에서 'A-B 바닥Base'이라는 형태를 두 번 소개하고 있다. 이 형태는 만족스러운 수의 파동을 따라 하락이 끝난 후 시장이 3파로 상승하고, 뒤이어 본격적인 5파 상승을 하기 전에 3파로 하락하는 것을 가리킨다. 사실 엘리어트는 파동이론을 13년 삼각형 파동 개념에 억지로 끼워 맞추려고 이 형태를 고안했다. 그러나 13년 삼각형 파동 개념은 현재 누구도 유효하다고 인정하지 않는다. 만약 그러한 패턴이 명확하게 존재한다면 파동이론의 규칙들이 무효화되어야 할 것이다. 우리는 'A-B 바닥'을 한 번도 본 적이 없으며, 그러한 형태는 존재할 수도 없다. 이 오류는 철저한 연구와 엄청난 발견에도 불구하고 엘리어트 역시 기존 이론으로부터 잘못된 영향을 받아서 객관성을 잃는 실수를 최소한 한 번은 저질렀음을 말해준다.

우리가 아는 한 이 장에서는 평균주가지수의 변동에 따라 발생할 수 있는 모든 형태의 파동을 다루었다. 파동이론에 따르면 이 장에서 다루지 않은 형태의 파동은 발생하지 않는다. 60분 차트는 미뉴엣 규모에서 파동을 자세하게 분석하기 위한 거의 완벽한 자료를 제공한다. 우리는 미뉴엣 규모 이상에서 엘리어트 파동이론에 따라 만족스럽게 계산할 수 없는 파동의 사례를 찾아내지 못했다. 미뉴엣 규모보다 훨씬 작은 파동들도 컴퓨터로 집계한 분별 차트로 충분히 확인할 수 있다. 이렇게 시간단위별로 거래가 적은 규모에서도 파동이론은 빠르게 변하는 투자심리를 정확하게 반영한다.

파동이론의 모든 규칙과 지침은 근본적으로 기록이 아니라 실제 시장의 분위기에 적용된다. 명확한 파동이 형성되려면 자유시장의 가격 변동이 필요하다. 20세기의 절반 동안 금과 은의 가격이 통제되었듯이 정부가 가격을 고정시키면 파동 역시 제한된다. 가격의 기록이 자유시장에서 가능한 형태와 다르면 규칙과 지침은 그 점을 고려해야 한다. 물론 장기적으로 시장은 언제나 규제를 이기며, 규제는 시장의 분위기가 허락할 때에만 적용된다. 이 책에 나온 모든 규칙과 지침은 가격의 기록이 정확하다는 점을 전제로 하고 있다.

지금까지 파동 형성의 규칙과 개요를 소개했다. 이제는 파동이론을 활용한 분석에 대한 지침을 살펴보자.

2장
● ● ●

파동을
형성하는 지침

이 장에서 소개할 지침들은 강세장의 맥락에서 제시된다. 따로 명시하지 않는 한 이 지침들은 약세장에도 동일하게 적용되며, 단지 반대로 해석하기만 하면 된다.

: 교대

교대Alternation, 상승과 하락이 한 번씩 번갈아 나타남을 의미함.에 대한 지침은 매우 폭넓게 적용되며, 비슷한 파동도 다양한 양상으로 드러나는 경우가 많다. 해밀턴 볼튼은 교대에 대해 이렇게 썼다.

저자는 교대가 더 큰 규모의 형태를 이루는 파동들 사이에서 불가피하게 나타나는지 확신할 수 없고, 다만 충분한 사례가 있기 때문에 간과하기보다 찾아볼 필요가 있다고 본다.

교대 지침은 어떤 변화가 일어날지 정확하게 말해주지는 않지만 어떤 변화가 일어나지 않을지를 판단할 수 있는 소중한 단서를 제공한다. 따라서 파동의 형태를 분석하고 미래의 가능성을 평가할 때 유용하게 참고할 수 있다. 교대는 지난 시장의 주기가 특정한 형태로 움직였기 때문에 이번에도 같을 것이라는 가정을 피하라고 경고한다. 대부분의 투자자들이 습관적인 움직임에 집착하는 순간 시장은 완전히 다른 움직임을 보인다. 엘리어트는 교대가 사실상 시장의 법칙이라고 말했다.

••충격파동 내의 교대

충격파동의 파동 2가 급각 조정파동이라면 파동 4는 횡보 조정파동이 될 것이며, 그 반대도 마찬가지이다. 그림 2-1은 방향에 관계없이 충격파동 내에서 지침대로 나타나는 가장 특징적인 교대의 양상을 보여준다. 급각 조정파동은 결코 새로운 가격 극단을 포함하지 않는다. 다시 말해서 앞선 충격파동의 정통 종결점을 넘어서지 않는다. 이 파동은 거의 언제나 지그재그형(단일, 이중, 삼중)이며, 때로 지그재그형으로 시작하는 이중 3파가 되기도 한다. 횡보 조정파동은 플랫형, 삼각형, 이중 및 삼중 조정파동을 포함한다. 이 파동은 대개 새로운 가격 극단을 포함한다. 다시 말해서 앞선 충격파동의 정통 종결점을 넘어선다. 드물게 네 번째 파동으로 나타난 (새로운 가격 극단을 포함하지 않는) 정상삼각형 파동이 급각 조정파동처럼 두 번째 파동의 위치에 있는 다른 형태의 횡보 패턴과 교대하기도 한다. 충격파동 내의 교대는 두 개의 조정파동 중 하나가 앞선 충격파동의 종결점까지 돌아가거나 종결점을 지나면 다른 하나는 그렇게 하지 않는다는 말로 정리할 수 있다.

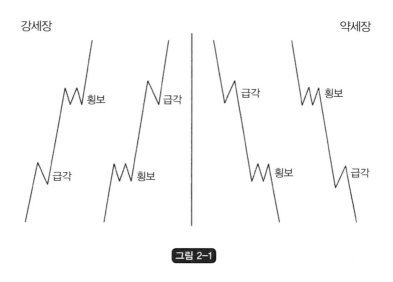

그림 2-1

대각삼각형 파동의 하위파동 2와 4는 교대하지 않는다. 대개 두 조정파동은 모두 지그재그형이며, 동인파동은 서로 길이를 교대하기 때문에 연장파동은 교대의 한 양상이다. 대개 첫 번째 파동이 짧고, 세 번째 파동이 연장되며, 다섯 번째 파동은 다시 짧아진다. 연장파동은 때로 파동 1이나 5로 나타나면서 교대하기도 한다.

·· 조정파동 내의 교대

주정파동이 파동 A에서 평탄형 a-b-c 구조로 시작한다면 파동 B는 지그재그형 a-b-c 구조가 될 것이며, 그 반대도 마찬가지이다(그림 2-2, 2-3 참조). 첫 번째 그림은 두 하위파동의 상방 편향을, 두 번째 그림은 하방 편향을 보여준다.

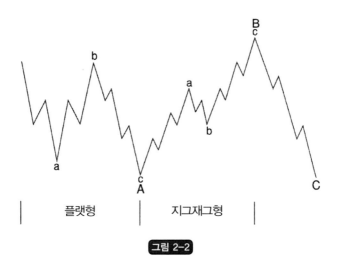

그림 2-2

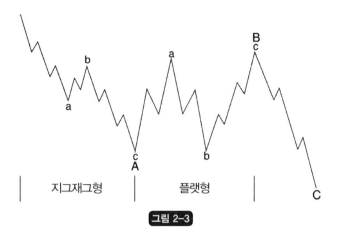

그림 2-3

종종 큰 조정파동이 단순한 a-b-c 지그재그형 파동 A로 시작하면 파동 B는 보다 복잡한 a-b-c 지그재그형으로 늘어나서 일종의 교대를 이룬다. 그림 2-4가 그러한 예이다. 때로 파동 C가 그림 2-5와 같이 더 복잡한 형태로 전개되기도 한다. 반대 순서로 복잡해지는 구조는 다소 드문데 그림 2-16에서 파동 4가 그러한 예이다.

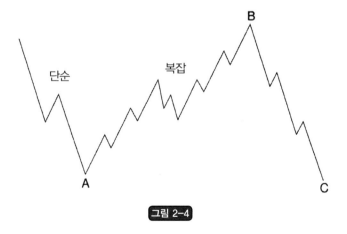

그림 2-4

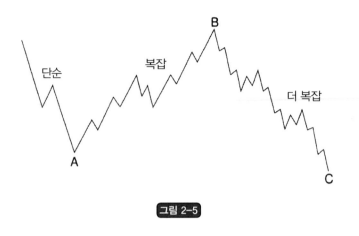

그림 2-5

: 조정파동의 깊이

파동이론 외에 어떤 이론도 약세장이 얼마나 많이 하락할 것인지에 대해 만족스러운 답변을 제시하지 못한다. 이 문제와 관련된 주요 지침은 조정파동, 특히 네 번째 파동인 조정파동의 최대 되돌림은 한 단계 작은 규모의 파동에 속한 이전 네 번째 파동의 범위 안에서 이루어진다는 것이다. 대부분 그 지점은 종결점 근처이다.

■ 사례 1: 1929∼1932년의 약세장 저점

1789년에서 1932년에 걸친 기간에 대한 우리의 분석은 거트루드 셔크Gertrude Shirk가 고정 달러 기준으로 《주기Cycles》 1977년 1월호에 정리하여 실은 주가 차트를 이용했다. 우리는 이 차트에서 1932년의 슈퍼사이클 파동이 1890년부터 1921년에 걸쳐 확장삼각형으로 전개되던 사이클 파동에 속한 이전 네 번째 파동의 범위 안에서 바닥을 쳤다는 점을 확인했다(그림 5-4 참조).

■ 사례 2: 1942년의 약세장 저점

1937년부터 1942년에 걸친 약세장의 사이클 파동은 지그재그형으로 나아가다가 1932년부터 1937년에 걸친 강세장의 프라이머리 파동에 속한 네 번째 파동의 범위 안에서 바닥을 쳤다(그림 5-5 참조).

■ 사례 3: 1962년의 약세장 저점

1962년에 파동 ④가 급락하면서 평균지수가 1949년에서 1959년에 걸쳐 진행되던 5파 프라이머리 파동의 1956년 고점 바로 위까지 내려갔다. 일반적으로는 파동 ③에 속한 네 번째 조정파동인 (4)의 범위에 머물렀을 것이다. 그림 5-5에서 약간의 차이로 그 범위를 벗어났다는 사실은 이 지침이 규칙이 되지 않은 이유를 말해준다. 앞선 강력한 세 번째 파동의 연장 그리고 파동 (4)의 얕은 파동 A와 강력한 파동 B는 전체 파동의 힘을 보여준다. 이 힘은 온건한 조정의 깊이로 이어졌다.

■ 사례 4: 1974년의 약세장 저점

1942년부터 상승한 파동 Ⅲ을 1966년부터 1974년에 걸쳐 사이클 파동 Ⅳ가 조정하면서 평균지수를 한 단계 작은 규모의 파동(프라이머리 파동 ④)에 속한 네 번째 파동의 범위까지 끌어내렸다(그림 5-5 참조).

■ 사례 5: 1974~1976년에 걸친 런던 금가격 약세장 저점

조정파동이 한 단계 작은 규모의 파동에 속한 네 번째 파동의 범위 안에서 끝나는 다른 사례이다(그림 6-11 참조).

지난 20년에 걸친 작은 규모의 파동을 분석한 결과 약세장의 한계는 한 단계 작은 규모의 파동에 속한 네 번째 파동의 범위 안이라는 점이 분명해졌다. 특히 약세장의 파동이 네 번째 파동일 때는 더욱 그러하다. 그러나 이 지침의 합리적인 조정으로서, 첫 번째 파동이 연장하면 다섯 번째 파동을 뒤따르는 조정은 일반적으로 보다 작은 규모의 파동에 속한 두 번째 파동의 저점이 한계가 된다. 가령 다우지수는 1978년 3월에 정확하게 1975년 3월에 형성된 두 번째 파동의 저점에서 바닥을 쳤다. 또한 이 두 번째 파동에 앞선 첫 번째 파동은 1974년 12월의 저점에서 시작하여 연장되었다.

플랫형 조정파동이나 삼각형 파동이 연장파동을 뒤따를 때 근소한 차이로 네 번째 파동의 범위에 도달하지 못하는 경우가 있다(사례 3 참조). 때로 지그재그형 파동은 보다 작은 규모의 파동에 속한 두 번째 파동의 범위 안으로 깊이 파고든다. 그러나 이 경우는 거의 지그재그

형 파동이 두 번째 파동일 때에만 일어난다. '쌍바닥'은 가끔 이러한 방식으로 형성된다.

: 다섯 번째 파동의 연장에 뒤이은 움직임

우리는 지난 20년에 걸친 자료를 통해 다우존스 60분 차트를 검토한 결과 연장의 발생과 뒤이은 주가의 움직임에 대한 엘리어트의 일부 설명이 부정확하다는 확신을 얻었다. 우리가 경험적으로 얻은 가장 중요한 규칙은 상승파동의 다섯 번째 파동이 연장될 경우, 뒤이은 조정파동은 급각을 이루며, 연장파동에 속한 두 번째 파동의 저점에서 지지된다는 것이다. 그림 2-6과 같이 조정파동이 그곳에서 끝나기도 하고, 때로 파동 A만 그곳에서 끝나기도 한다. 실제 사례는 적지만 파동 A는 놀랍도록 정확하게 두 번째 파동의 저점에서 방향을 전환했다. 그림 2-7은 지그재그형 파동과 확장 플랫형 조정파동의 변화를 보여준다. 그림 5-5에서 파동 Ⅱ에 속한 Ⓐ의 저점에서 지그재그형 파동이 저점을 찍는 사례를 볼 수 있다. 또한 그림 2-16에서는 파동 4의 A에 속한 a의 저점에서 확장 플랫형 파동이 저점을 찍는 사례를 볼 수 있다. 그림 5-5에서 파동 (Ⅳ)에 속한 a는 파동 ⑤에 속한 (2) 근처에서 저점을 찍는다. 파동 ⑤는 1921년부터 1929년에 걸친 파동 Ⅴ 내에서 발생한 연장파동이다.

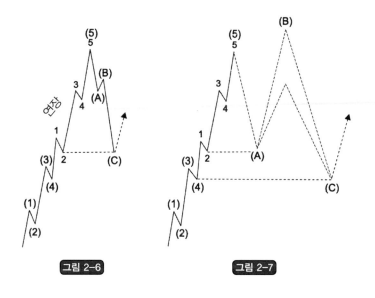

그림 2-6   **그림 2-7**

　연장파동에 속한 두 번째 파동의 저점이 한 단계 더 큰 규모의 파동에 속한 네 번째 파동의 범위 또는 그 근처에서 형성된다는 사실은 앞에서 설명한 지침과 비슷한 움직임을 보여준다. 다만 이 지침의 정확성은 주목할 필요가 있다. 또한 다섯 번째 파동의 연장이 대개 빠른 되돌림으로 이어진다는 사실은 추가적인 가치를 제공한다. 따라서 이 지침이 적용되는 패턴이 형성되면 특정한 수준까지 극적인 반전이 뒤따른다는 점을 미리 알 수 있다. 이는 대단히 유용한 정보이다. 이 지침은 시장이 한 가지 규모 이상에서 다섯 번째 파동을 마무리할 때는 적용되지 않는다. 그러나 그림 5-5에서 나타난 움직임은 이 지침에서 제시한 지점을 최소한 잠재적인 또는 일시적인 지지선으로 보아야 한다는 사실을 말해준다.

: 파동의 동등성

파동이론의 지침에 따르면 5파 구조에 속한 두 동인파동은 시간과 규모에서 동등하게 나아가려는 경향이 있다. 이 지침은 대개 한 파동이 연장될 때 연장되지 않은 다른 두 파동에 잘 들어맞는다. 두 파동이 완벽하게 동등하지 않을 경우 0.618의 비율을 형성할 가능성이 많다(3장, 4장 참조).

파동이 인터미디에이트보다 클 경우에는 대개 퍼센트 기준으로 가격의 상관관계를 표시한다. 가령 1942년부터 1966년에 걸쳐 완전하게 연장된 사이클 파동 내에서 프라이머리 파동 ①은 49개월 동안 120포인트, 129퍼센트 상승했고, 프라이머리 파동 ⑤는 40개월 동안 438포인트, 80퍼센트(129퍼센트×0.618) 상승했다(그림 5-5 참조). 이 비율은 126개월 동안 지속된 프라이머리 세 번째 파동의 상승폭인 324퍼센트와 큰 차이를 보인다.

인터미디에이트 이하의 파동인 경우 가격의 동등성은 퍼센트도 거의 같을 것이기 때문에 대개 산술 척도로 확인할 수 있다. 가령 1976년의 연말 랠리에서 파동 1은 47거래시간 동안 35.24포인트 상승했고, 파동 5는 47거래시간 동안 34.40포인트 상승했다. 이처럼 동등성의 지침은 종종 대단히 정확하다.

: 차트 작성

해밀턴 볼튼은 항상 시간별 주가를 보여주는 60분 차트를 정리했다. 엘리어트도 『파동이론』에서 1938년 2월 23일부터 3월 31일에 걸친 60분 차트를 제시했다. 파동이론에 관심을 가진 사람들은 《월스트리트 저널》과 《배런스Barron's》에서 제공하는 시간별 변동내역을 참고하면 도움이 많이 된다. 일주일에 몇 분만 투자하면 간단하게 차트를 정리할 수 있다. 봉 차트는 좋기는 하지만 봉을 구성하는 시간 안에서가 아니라 시간이 바뀌는 시점 근처에서 일어나는 변동을 보여주기 때문에 오판의 여지가 있다. 차트를 만들 때는 인쇄된 실제 수치를 사용해야 한다. 소위 '개장지수'와 '이론 일중지수'는 실제 평균지수를 반영하지 않는 통계적 장치일 뿐이다. 이 수치들은 각각 형성 시점이 다를 수 있는 개장가를 합한 것과 형성 시점에 관계없이 개별 주식의 일중 고점 또는 저점을 합한 것이다.

파동을 정의하는 가장 우선적인 목표는 현재 주가의 위치를 파악하기 위한 것이다. 이 일은 파동 계산을 명확하게 할 수 있다면 크게 어려울 것이 없다. 시장이 투자심리에 많이 좌우되면서 빠르게 진행할 때 파동은 뚜렷하게 드러난다. 특히 작은 움직임들이 단순하게 전개되는 충격파동은 계산하기가 쉽다. 이러한 경우 모든 하위파동을 살피려면 단기 차트가 필요하다. 그러나 시장이 복잡하고 무기력하게 흘러가는 조정파동의 구조는 복잡하고 느리게 전개된다. 이때에는 장기 차트가 패턴을 효율적으로 파악할 수 있도록 움직임을 집약적으로 보여준다. 파동이론을 이용하여 적절하게 파동을 읽으면 횡보 추세를 예견할 수 있는 때가 있다(가령 파동 2가 지그재그형일 때 네 번째 파동). 그러나 정확하게 향후 변화를 예견한 경우에도 파동이 복잡하고 무기력한 형태로 전개될 수 있다. 이는 시장의 현실이므로 미리 염두에 두어야 한다. 이러한 시기에는 잠시 다른 곳으로 눈을 돌리고 충격파동이 빠르게 전개될 때 얻은 수익을 누리는 편이 낫다. 시장이 움직이도록 빌어봐야 소용없다. 시장은 기도에 귀 기울이지 않는다. 시장이 쉴 때는 같이 쉬는 것이 좋다.

시장의 움직임을 추적하는 확실한 방법은 반로그 차트를 이용하는 것이다. 시장의 역사는 비율을 기준으로 삼아야 합리적인 상관관계를 드러낸다. 투자자에게는 지수가 몇 포인트 오르내렸는가가 아니라 몇 퍼센트의 수익 또는 손실을 냈는가가 중요하다. 가령 1980년에 다우지수 10포인트는 1퍼센트의 변동을 의미했다. 그렇지만 1920년대 초반에 10포인트는 훨씬 중요한 10퍼센트의 변동을 의미했다. 그러나 편의를 위해 변동폭을 쉽게 파악할 수 있는 장기 차트에만 반로그 척도를 적용할 것을 권한다. 산술 척도는 시간별 파동을 추적하기에 적합하다. 다우지수 800선에서 40포인트 상승하는 것은 900선에서 40포인트 상승하는 것과 비율 면에서 큰 차이가 없기 때문이다. 산술 척도에 따라 단기 변화를 담은 차트를 분석할 때는 궤도 설정 기술이 유용하다.

: 궤도 설정

엘리어트는 평행한 추세의 궤도가 종종 상당히 정확하게 충격파동의 상단과 하단의 경계를 이룬다는 사실을 지적했다. 이 사실에 기초하여 가능한 한 일찍 궤도를 잡아서 파동의 목표점과 향후 추세를 예측하는 데 활용해야 한다.

초기에 충격파동의 궤도를 설정하려면 최소한 세 가지 기준점이 필요하다. 그림 2-8에 나온 대로 파동 3이 끝나면 1과 3을 잇고, 2의 저점에서 시작하는 평행선을 긋도록 하자. 이 선은 파동 4의 경계선으로 가정할 수 있다. (대부분의 경우 세 번째 파동은 상당히 길게 진행되어 시작점이 최종 궤도의 접점에서 배제된다.)

네 번째 파동이 평행선에 닿지 않은 채 끝나면 파동 5의 경계를 예측하기 위하여 궤도를 재구성해야 한다. 먼저 파동 2와 4의 종결점을 잇는다. 파동 1과 3이 정상적이라면 그림 2-9와 같이 상단 궤도는 파동 5의 종결점을 정확하게 보여준다. 파동 3이 거의 수직에 가까울 만큼 비정상적으로 강하면 상단 궤도가 너무 높은 곳으로 향하게 된다. 경험에 따르면 이때는 파동 1의 고점에서 시작하여 하단 궤도에 평행하게 그은 선이 보다 유용하다. 1976년 8월부터 1977년 3월에 걸친 금시장의 파동이 한 예이다(그림 6-12 참조). 때로 두 가지 잠정적 상단 궤도를 모두 그리면 파동 계산과 거래량의 특성 파악에 신중을 기하고 그에 따라 적절한 행동을 취하는 데 도움이 된다.

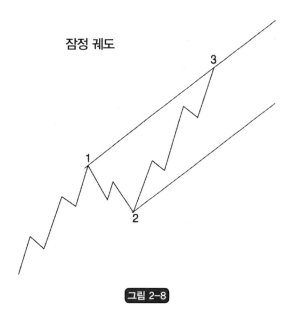

잠정 궤도

그림 2-8

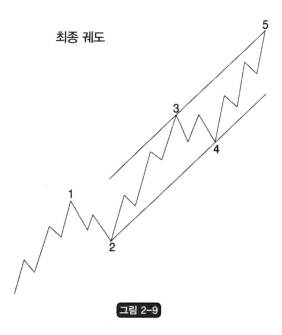

최종 궤도

그림 2-9

모든 규모의 추세는 동시에 진행된다는 점을 항상 기억해야 한다. 가령 프라이머리의 다섯 번째 파동에 속한 인터미디에이트의 다섯 번째 파동이 두 사이클에 동시에 해당하는 상단 궤도에서 끝나기도 한다. 또는 슈퍼사이클의 초과진행파동이 주가가 사이클 파동의 상단 궤도에 이르렀을 때 끝나기도 한다.

: 초과진행

평행 궤도나 대각삼각형 파동의 수렴선 내에서 거래량이 줄어드는 가운데 다섯 번째 파동이 상단에 접근하면 곧 만나거나 그에 미치지 못하고 끝난다는 신호이다. 반대로 거래량이 많으면 다섯 번째 파동이 상단을 돌파하여 엘리어트가 말하는 '초과진행'이 될 수 있다는 신호이다. 초과진행파동의 종결점 근처에서 작은 규모의 네 번째 파동은 궤도 바로 밑에서 횡보하고 다섯 번째 파동이 거래량의 폭발과 함께 상단을 뚫는다.

초과진행파동은 때로 하방 초과진행Throw-Under파동을 앞세운다. 그림 2-10에 나온 파동 4가 그러한 예이다. 초과진행파동은 즉시 궤도 안으로 되돌아오는 움직임을 통해 확정된다. 초과진행파동은 하락장에서도 같은 특성으로 발생할 수 있다. 엘리어트는 대규모 초과진행파동이 작은 규모의 파동을 파악하기 어렵게 만든다고 지적했다. 작

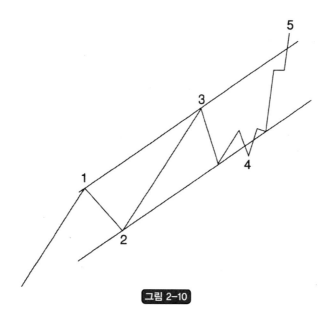

그림 2-10

은 규모의 파동에 따라 설정된 궤도가 때로 마지막 다섯 번째 파동이
전개되는 동안 상방으로 돌파되기 때문이다. 그림 1-17, 1-19, 2-11
은 초과진행파동의 실제 사례이다.

: 척도

엘리어트는 반로그 척도에서 궤도를 설정해야 한다는 사실이 인플
레이션의 존재를 말해준다고 주장했다. 그러나 지금까지 파동이론
을 따르는 누구도 이 부정확한 주장에 이의를 제기하지 않았다. 엘리

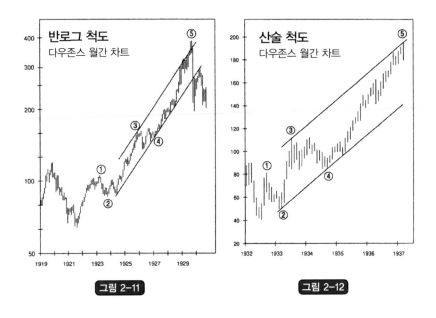

그림 2-11

그림 2-12

어트는 파동의 규모에 따른 차이를 간과했을지도 모른다. 파동의 규모가 클수록 반로그 척도가 더 필요해지기 때문이다. 반면 반로그 척도에서 1921년부터 1929년까지 형성된 완벽에 가까운 궤도(그림 2-11)와 산술 척도에서 1932년부터 1937년까지 형성된 완벽에 가까운 궤도(그림 2-12)는 같은 규모의 파동이라도 적절한 척도에 따라 표시되어야만 정확한 추세 궤도를 설정할 수 있음을 보여준다. 산술 척도에서 1920년대의 강세장 파동은 상단 궤도를 넘어버리고, 반로그 척도에서 1930년대의 강세장 파동은 상단 궤도에 훨씬 못 미친다.

1920년대에는 소비자물가지수가 해마다 평균 0.5퍼센트씩 낮아지는 약한 디플레이션이 발생했고, 1933년부터 1937년까지는 소비자물가지수가 2.2퍼센트씩 상승하는 약한 인플레이션이 발생했다. 이 점을 감안하면 인플레이션 때문에 반로그 척도가 필요한 것은 아니라는 사실이 명백해진다. 사실 척도의 차이를 제외하면 사이클 규모에 속하는 두 파동은 놀랍도록 유사하다. 우선 주가 상승 비율이 거의 같고(6배와 5배), 모두 다섯 번째 파동을 포함하고 있으며, 바닥에 대비하여 세 번째 파동의 고점이 같은 비율만큼 올랐다. 두 강세장 사이의 근본적인 차이는 하위파동의 형태와 지속시간에 있다.

반로그 척도가 필요하다는 사실은 집단심리에 따른 이유가 무엇이든 간에 파동이 가속 과정에 있다는 것을 말해준다. 단일한 가격목표와 구체적인 기간이 정해지면 누구라도 파동의 기울기를 조정하여 동일한 출발점에서 산술 척도와 반로그 척도에 따라 만족스러운 잠정적 궤도를 그릴 수 있다. 따라서 두 척도 중 어느 쪽을 따라야 하는지는 여전히 풀리지 않는 의문이다. 특정 시점에서 주가 변동이 사용하는 척도에 따른 궤도에 깔끔하게 맞지 않는다면 다른 척도로 바꾸어볼 필요가 있다. 모든 파동을 적절하게 추적하려면 언제나 두 척도를 모두 활용해야 한다.

: 거래량

엘리어트는 거래량을 파동의 계산을 확정하고 연장 여부를 예측하는 수단으로 활용했다. 엘리어트의 설명에 따르면 강세장에서는 거래량이 가격 변화의 속도에 따라 늘어나고 줄어드는 경향을 보인다. 조정 국면의 말기에 거래량이 줄어드는 것은 종종 매도 압력이 감소한다는 것을 의미한다. 거래량의 저점은 종종 추세 전환과 맞물린다. 프라이머리 이하에서 정상적인 다섯 번째 파동의 거래량은 세 번째 파동의 거래량보다 적은 경향이 있다. 만약 다섯 번째 파동의 거래량이 세 번째 파동의 거래량과 같거나 그보다 많다면 다섯 번째 파동은 연장될 가능성이 많다. 또한 첫 번째 파동과 세 번째 파동의 길이가 거의 같다면 세 번째 파동과 다섯 번째 파동이 연장되는 드문 현상이 벌어질 수 있다.

프라이머리 이상에서 다섯 번째 파동의 거래량은 강세장에서 자연스럽게 증가하는 시장참가자들 때문에 더 늘어나는 경향이 있다. 엘리어트는 프라이머리 이상에서 강세장 파동의 종결점에 실리는 거래량은 역대 최고를 기록하는 경우가 많다고 지적했다. 끝으로 앞에서 살펴보았듯이 거래량은 종종 대각삼각형의 저항선이나 평행 추세선 상단에서 일시적으로 급증한다. (대각삼각형의 다섯 번째 파동이 한 단계 더 큰 규모의 파동이 그리는 궤도 상단에서 끝나는 경우처럼 때로 두 지점이 겹칠 수 있다.)

지금까지 제시한 유용한 사실 외에도 이 책 곳곳에서 거래량에 대한 정보를 제시하고자 한다. 거래량은 파동을 계산하고 예측하는 단서라는 점에서 무엇보다 중요한 의미를 지닌다. 엘리어트는 거래량이 독립적으로 파동이론의 패턴을 따른다고 말한 적이 있으나 우리는 그에 대한 확실한 증거를 찾지 못했다.

: 올바른 형태 갖추기

파동의 전체적인 형태는 적절한 기준에 부합해야 한다. 그림 2-13에 나온 것처럼 첫 세 하위파동을 파동 A로 계산하여 5파를 억지로 3파로 맞추면 안 된다. 이러한 계산은 파동이론에 따른 분석을 근본적으로 뒤흔든다. 파동 4가 파동 1보다 훨씬 높은 지점에서 끝나는 5파는 충격파동으로 구분되어야 한다. 그림 2-13처럼 파동 A가 3파로 구성된다면 파동 B는 플랫형 조정파동으로서 A의 시작점 근처로 떨어져야 한다. 하위파동을 계산하는 것이 파동을 파악하는 기본적인 방법이기는 하지만 전반적인 형태가 종종 유용한 단서를 제공하기도 한다.

지금까지 제시한 모든 사항을 고려하여 파동의 올바른 형태를 판단해야 한다. 파동의 패턴이 다소 유동적이라고 해서 시장에 대한 감정적인 반응에 흔들려서 균형이 맞지 않거나 형태가 잘못된 파동을 받아들이는 것은 대단히 위험하다.

엘리어트는 모든 규모의 추세에서 동시에 파동의 올바른 형태가 나타나지 않을 수도 있다고 지적했다. 이 문제의 해결책은 가장 명확

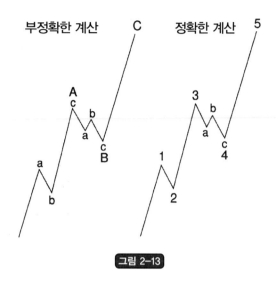

그림 2-13

한 규모의 파동에 집중하는 것이다. 시간별 차트가 혼란스럽다면 한 발 물러서서 일간 또는 주간 차트를 살펴보라. 반대로 주간 차트가 너무나 많은 가능성을 제기한다면 큰 그림이 명확하게 드러날 때까지 단기적인 움직임에 주목하라. 일반적으로 말해서 빠르게 변하는 시장에서 하위파동을 분석하려면 단기 차트가 필요하고, 느리게 변하는 시장에서 상위파동을 분석하려면 장기 차트가 필요하다.

: 파동의 성격

파동의 성격은 파동이론을 크게 확장시킨 개념이다. 이 개념은 투자심리를 보다 적극적으로 파동이론에 적용한다.

각 파동의 성격은 투자심리를 반영한다. 비관과 낙관 사이를 오가는 투자심리의 변화는 비슷한 경로를 따르면서 특정한 파동구조를 형성한다. 그랜드 슈퍼사이클이든 서브미뉴엣이든 간에 각 파동의

이상적인 파동의 진행

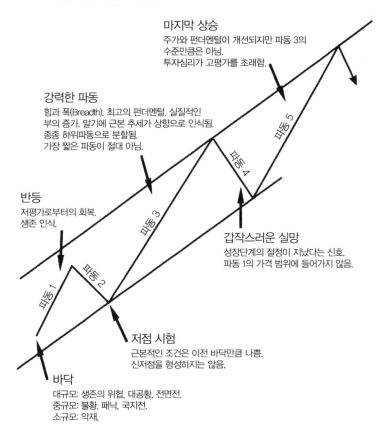

마지막 상승
주가와 펀더멘털이 개선되지만 파동 3의
수준만큼은 아님.
투자심리가 고평가를 초래함.

강력한 파동
힘과 폭(Breadth), 최고의 펀더멘털, 실질적인
부의 증가. 말기에 근본 추세가 상향으로 인식됨.
종종 하위파동으로 분할됨.
가장 짧은 파동이 절대 아님.

반등
저평가로부터의 회복.
생존 인식.

갑작스러운 실망
성장단계의 절정이 지났다는 신호.
파동 1의 가격 범위에 들어가지 않음.

저점 시험
근본적인 조건은 이전 바닥만큼 나쁨.
신저점을 형성하지는 않음.

바닥
대규모: 생존의 위협, 대공황, 전면전.
중규모: 불황, 패닉, 국지전.
소규모: 악재.

파동 1 파동 2 파동 3 파동 4 파동 5

그림 2-14

성격은 명확하게 드러난다. 이러한 특성은 다음 사이클의 움직임을 미리 알려줄 뿐만 아니라 파동의 계산이 불명확하거나 복수의 해석이 가능할 때 시장의 현재 위치를 파악하는 데 도움을 준다. 파동이 전개되는 과정에서 모든 파동이론의 규칙을 적용해도 복수의 계산이 모두 들어맞는 경우가 있다. 이때 파동의 성격에 대한 지식은 매우 유용하다. 단일 파동의 성격을 파악하면 종종 더 큰 패턴의 복잡성을 정확하게 해석할 수 있다. 앞으로 다룰 내용은 그림 2-14와 2-15에 나온 것처럼 강세장을 가정한 것이다. 작용파동이 아래로 향하고 반작용파동이 위로 향하는 경우는 내용을 반대로 적용하면 된다.

1) 첫 번째 파동- 첫 번째 파동의 약 절반은 바닥을 다지는 과정이다. 따라서 파동 2로 크게 조정 받는 경향이 강하다. 그러나 이전 하락 과정의 약세장 랠리와 달리 이 첫 번째 파동의 상승은 보다 건설적이며, 종종 거래량이 늘고 시장의 폭이 늘어나기도 한다. 다수의 투자자가 마침내 전반적인 추세를 하향으로 확신하고 공매도에 나선다. 그들은 공매도로 이득을 볼 또 한 번의 랠리를 이용하려고 한다. 나머지 절반에 해당하는 첫 번째 파동의 상승은 1949년처럼 이전 조정이 형성한 대바닥에서 나오거나, 1962년처럼 하방 미달파동에서 나오거나, 1962년과 1974년처럼 극도의 압축에서 나온다. 이렇게 시작된 첫 번째 파동은 역동적이며 조정폭이 적다.

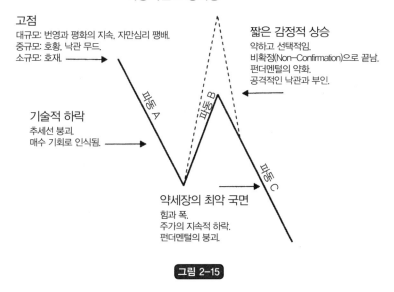

이상적인 조정파동

고점
대규모: 번영과 평화의 지속, 자만심리 팽배.
중규모: 호황, 낙관 무드.
소규모: 호재.

기술적 하락
추세선 붕괴.
매수 기회로 인식됨.

짧은 감정적 상승
약하고 선택적임.
비확정(Non-Confirmation)으로 끝남.
펀더멘털의 약화.
공격적인 낙관과 부인.

파동 A

파동 B

파동 C

약세장의 최악 국면
힘과 폭.
주가의 지속적 하락.
펀더멘털의 붕괴.

그림 2-15

2) **두 번째 파동**- 두 번째 파동은 종종 첫 번째 파동을 상당히 되돌리기 때문에 종결점에 이르면 이전에 얻은 수익의 폭을 거의 잠식한다. 특히 두 번째 파동이 진행되는 동안 생긴 공포가 프리미엄을 크게 깎아먹으면서 콜 옵션이 많은 손해를 본다. 이때 투자자들은 약세장이 돌아왔다고 확신한다. 두 번째 파동은 종종 아주 적은 거래량과 변동성을 보이면서 마무리된다. 이는 매도 압력이 약화된다는 것을 뜻한다.

3) **세 번째 파동**- 세 번째 파동은 놀라운 성격을 지닌다. 이 파동은 강하고 넓다. 이 시점에서 추세는 명확하게 정해진다. 갈수록 긍정

적인 신호가 늘어나면서 투자자들의 자신감이 회복된다. 세 번째 파동은 대개 가장 많은 거래량과 넓은 변동폭을 기록하며, 거의 연장파동으로 전개된다. 물론 세 번째 파동에 속한 세 번째 파동은 모든 파동 구조에서 가장 불안정한 지점이다. 이 지점은 불가피하게 돌파와 진행 갭Continuation Gap, 거래량 증가, 예외적인 폭, 주요 다우이론의 추세 확정과 급격한 가격 변동, 파동의 규모에 따라 시간별 · 일별 · 주별 · 월별 · 연별 대폭 상승을 이끌어낸다. 거의 모든 주식이 세 번째 파동의 진행에 참가한다. B파동을 제외하면 세 번째 파동이 진행 중인 파동을 계산하는 데 가장 중요한 단서를 제공한다.

4) 네 번째 파동- 네 번째 파동은 깊이(92쪽 참조)와 형태를 예측할 수 있다. 같은 규모의 두 번째 파동과 교대하기 때문이다. 네 번째 파동은 종종 횡보하면서 마지막 다섯 번째 파동이 움직일 토대를 형성한다. 기본적으로 세 번째 파동이 남긴 동인에 의존하기 때문에 이 단계에서 부진한 종목들은 고점을 형성한 뒤 하락하기 시작한다. 이 퇴보는 다섯 번째 파동이 진행되는 동안 비확정과 은근한 약세의 여지를 남긴다.

5) 다섯 번째 파동- 다섯 번째 파동은 언제나 폭에서 세 번째 파동보다 역동적이지 못하다. 또한 가격 변동의 최고 속도가 더 느리다. 그러나 연장된 다섯 번째 파동에 속한 세 번째 하위파동의 가격 변화

속도는 세 번째 파동보다 빠를 수 있다. 사이클 규모 이상에서는 대개 충격파동이 진행됨에 따라 거래량이 늘어나지만 프라이머리 이하에서는 다섯 번째 파동이 연장되어야만 거래량이 늘어난다. 그렇지 않으면 일반적으로 세 번째 파동의 거래량보다 다섯 번째 파동의 거래량이 적어진다. 때로 초보자들은 장기 추세의 마지막에서 '시세 분출'이 일어날 것이라고 기대하기도 한다. 그러나 주식시장의 역사를 살펴보면 고점에서 최고 속도로 가속한 경우를 찾아볼 수 없다. 다섯 번째 파동이 연장하더라도 하위 다섯 번째 파동은 역동성을 잃을 것이다.

다섯 번째 파동이 전개되는 동안 폭이 좁아지는 데도 불구하고 낙관 무드가 팽배할 수는 있다. 어쨌든 시장의 움직임은 이전 조정파동에 비해 개선되기 때문이다. 가령 1976년의 연말 랠리는 평범한 수준이었다. 그러나 이 랠리는 4월, 7월, 9월에 발생한 조정파동보다 보조지표와 등락주선Advance-Decline Line*에 영향을 적게 미치기는 했지만 여전히 동인파동을 형성했다. 랠리 2주 후 실시한 여론조사에서 약세장을 예측한 비율은 역대 최저인 4.5퍼센트에 불과했다. 다섯 번째 파동이 신고점을 형성하지 못했는데도 이 정도로 나왔으니 낙관 무드의 기념비로 꼽을 만하다.

---

* 일정 기준일 이후 상승 종목 수와 하락 종목 수의 차이를 누계하여 그 결과를 나타낸 선. 시장의 폭(Breadth)이라고도 불린다. (옮긴이)

6) A파동– 약세장의 A파동이 진행되는 동안 투자자들은 대개 다음 상승을 위한 일시적 후퇴라는 확신을 갖는다. 그래서 기술적으로 주가 패턴이 무너졌는데도 불구하고 매수에 나선다. A파동은 B파동의 형태를 결정한다. 5파로 구성된 A파동은 B파동이 지그재그형이 될 것임을 의미하고, 3파로 구성된 A파동은 B파동이 플랫형이나 삼각형이 될 것임을 의미한다.

7) B파동– B파동은 가짜다. B파동은 초보자들을 현혹하는 강세 함정Bull Trap이자 투기자들의 천국, 단주거래자odd-lotter들의 투기심리 내지 안일한 기관투자자들의 심리(또는 둘 다)를 나타낸다. B파동은 종종 소수 종목을 부각시키고, 다른 평균지수에 의해 확정(7장의 다우이론 참조)되지 않으며, 기술적으로 강한 힘을 드러내지 않고, 거의 언제나 C파동에 의해 완전히 되돌려진다. 시장의 움직임이 미심쩍어 보인다면 B파동이 형성 중일 가능성이 높다. 확장삼각형 파동의 X파동과 D파동도 같은 특성을 지닌다. 몇 가지 사례를 살펴보자.

–1930년의 상방 조정파동은 1929년에서 1932년에 걸쳐 진행된 A-B-C 지그재그형 하락에 속한 B파동이었다. 로버트 레아Robert Rhea는 『평균 지수 이야기The Story of the Averages』(1934)에서 당시의 투자심리를 이렇게 표현했다.

많은 관찰자들이 그것을 강세장의 신호로 보았다. 나는 1929년

10월에 취했던 숏포지션을 만족스럽게 청산한 후 12월 초에 다시 숏포지션을 구축했다. 그러나 1930년 1월과 2월에 느리지만 꾸준히 주가가 상승하여 전고점을 뚫자 당황한 나는 상당한 손실을 감수하며 숏커버링에 나섰다. …… 나는 그 랠리가 일반적으로 1929년에 진행된 하방 랠리의 66퍼센트 이상을 되돌릴 것이라는 사실을 잊어버렸다. 거의 모든 사람이 새로운 강세장이 열렸다고 주장했다. 증권사들도 대단히 낙관적인 전망을 내놓았고, 거래량은 1929년의 고점보다 많았다.

- 1961년에서 1962년에 걸친 상승은 (a)-(b)-(c)로 진행된 플랫형 조정파동에 속한 (b)파동이었다. 1962년 초에 형성된 고점에서 주식은 유례없이 높은 주가수익률로 팔려나갔다. 등락주선은 이미 1959년에 형성된 세 번째 파동의 고점까지 치솟았다.

- 1966년에서 1968년에 걸친 상승은 사이클 규모의 조정파동에 속한 Ⓑ파동이었다. 투자자들이 투기심리에 휩쓸리면서 저가주들이 첫 번째와 세 번째 파동에서 나타나는 질서 있고 합리적인 양상과는 다른 모습으로 폭등했다. 그러나 다우지수는 내내 상승에 어려움을 겪었고, 끝내 기념비적인 신고점을 기록하지 못했다.

- 1977년에 다우존스 운송평균지수는 B파동을 타고 신고점을 기록했다. 그러나 산업지수는 이 상승을 확정하지 않았다. 항공주와 육운주도 지지부진했다. 오직 철도주만 에너지 부문의 상승 분위기에

편승했을 뿐이다. 그에 따라 지수의 폭은 확실히 좁아졌다. 이 점은 넓은 폭이 대개 조정파동이 아닌 충격파동의 특성이라는 사실을 다시 확인시켜준다.

- 금시장의 B파동에 대해서는 6장을 참조할 것.

일반적으로 인터미디에이트 이하의 B파동은 거래량의 감소를 드러내고, 프라이머리 이상의 B파동은 폭넓은 시장의 참여로 앞선 강세장보다 많은 거래량을 보인다.

8) C파동- 하락하는 C파동은 대개 파괴적인 영향력을 발휘한다. C파동은 세 번째 파동의 특성을 대부분 유지한다. C파동이 진행될 때는 현금 말고 피할 곳이 없다. A파동과 B파동에서 형성된 착각은 사라지고 공포가 그 자리에 들어선다. C파동은 일관적이고 폭넓게 진행된다. 1930년에서 1932년까지 그리고 1962년에 C파동이 발생했다. 1969년에서 1970년, 1973년에서 1974년의 주가도 C파동으로 분류할 수 있다. 더 큰 약세장에서 상방 조정파동에 속한 상승하는 C파동은 역동적인 5파로 전개되기 때문에 새로운 상승의 시작으로 오해받을 수 있다. 예를 들어 1973년 10월의 랠리(그림 1-37 참조)는 뒤집힌 확장 플랫형 조정파동에 속한 C파동이었다.

9) D파동- 확장삼각형 파동에 속하지 않은 모든 D파동은 종종 거래량 증가를 수반한다. 그 이유는 비확장삼각형 파동에 속한 D파동

이 부분적으로 조정파동인 동시에 C파동을 따르면서 완전히 되돌려지지 않는 첫 번째 파동으로서의 복합적인 성격을 지녔기 때문이다. 조정파동 내에서 상승하는 D파동은 B파동처럼 기만적이다. 1970년에서 1973년에 걸친 상승은 사이클 규모 Ⅳ파동에 속한 ⑪파동이었다. 한번 결정을 내리면 뒤돌아보지 않는 당시 기관투자자들의 안일한 태도가 잘 드러난다. 이번에도 소수 종목만 부각되었다. 등락주선과 운송평균지수는 1972년에 고점을 찍었고, 선호종목의 극도로 높은 주가수익률을 확정하지 않았다. 정치권은 대선을 앞두고 번영에 대한 환상을 유지하려고 거품을 최대한 부풀렸다. 앞선 Ⓑ파동과 마찬가지로 ⑪파동에도 '가짜'라는 표현이 적절하다.

10) E파동- 삼각형 파동에 속한 E파동은 대개 고점을 찍은 후 새로운 하방 추세의 시작을 알리는 신호로 해석된다. E파동은 거의 언제나 강력한 재료를 동반한다. 이 사실은 삼각형 파동의 경계선 하단으로 떨어지는 E파동의 성향과 맞물려서 반대방향으로 움직일 준비를 해야 하는 시기에 약세장에 대한 확신을 갖게 만든다. E파동은 마지막 파동으로서 다섯 번째 파동처럼 심리적 영향을 많이 받는다.

****

여기서 논의한 경향들은 불가피한 것이 아니기 때문에 규칙이 아니라 지침으로 제시되었다. 그럼에도 불구하고 이 경향들은 대단히 유용하다. 가령 1978년 3월 1일의 저점에서 시작하여 첫 네 개의 마이너 파동을 보여주는 그림 2-16을 보라. 이 파동들은 길이부터 거래량, 궤도, 동등성, 연장형을 뒤따르는 a파동의 되돌림, 하위파동 수, 교대, 피보나치 수열과 비율 관계까지 파동이론에 맞는 모습을 보여준다. 단 하나 비전형적인 것은 파동 4의 커다란 크기이다. 1976년에서 1978년에 걸친 하락을 0.618배 되돌리는 914포인트가 합리적인 목표점이 되었을 것이다.

지침에는 예외가 있다. 예외가 없다면 시장에 대한 분석은 가능성이 아닌 정확성의 문제가 되었을 것이다. 그럼에도 불구하고 파농의 구조에 대한 지침을 숙지하면 자신 있게 파동을 분류할 수 있다. 또한 시장의 움직임을 보고 파동의 계산을 확정하고, 파동의 계산에 기초하여 시장의 움직임을 예측할 수 있다.

파동에 대한 지침은 모멘텀이나 투자심리 같은 전통적인 기술적 분석의 영역을 대부분 다룬다. 그래서 전통적인 기술적 분석이 엘리어트 파동이론에 따라 시장의 위치를 파악하는 보조적인 수단으로서 가치를 크게 높였다. 그런 의미에서 파동에 대한 지침을 적극적으로 활용할 필요가 있다.

: 기본 익히기

지금까지 제시된 정보만으로도 엘리어트 파동이론에 따른 전문적

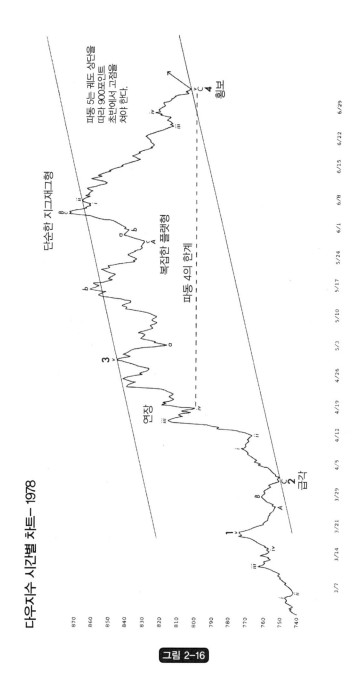

다우지수 시간별 차트– 1978

단순한 지그재그형

파동 5는 궤도 상단을
따라 900포인트
초반에서 고점을
쳐야 한다.

복잡한 플랫형

파동 4의 한계

그림 2-16

인 분석을 충분히 할 수 있다. 철저하게 내용을 숙지하지 않거나 치열하게 도구를 활용하지 않는 것은 제대로 시작도 하지 않고 포기하는 것과 같다. 최고의 학습방법은 시간별 차트를 보면서 모든 가능성을 고려하는 열린 자세로 파동의 패턴을 분석하는 것이다. 그러면 언젠가는 천천히 눈이 열리면서 놀랍도록 분명하게 파동의 형태가 드러날 것이다.

투자전략은 언제나 가장 유효한 파동의 계산에 기반을 두어야 하지만 뜻밖의 시건에 신속하게 대응하고 변하는 시장의 상황에 적응하기 위하여 대안적인 해석도 고려해야 한다. 파동이론의 엄격한 규칙은 상대적으로 작은 대상의 무한한 가능성을 좁히는 데 도움이 되고, 패턴 내의 유연성은 해석할 수 없는 시장의 움직임을 이해하는 데 도움이 된다.

아서 코넌 도일Arthur Conan Doyle이 쓴『네 개의 서명The Sign of Four』에서 셜록 홈스는 단짝인 왓슨 박사에게 "남아 있는 모든 불가능성을 제거했다면, 아무리 일어날 것 같지 않은 일이라도 진실이라고 봐야 한다"고 말한다. 이 조언은 파동이론을 성공적으로 활용하기 위해 반드시 받아들여야 하는 것이다. 최고의 접근법은 연역적 추론이다. 엘리어트 파동이론의 규칙이 허용하지 않는 것을 알면 연역적인 과정을 거쳐 남는 것이 적절한 관점이 된다. 연장, 교대, 중복, 궤도, 거래량 등에 대한 모든 규칙을 적용하면 훨씬 확고한 분석적 토대를 확보할 수 있다. 불행하게도 많은 사람들에게 이 일은 고민과 노력을 요구하며, 기계적으로 신호를 제시하는 경우도 드물다. 그러나 제거과정에서 이루어지는 사고는 파동이론의 진수를 이끌어내며, 무엇보다 재미있다. 우리는 여러분도 한번 시도해보기를 진심으로 권한다.

연역적 추론을 시도해보려면 그림 1-14로 돌아가서 1976년 11월 17일 이후의 주가를 가리고 뒤따를 움직임을 한번 예측해보기 바란다. 파동 표기와 경계선이 없으면 시장은 아무런 형태도 갖추지 못한 것처럼 보인다. 그러나 파동이론을 활용하면 구조의 의미가 명확해진다. 다음은 로버트 프렉터가 메릴린치에 낸 보고서의 내용을 A. J. 프로스트에게 알리는 편지이다.

60분 차트만 참고하기는 했지만 추세선 차트에 대한 나의 의견을 동봉했습니다. 내가 보기에 1975년 10월에 시작된 프라이머리의 세 번째 파동이 아직 완성되지 않았습니다. 현재 인터미디에이트의 다섯 번째 파동이 진행되고 있습니다. 무엇보다 1975년 10월부터 1976년 3월에 걸쳐 5파가 아닌 3파가 형성되었다고 확신합니다. 5월 11일에 미달파동이 발생한 경우에만 5파가 완결된 것으로 볼 수 있습니다. 그러나 잠정적 미달파동 이후의 진행이 만족스러울 만큼 명확하지 않습니다. 956.45포인트로 떨어진 첫 번째 하락이 5파에 속하고, 이어지는 전체 진행은 명백히 플랫형이기 때문입니다. 따라서 시장은 5월 24일부터 네 번째 조정파동을 전개시키고 있다고 생각합니다. 이 조정파동은 네 번째 파동만 될 수 있는 확장삼각형 파동의 요건을 완전하게 충족합니다. 추세선도 하방 목표지점 만큼 너무나 정확합니다. 첫 번째 중요한 하락의 길이(3월 24일에서 6월 7일에 걸쳐 떨어진 55.51포인트)에 1.618을 곱하면 89.82포인트가 됩니다. 세 번째 인터미디에이트 파동의 정통 고점인 1011.96에서 89.82포인트를 빼면 하방 목표지점인 922포인트가 나옵니다. 지난 주 11월 11일에 이 저점을 지났습니다(실제 저점은 920.62포인트). 이 사실은 현재 인터미디에이트의 다섯 번째 파동이 새로운 고점을 찍으면서 프라이머리의 세 번째 파동을 완성할 것임을 말해줍니다. 이 해석의 유일한 문제점은 네 번째 파동의 저점이 대개 작은 규모의 파동에 속한 앞선 네 번째 파동의 저점 위에 자리한다는 엘리어트의 지적에 어긋난다는 것입니다. 이 경우의 저점은 2월 17일에 형성된 950.57포인트입니다. 물론 이 저점은 이미 뚫렸습니다. 그러나 나는 이 규칙이 확고하다고 생각하지 않습니다. 뒤집힌 대칭 삼각형 파동은 삼각형 파동에서 가장 넓은 부분의 폭과 거의 비슷한 거리만큼 움직이는 랠리로 이어져야 합니다. 이 랠리는 추세선 목표인 1,090포인트에서 1,100포인트에 못 미치는 1,020포인트에서 1,030포인트를 기록했을 것입니다. 또한 세 번째 파동 내에서 첫 번째와 다섯 번째 하위파동은 시간과 규모 면에서 동등해지려는 경향을 보입니다. 첫 번째 파동(1975년 10~12월)이 두 달에 걸쳐 10퍼센트 이동했기 때문에 이번 다섯 번째 파동은 약 100포인트(1,020~1,030) 이동하여 1977년 1월에 고점을 찍어야 합니다. 이 역시 추세선에 못

미칩니다.

이제 차트를 가리지 말고 이 모든 지침이 어떻게 시장의 가능한 경로를 예측하는 데 도움이 되었는지 확인해보라.

크리스토퍼 몰리Christopher Morley는 "춤은 소녀들에게 아주 훌륭한 훈련입니다. 남자들이 어떤 행동을 할지 미리 예측하도록 배우는 최고의 방법이지요"라고 말했다. 마찬가지로 파동이론은 시장이 어떤 움직임을 보일지 예측하도록 배우는 최고의 방법이다.

자전거 타는 법을 한번 익히면 평생 잊지 않는 것처럼 엘리어트 파동이론을 익히면 영원히 자기 것으로 활용할 수 있다. 그리고 익숙해지면 그다지 어렵지 않게 변곡점을 발견할 수 있다. 또한 시장의 위치에 대한 자신감을 얻어서 가격변동에 안정적으로 대응할 수 있고, 오늘의 경향을 미래에 단선적으로 투사하는 흔한 실수를 피할 수 있다. 무엇보다 파동이론은 종종 다음 단계의 상대적인 규모를 미리 알려준다. 이러한 추세를 잘 활용하면 성공과 실패의 갈림길에서 올바른 선택을 할 수 있을 것이다.

: 현실적 적용

모든 시장 분석의 현실적인 목표는 매수(숏커버링)를 위한 저점과 매도(숏매도)를 위한 고점을 파악하는 것이다. 투자기법을 개발할 때에는 상황에 따라 유연성과 결단력, 신중함과 적극성을 적절하게 유지하는 사고 패턴을 적용해야 한다. 파동이론은 이러한 투자기법을 만들기 위한 독보적인 기반을 제공한다.

파동이론은 객관적인 학문이며, 콜린스의 표현에 따르면 '기술적 분석의 체계적인 형태'이다. 볼튼은 배우기 가장 어려웠던 일 중 하나가 보이는 것을 믿는 것이었다고 말했다. 보이는 것을 믿지 않으면 다른 이유로 마땅히 그래야 한다고 생각하는 방향내로 분석하기 쉽다. 이처럼 주관적인 파동 계산은 쓸모가 없다. 불확실성으로 가득 찬 세상에서 어떻게 객관적인 시각을 유지할 것인가? 그러나 분석의 적절한 목표를 알면 그다지 어렵지 않을 것이다.

파동이론이 없으면 시장 행동에는 무한한 수의 가능성이 있는 것처럼 보인다. 파동이론은 시장의 경로에 대한 상대적인 가능성을 정리하는 수단을 제공한다. 파동이론의 구체적인 규칙은 유효한 대안을 최소한으로 줄인다. 그중에서 가장 많은 지침을 만족시키는 것이 '우선 계산Preferred Count'으로 불리는 1순위 해석이다. 다른 해석도 지침을 기준으로 정리된다. 그래서 파동이론의 규칙과 지침을 객관적으로 적용하는 투자자들은 특정한 시기에 다양한 결과에 대한 가능성의 목록과 우선순위에 동의할 수 있어야 한다. 우선순위는 대개 확실하게 정리할 수 있다. 그러나 가능성의 우선순위에 대한 확실성이 결과의 확실성과 동일한 것은 아니다. 아주 드문 경우에만 시장이 어떻게 움직일지 정확하게 알 수 있다. 매우 구체적인 변화를 높은 확률로 드러내는 접근법이라도 때로 틀릴 수 있다는 사실을 이해하고 받아들여야 한다.

'대안 계산Alternate Count'으로 불리는 2순위 해석을 지속적으로 갱신하면 예측과 어긋난 결과에 대하여 심리적으로 대응할 수 있다. 파동이론을 적용하는 일은 가능성을 따지는 것이므로 대안적인 파동 계산을 계속 유지해야 한다. 시장이 예측한 시나리오를 벗어날 경우에는 대안 계산이 뜻밖의 움직임을 객관적으로 조명하면서 즉시 새로운 우선 계산이 된다. 말에서 떨어지더라도 바로 다른 말의 등에 올라타는 셈이다.

언제나 우선 계산에 따라 투자하라. 종종 두세 개의 계산이 같은 투자 방향을 가리키기도 한다. 대안에 지속적인 관심을 가지면 간혹 우선 계산이 틀렸을 때에도 돈을 벌 수 있다. 가령 중대하다고 잘못 판단한 사소한 저점 이후에 더 큰 규모에서 시장이 신저점을 기록할 수 있다는 사실을 깨달을지도 모른다. 사소한 저점 이후에 필요한 5파가 아니라 분명한 3파 랠리가 이어진다면 상황은 분명해진다. 3파 랠리는 상방 조정의 신호이기 때문이다. 이처럼 변곡점 이후에 발생하는 변화가 종종 위험보다 훨씬 앞서서 저점 내지 고점에 대한 판단을 확정하거나 부정한다.

시장의 움직임이 시기적절한 의견 변화를 허용하지 않는다고 해도 파동이론은 여전히 뛰어난 가치를 지닌다. 대부분의 다른 접근법들은 기술적이든, 기본적이든, 주기적이든 간에 틀렸을 경우 의견이나 입장을 바꾸도록 강제하는 좋은 방법이 없다. 반면 파동이론은 정지선을 설정하는 장치를 내장하고 있다. 파동의 분석은 가격 패턴에 기반을 두기 때문에 완성된 것으로 파악된 패턴은 이미 완성되었거나 미완성이다. 이때 시장이 방향을 바꾸면 변곡점을 잡아낸 것이다. 만약 주가가 완성된 패턴이 허용하는 선을 넘어서면 앞선 결론은 틀린 것이 되므로 즉시 위험해진 포지션을 피할 수 있다.

물론 치열한 분석에도 불구하고 명확한 우선 해식이 나오지 않는 때가 종종 있다. 이러한 때에는 계산이 스스로 나올 때까지 기다려야 한다. 나중에 복잡한 형태가 명확한 그림으로 바뀌면 변곡점을 앞두었을 가능성이 갑자기 거의 100퍼센트로 치솟는다.

이처럼 변곡점을 파악하는 파동이론의 능력은 대단히 놀랍다. 또한 파동이론은 예측을 위한 지침을 제공하는 유일한 분석법이다. 지침 중 다수는 구체적이며, 때로 대단히 정확한 예측을 뒷받침한다. 주가가 인식 가능한 일정한 패턴을 형성했다면 변형의 여지에 상관없이 특정한 가격과 시간의 상관관계가 발생할 가능성이 높다. 우리의 경험은 이 사실을 뒷받침한다.

우리는 시장의 다음 움직임을 미리 설정한다. 목표점을 설정하는 일이 주는 첫 번째 혜택은 시장의 실제 경로와 비교할 수 있다는 것이다. 이렇게 하면 예측이 어긋날 경우 신속하게 보다 적절한 해석으로 옮겨갈 수 있다. 두 번째 혜택은 다른 투자자들이 공포에 사로잡혀 투매할 때 매수하고, 낙관에 빠져서 사들일 때 매도할 심리적 준비를 할 수 있다는 것이다.

확신이 아무리 강하더라도 실시간으로 진행되는 파동 구조에서 눈을 떼면 안 된다. 궁극적으로 주가는 메시지이며, 행동의 변화는 전망의 변화를 요구한다. 현재 투자자가 알아야 하는 모든 것은 매도와 매수 여부이다. 이러한 결정은 차트를 한번 훑어보고 내릴 때도 있고, 힘들게 분석한 후에 내릴 때도 있다.

아무리 기술이 뛰어나고 지식이 풍부해도 투자 위험에 완벽하게 대응하는 길은 없다. 가상투자도 소용없고, 다른 투자자들을 관찰해도 소용없으며, 시뮬레이션 게임도 소용없다. 분석법을 전문적인 수준까지 익히는 일은 도구를 얻는 것에 불과하다. 정말 어려운 점은 익힌 수단에 따라 감정과 싸우면서 행동하는 것이다. 그래서 분석과 수익을 올리는 것은 완전히 다른 기술이다. 전장을 벗어나서 전쟁을 이해하는 방법은 없다. 실전 투자만이 진정한 실력을 길러준다.

성공투자라는 어려운 일을 시도하기로 결정했다면 전체 자산에서 극히 일부에 해당하는 자금을 준비하라. 그래야 첫 번째 단계에서 큰 손실을 입어도 실패의 원인을 조사하면서 생활을 이어갈 수 있다. 그 이유를 깨닫기 시작했다면 두 번째 단계에 접어든 것이다. 두 번째 단계는 감정을 절제하고 이성이 결정을 이끌도록 만드는 긴 과정이다. 이 일은 누구도 대신할 수 없다. 오직 스스로 해내야 한다. 다만 우리는 분석을 위한 훌륭한 토대를 제공해줄 수는 있다. 수많은 사람들이 쓸모없는 분석법에 의존하면서 처음부터 실패가 예정된 투자에 나섰다. 우리는 파동이론을 선택하라고 자신 있게 말할 수 있다. 파동이론은 적절하게 생각하는 법을 가르친다. 그것은 성공투자를 향한 첫걸음이다.

이탈리아 피사에 있는 레오나르도 피보나치 동상.
동상 받침대에는 '레오나르도 피보나치:
13세기의 뛰어난 수학자'라고 새겨져 있다.

사진: 로버트 R. 프렉터 시니어

3장

• • •

파동이론의 역사적 ·
수학적 배경

피보나치 수열은 13세기의 수학자인 레오나르도 피보나치Leonardo
Fibonacci가 발견(실제로는 재발견)한 것이다. 지금부터 이 놀라운 인물의
역사적 배경을 살펴보고 피보나치 수열을 자세하게 설명할 것이다.
엘리어트는 『자연의 법칙』에서 피보나치 수열이 파동이론의 수학적
기반을 제공한다고 밝혔다.*

---

* 파동이론의 토대를 이루는 수학을 보다 자세히 알고 싶다면 월터 E. 화이트(Walter E. White)
 가 쓴 『파동이론의 수학적 기반(Mathematical Basis of Wave Theory)』을 참조할 것.

: 피사의 레오나르도 피보나치

유럽의 암흑시대에 문화활동은 거의 완전히 어둠 속에 빠져버렸다. 암흑시대는 로마가 몰락한 476년부터 중세의 시작인 1000년까지 지속되었다. 이 기간 동안 수학과 철학은 유럽에서는 쇠퇴한 반면 암흑시대의 영향을 받지 않은 인도와 중동에서는 융성했다. 그러다가 유럽이 조금씩 잠에서 깨어나면서 지중해 연안이 상업과 수학 그리고 인도와 중동의 새로운 사고를 받아들이는 문화의 중심지로 부상했다.

중세 초기에 피사는 강력한 요새를 갖춘 도시국가로서 상업혁명을 이끌었다. 가죽, 모피, 목화, 양모, 철, 구리, 주석, 향료가 금화를 매개로 피사에서 거래되었다. 피사의 항구는 각지에서 모여든 배로 북적였다. 큰 선박은 길이 25미터에 무게는 400톤에 달했다. 피사의 경제는 가죽과 조선 그리고 철강을 중심으로 돌아갔다. 정치체제는 오늘날의 기준으로 보아도 잘 정비되어 있었다. 가령 최고행정관은 임기가 끝날 때까지 급여를 받지 않았고, 임기 말에 합당한 일을 했는지 심사를 거친 뒤에야 급여를 받을 수 있었다. 우리가 소개할 피보나치는 그 심사관 중 한 명이었다.

피보나치는 부유한 상인이자 관리의 아들로 1170년에서 1180년 사이에 태어났다. 그의 가족은 아마도 피사의 많은 탑 중 한 곳에서 살았을 것이다. 피사의 탑은 공장이자 요새, 저택으로 쓰였으며 좁은

창문을 통해 화살을 쏘고, 뜨거운 타르를 부을 수 있도록 지어졌다. 피보나치가 살아 있는 동안 유명한 피사의 사탑이 세워졌다. 사탑은 피사에서 지어진 마지막 세 개의 거대 건축물 중 하나로, 원래 성당 및 세례장으로 이용될 목적으로 지어졌다.

피보나치는 학창시절에 당시 유럽에서 계산기로 널리 쓰이던 주판을 배웠다. 또한 모국어인 이탈리아어 외에 프랑스어, 그리스어, 라틴어를 두루 익혔다.

피보나치는 북이프리가 보기아Dogia의 세관장으로 발령받은 아버지를 따라 피사를 떠났다. 그 후 그는 지중해 연안으로 여행을 많이 다녔다. 그는 이집트를 다녀온 후 유명한 『산술교본Liber Abacci: Book of Calculation』을 썼다. 이 책은 첫 번째 숫자로서 0의 개념을 비롯하여 위대한 수학적 발견 중 하나인 십진법을 유럽에 소개했다. 0, 1, 2, 3, 4, 5, 6, 7, 8, 9로 구성되는 힌두-아라비아 숫자체계는 현재 보편적으로 사용되고 있다.

자릿값 표기법에서 기호가 나타내는 실제 값은 원래 숫자가 가진 값뿐만 아니라 위치에 따라서 달라진다. 가령 58은 85와 다른 값을 지닌다. 수천 년 전에 바빌론과 마야 사람들은 나름의 자릿값 표기법을 개발했지만 부실한 면이 많았다. 그래서 0과 자릿값을 처음 사용한 바빌론의 숫자체계는 그리스나 로마로 계승되지 않았다. 로마의 숫자체계는 자릿값 체계를 따르지 않는 I, V, X, L, C, D, M이라는 7개의 기호로 구성되었다. 그래서 특히 큰 숫자로 사칙연산을 하기가 쉽지 않았다. 역설적으로 이 문제를 해결하기 위하여 로마인들은 주판이라는 매우 원시적인 기구를 활용했다. 이 기구는 단위와 자릿값을 반영했기 때문에 로마식 계산법에서 요긴한 보조수단이 되었다. 오랫동안 회계사와 상인들은 주판을 활용하여 계산을 했다. 피보나치는 여행을 다니면서 『산술교본』에서 설명한 새로운 계산법을 전파하기 시작했다. 그의 노력을 통해 쉽게 익힐 수 있는 계산법이 유럽으로 퍼져나갔다. 점차 로마식 숫자체계는 아라비아식 숫자체계로 대체되었다. 새로운 숫자체계의 도입은 700년 전에 로마가 멸망한 이후 수학 분야에서 이루어진 첫 번째 중요한 성과였다. 피보나치는 중세시대 동안 수학의 명맥을 유지했을 뿐만 아니라 고등수학과 물리학, 천문학, 공학의 도약을 위한 토대를 마련해주었다.

후세는 피보나치라는 이름을 거의 잊어버렸지만 그는 의심의 여지 없이 당대의 대표적인 인물로 뽑히기에 충분했다. 과학자이자 학자이기도 한 프리드리히 2세가 그를 만나기 위해 피사를 찾을 정도로 그의 명성은 드높았다. 프리드리히 2세는 신성 로마 제국의 황제이자 시칠리아와 예루살렘의 국왕으로서 당시 가장 힘 있는 군주였다. 절대왕정주의자였던 그는 로마 제국의 모든 허례허식으로 주위를 둘러쌌다.

프리드리히 2세와 피보나치의 만남은 1225년에 이루어졌다. 이 만남은 피사 사람들에게 대단히 중요한 행사였다. 황제는 악단, 조신, 기사, 관료, 동물떼로 이루어진 긴 행렬의 선두에 섰다. 피보나치는

『산술교본』에서 황제가 낸 문제의 일부를 자세하게 소개했다. 그는 그 문제들을 풀었고, 궁정에서도 문제풀이를 했다. 그는 1228년에 낸 『산술교본』 개정판을 프리드리히 2세에게 바쳤다.

피보나치가 중세의 가장 뛰어난 수학자라는 말은 결코 과언이 아니다. 그는 1202년에 초판이 발행되고 1228년에 개정판이 나온 『산술교본』과 1220년에 나온 『실용기하학Practica Geometriae』, 『제곱근서 Liber Quadratorum』라는 세 권의 중요한 수학서를 남겼다. 피사 사람들은 1240년에 그를 '진중하고 학식 있는 사람'으로 기록했고, 브리대니커 백과사전의 편집자인 조셉 기스Joseph Gies는 미래의 학자들이 '피보나치를 위대한 지성의 선구자로 정당한 평가를 내릴 것'이라고 보았다. 그의 저서는 최근에 와서야 영어로 번역되고 있다. 관심 있는 사람들은 조셉 기스와 프랜시스 기스가 쓴 『피보나치와 중세의 새로운 수학 Leonard of Pisa and the New Mathematics of the Middle Ages』을 한번 읽어볼 것을 권한다.

피보나치는 중세의 위대한 수학자였지만 그에 대한 기념물은 피사에 있는 동상과 그의 이름을 딴 피사와 피렌체의 거리뿐이다. 피사의 사탑을 방문하는 사람들 중에 피보나치를 알거나 아르노 강 건너편에 있는 그의 동상을 찾는 사람이 극히 드물다는 것은 이상한 일이다. 피보나치는 1174년부터 공사가 시작된 사탑의 설계자인 보나노 피사노와 동시대 인물이다. 두 사람은 모두 세상에 기여했지만 훨씬 더 크게 기여한 피보나치의 이름은 거의 알려지지 않았다.

: 피보나치 수열

『산술교본』에는 1, 1, 2, 3, 5, 8, 13, 21, 34, 55, 89, 144……로 무한히 계속되는 수의 배열에 대한 문제가 나온다. 이 배열이 현재 알려진 피보나치 수열이다. 그 문제는 다음과 같다.

폐쇄된 지역에 사는 한 쌍의 토끼가 두 번째 달부터 시작하여 매 달 한 쌍의 새끼를 낳는다면 일 년 후에 몇 쌍의 토끼가 생길까?

조건을 보면 최초의 한 쌍을 비롯한 각 쌍은 새끼를 낳기 위해 한 달이 필요하며, 그 후 매달 한 쌍의 새끼를 낳는다. 쌍의 수는 첫 두 달의 초에는 동일하다. 따라서 수열은 1, 1이 된다. 쌍의 수는 첫 쌍이 새끼를 낳는 두 번째 달부터 두 배로 불어난다. 그래서 세 번째 달의 초에는 두 쌍이 된다. 이 두 쌍 중에서 첫 쌍만 다음 달에 세 번째 쌍을 낳는다. 그래서 네 번째 달의 초에는 수열이 1, 1, 2, 3이 된다. 이 세 쌍 중에서 더 오래된 두 쌍이 다음 달에 한 쌍씩 새끼를 낳는다. 그래서 쌍의 수는 5로 늘어난다. 그 다음 달에는 세 쌍이 새끼를 낳으므로 수열이 1, 1, 2, 3, 5, 8이 된다. 그림 3-1은 기하급수적으로 증가하는 토끼 가족의 가계도를 보여준다. 이 수열을 몇 년에 걸쳐 계속하면 천문학적인 수가 된다. 가령 100개월 후에는 3해 5,422경 4,848조 1,792억 6,191만 5,075쌍이 된다. 토끼 문제로 시작된 피보나치 수열

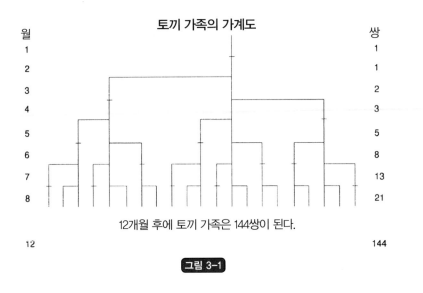

토끼 가족의 가계도

12개월 후에 토끼 가족은 144쌍이 된다.

그림 3-1

은 흥미로운 구석이 많으며, 구성요소들 사이에 거의 일관된 관계를 형성한다.

피보나치 수열에서 나란히 붙은 두 수의 합은 그 다음 수가 된다. 가령 1과 1을 더하면 다음 수인 2가 되며, 1과 2를 더하면 다음 수인 3이 되고, 2와 3을 더하면 다음 수인 5가 되며, 3과 5를 더하면 다음 수인 8이 된다. 이 관계는 무한대로 계속된다.

: 황금비율

피보나치 수열에서 초반에 있는 몇 개의 수를 지나면 앞 수와 다음 수의 비율이 약 0.618 대 1, 뒤 수와 이전 수의 비율이 약 1.618 대 1이 된다. 수열이 길게 진행될수록 비율은 무리수인 0.618034……로 진행되는 파이(∅)의 값에 가까워진다. 앞 수와 한 칸 건너뛴 수의 비율은 0.382이며, 0.382의 역수는 2.618이다. 그림 3-2는 1부터 144까지 이어지는 모든 수 사이의 비율을 보여준다.

파이는 1을 더하면 역수가 나오는 유일한 수이다. 즉 1+0.618=1÷0.618이다. 이러한 성질은 다음과 같은 일련의 공식을 만든다.

$$0.618^2 = 1 - 0.618,$$
$$0.618^3 = 0.618 - 0.618^2,$$
$$0.618^4 = 0.618^2 - 0.618^3,$$
$$0.618^5 = 0.618^3 - 0.618^4 \cdots\cdots$$

또는 이런 공식이 성립된다.

$$1.618^2 = 1 + 1.618,$$
$$1.618^3 = 1.618 + 1.618^2,$$
$$1.618^4 = 1.618^2 + 1.618^3,$$
$$1.618^5 = 1.618^3 + 1.618^4 \cdots\cdots$$

피보나치 수열 사이에 형성되는 주요 비율은 다음과 같은 상관관계도 지닌다.

피보나치 수열 비율표

분모 \ 분자	1	2	3	5	8	13	21	34	55	89	144
1	1.00	2.00	3.00	5.00	8.00	13.00	21.00	34.00	55.00	89.00	144.00
2	.50	1.00	1.50	2.50	4.00	6.50	10.50	17.00	27.50	44.50	72.00
3	.333	.667	1.00	1.667	2.667	4.33	7.00	11.33	18.33	29.67	48.00
5	.20	.40	.60	1.00	1.60	2.60	4.20	6.80	11.00	17.80	28.80
8	.125	.25	.375	.625	1.00	1.625	2.625	4.25	6.875	11.125	18.00
13	.077	.154	.231	.385	.615	1.00	1.615	2.615	4.23	6.846	11.077
21	.0476	.0952	.1429	.238	.381	.619	1.00	1.619	2.619	4.238	6.857
34	.0294	.0588	.0882	.147	.235	.3824	.6176	1.00	1.618	2.618	4.235
55	.01818	.03636	.0545	.0909	.1455	.236	.3818	.618	1.00	1.618	2.618
89	.011236	.02247	.0337	.0618	.08989	.146	.236	.382	.618	1.00	1.618
144	.006944	.013889	.0208	.0347	.05556	.0903	.1458	.236	.382	.618	1.00

완전한 비율을 향해

그림 3-2

$$1.618 - 0.618 = 1$$

$$1.618 \times 0.618 = 1$$

$$1 - 0.618 = 0.382$$

$$0.618 \times 0.618 = 0.382$$

$$2.618 - 1.618 = 1$$

$$2.618 \times 0.382 = 1$$

$$2.618 \times 0.618 = 1.618$$

$$1.618 \times 1.618 = 2.618$$

피보나치 수(1과 2 제외)에 4를 곱한 다음 일부 피보나치 수를 더하면 다른 피보나치 수가 나온다.

$$3 \times 4 = 12, \ 12 + 1 = 13$$

$$5 \times 4 = 20, \ 20 + 1 = 21$$

$$8 \times 4 = 32, \ 32 + 2 = 34$$

$$13 \times 4 = 52, \ 52 + 3 = 55$$

$$21 \times 4 = 84, \ 84 + 5 = 89 \cdots\cdots$$

새로운 수열이 진행될 때 4를 곱한 수에 더해지는 수로 세 번째 수열이 시작된다. 이 관계는 수열에서 두 칸 떨어진 수 사이의 비율이 4.236이며, 그 역수인 0.236은 동시에 4.236에서 4를 뺀 값이기 때문에 형성된다. 다른 배수도 모두 피보나치 배수에 기초한 다른 수열을 만든다.

피보나치 수열의 다른 특성은 다음과 같다.

1) 연속되는 두 피보나치 수는 공약수를 갖지 않는다.

2) 수열을 1, 2, 3, 4, 5, 6, 7로 표기하면 네 번째 피보나치 수인 3을 제외하고, 소수(1과 자신 이외에는 똑 떨어지게 나눌 수 없는 수)인 피보나치 수에 해당하는 수 역시 소수이다. 마찬가지로 3을 제외하고, 합성수(1과 자신 이외에도 약수를 가진 수)인 피보나치 수에 해당하는 수 역시 합성수이다. 아래는 이 관계를 표로 나타낸 것이다. 이 관계의 역은 항상 성립되지 않는다.

피보나치 수열: 소수 vs 합성수															
P	P	P	X	P		P				P		P			
1	1	2	3	5	8	13	21	34	55	89	144	233	377	610	987
1	2	3	4	5	6	7	8	9	10	11	12	13	14	15	16
			X	C			C	C	C		C		C	C	C

*P: 소수, C: 합성수

3) 수열에 속한 10개의 수를 더한 합은 11로 나누어진다.

4) 특정한 지점까지 수열에 속한 모든 수를 더한 합에 1을 더하면 마지막으로 더한 수보다 두 칸 뒤의 수가 된다.

5) 최초의 1에서 시작하여 수열에 속한 수의 제곱을 더한 합은 언제

나 마지막 수에 그 다음 수를 곱한 값과 같다.

6) 수열에 속한 수의 제곱을 두 칸 이전 수의 제곱으로 빼면 언제나 수열에 속한 수가 나온다.

7) 수열에 속한 수의 제곱은 이전 수에 다음 수를 곱한 값의 ±1이다. 또한 1을 더한 값과 1을 뺀 값이 차례로 나온다.

8) 수열에 속한 수 F_n의 제곱에 다음 수 F_{n+1}의 제곱을 곱한 값은 F_{2n+1}의 값과 같다. 이를 공식으로 나타내면 $F_n{}^2 + F_{n+1}{}^2 = F_{2n+1}$이 되며, 직각삼각형에 적용할 수 있다. 직각삼각형에서 짧은 두 변의 제곱을 더한 합은 가장 긴 변의 제곱과 같다. 다음은 $F_5, F_6, \sqrt{F_{11}}$을 이용한 예이다.

9) 가장 흔한 무리수인 원주율(pi)과 황금비(phi) 사이의 관계를 나타내는 공식은 다음과 같다.

$F_n \approx 100 \times \pi^2 \times \emptyset^{(15-n)}$, 여기서 $\emptyset = 0.618\cdots$이며, n은 수열의 순서, F_n은 그 순서에 해당하는 수를 가리킨다. 이때 숫자 '1'은 한 번만 순서에 포함시킨다. 즉 $F_1 \approx 1, F_2 \approx 2, F_3 \approx 3, F_4 \approx 5$ 등이 된다.

가령 n=7이라면 다음과 같이 된다.

$$F_n \quad \approx \quad 100 \times 3.1416^2 \times 0.6180339^{(15-7)}$$
$$\approx \quad 986.97 \times 0.6180339^8$$
$$\approx \quad 986.97 \times 0.02129 \approx 21.01 \approx 21$$

10) 지금까지 언급되지 않은 한 가지 놀라운 특징은 수열에 속한

두 수 사이의 비율이 다른 피보나치 수의 1,000분의 1에 아주 가까우며, 그 차이는 세 번째 수의 1,000분의 1이라는 것이다(그림 3-2 참조). 따라서 오름차순대로 같은 수는 1.00 또는 0.987+0.013, 인접한 두 수는 1.618 또는 1.597+0.021, 한 칸씩 떨어진 두 수는 2.681 또는 2.584+0.034 등의 관계를 형성한다. 내림차순대로 인접한 두 수는 0.618 또는 0.610+0.008, 한 칸씩 떨어진 두 수는 0.382 또는 0.377+0.005, 두 칸씩 떨어진 두 수는 0.236 또는 0.233+0.003, 세 칸씩 떨어진 두 수는 0.146 또는 0.144+0.002, 네 칸씩 떨어진 두 수는 0.090 또는 0.089+0.001, 다섯 칸씩 떨어진 두 수는 0.056 또는 0.055+0.001, 여섯 칸부터 열두 칸씩 떨어진 두 수는 0.034에서 시작하여 피보나치 수의 1,000분의 1에 해당하는 비율을 형성한다. 흥미롭게도 열세 칸씩 떨어진 두 수 사이의 비율은 수열을 시작하는 수의 1,000분의 1인 0.001로 돌아간다. 이러한 구조는 모든 수학적 상관관계 중에서 가장 밀접한 방식으로 무한하게 이어지는 재생과정을 낳는다.

끝으로 $(\sqrt{5}+1)/2=1.618$이며, $(\sqrt{5}-1)/2=0.618$, $\sqrt{5}=2.236$이라는 점도 일러둔다. 5는 파동이론에서 가장 중요한 수이며, 그 제곱근은 황금비율을 구하는 수학적 열쇠가 된다.

1.618(또는 0.618)은 황금비율로 불린다. 눈과 귀에 즐거움을 주는 이 비율은 생물학, 음악, 미술, 건축에서 구현된다. 윌리엄 호퍼William Hoffer는《스미소니언 매거진Smithsonian Magazine》1975년 12월 호에 다음

과 같이 썼다.

　1대 0.618034의 비율은 카드, 파르테논, 해바라기, 달팽이 껍질, 그리스 꽃병, 나선형 은하의 형태를 표현하는 수학적 토대이다. 다수의 그리스 미술과 건축이 이 비율을 따른다. 그들은 이 비율을 황금비율이라고 불렀다.

　피보나치의 주문 같은 수열은 전혀 예상하지 못한 곳에서도 등장한다. 피보나치 수열에 속한 수는 보기 좋고, 듣기 좋으며, 느낌이 좋은 신비한 자연적 조화의 일부이다. 가령 음악은 8음계에 기반을 둔다. 피아노에서 한 옥타브는 여덟 개의 하얀 건반과 다섯 개의 검은 건반 즉 13개의 건반으로 구성된다. 가장 큰 만족감을 주는 음악적 구성이 장6도인 것은 우연이 아니다. E와 C의 음파 비율은 0.62500이며, A의 음파와 정확한 황금비율 사이의 차이는 단지 0.006966에 불과하다. 이 음들로 구성되는 장6도는 달팽이관에 좋은 울림을 전달한다. 그리고 달팽이관 자체도 황금나선형으로 이루어졌다.

　자연계에서 피보나치 수열과 황금비율이 흔하게 발견된다는 사실은 1대 0.618034의 비율로 구성된 미술이 큰 시각적 즐거움을 주는 이유를 설명한다. 우리는 황금비율로 구성된 미술품에서 생명의 이미지를 본다.

자연은 뇌의 미소관이나 DNA 분자 같은 극미한 형태부터 은하계처럼 거대한 형태에 이르기까지 가장 내밀한 구조물과 가장 진화한 패턴에서 황금비율을 따른다(그림 3-9 참조). 황금비율은 준결정^{Quasi} ^{Crystal}, 유리 표면의 광선 반사, 뇌와 신경계, 음의 배열, 식물과 동물의 형태처럼 다양한 양상으로 구현된다. 과학은 자연계에 근본적인 비율을 정하는 원칙이 있다는 사실을 밝혀내고 있다. 일단 여러분은 지금 이 책을 오체五體 중 두 팔로 들고 있으며, 팔에는 세 개의 관절과 다섯 개의 손가락이 있다. 각 손가락 또한 세 개의 관절을 가지고 있다. 5-3-5-3으로 이어지는 이 진행은 파동이론과 관계가 깊다.

: 황금분할

모든 길이는 짧은 부분과 긴 부분의 비율이 긴 부분과 전체의 비율과 같도록 나누어질 수 있다(그림 3-3 참조). 그리고 그 비율은 언제나 0.618이다.

그림 3-3

황금분할은 자연계에서도 이루어진다. 인간의 몸은 전체와 부분에서 황금분할의 조합으로 구성되어 있다(그림 3-9). 플라톤은 『티마이오스Timaeus』에서 황금비율과 그에 따른 황금분할이 모든 수학적 상관관계에서 가장 밀접한 형태이며, 우주를 구성하는 물리적 법칙을 이해하는 열쇠라고 밝혔다. 또한 16세기에 요하네스 케플러Johannes Kepler는 황금분할 또는 '신성한 분할'이 '비슷한 것에서 비슷한 것을 like from like' 만들어내는 신의 창조법을 구체적으로 상징한다고 말했다. 인간의 몸은 배꼽을 기준으로 황금분할로 나뉜다. 그 통계적 평균은 약 0.618이다. 또한 이 비율은 비슷한 것에서 비슷한 것을 만들어내는 상징으로서 남자와 여자에게 별도로 적용된다. 인류의 진보도 비슷한 것에서 비슷한 것을 만들어내는 과정이 아닐까?

: 황금직사각형

황금직사각형의 두 변은 1.618대 1의 비율을 이룬다. 황금직사각형을 그리려면 그림 3-4처럼 먼저 가로 세로 2단위의 정사각형을 그린 다음 한 변의 중심에서 맞은편 모서리로 이어지는 선을 그어야 한다.

삼각형 EDB는 직각삼각형이다. 피타고라스는 기원전 550년 무렵에 빗변(X)의 제곱은 다른 두 변의 제곱의 합과 같다는 사실을 증명했다. 그림 3-4의 경우에 $X^2 = 2^2 + 1^2$ 또는 $X^2 = 5$가 된다. EB의 길이는 5의 제곱근이 되어야 한다. 그 다음 단계는 그림 3-5처럼 CD를 연장

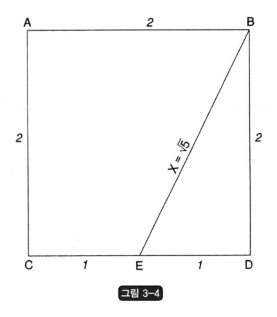

그림 3-4

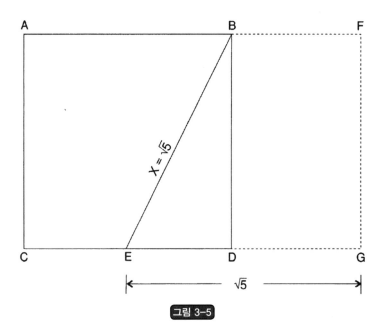

그림 3-5

하여 EG가 5의 제곱근 또는 2.236단위가 되도록 만드는 것이다. 이
렇게 하면 직사각형의 두 변은 황금비율을 이루게 된다. 즉 AFGC와
BFGD는 황금직사각형이 된다. 이를 풀이하면 다음과 같다.

$$CG = \sqrt{5} + 1 \qquad 그리고 \qquad DG = \sqrt{5} - 1$$

$$FG = 2 \qquad\qquad\qquad\qquad FG = 2$$

$$\frac{CG}{FG} = \frac{\sqrt{5}+1}{2} \qquad\qquad\qquad \frac{DG}{FG} = \frac{\sqrt{5}-1}{2}$$

$$= \frac{2.236+1}{2} \qquad\qquad\qquad\qquad = \frac{2.236-1}{2}$$

$$= \frac{3.236}{2} \qquad\qquad\qquad\qquad\quad = \frac{1.236}{2}$$

$$= 1.618 \qquad\qquad\qquad\qquad\quad = 0.618$$

두 변이 황금비율을 이루는 직사각형을 가리켜 황금직사각형이라
고 부른다.

미술은 황금직사각형에 대한 지식 덕분에 상당한 진보를 이루었
다. 특히 문명의 전성기를 이룬 고대 이집트와 그리스, 르네상스 시
기에 황금직사각형의 활용이 두드러졌다. 레오나르도 다빈치도 황금
비율에 큰 의미를 부여했다. 그는 황금비율이 주는 즐거움을 칭송하
면서 "올바른 모습을 갖추지 않으면 쓸모가 없다"라고 말했다. 그의
회화 중 다수는 의도적으로 황금직사각형 구도를 활용했기 때문에
올바른 모습을 갖추게 되었다. 또한 건축가들은 고금을 막론하고 황
금직사각형을 설계에 활용했다. 그 대표적인 고대 건축물이 아테네

의 파르테논 신전이다.

황금비율은 형태에 대한 인식에 명백히 영향을 미친다. 연구자들은 황금비율이 미학적 쾌감을 준다는 사실을 밝혀냈다. 가령 한 실험에서 참가자들은 여러 형태의 직사각형 중에서 하나를 고르라는 요청을 받았다. 실험 결과 황금직사각형에 가까운 직사각형을 고르는 경우가 많았다. 또한 한 선을 다른 선으로 교차시키라는 요청을 받았을 때 참가자들은 대개 황금비율에 따라 나누었다. 창문, 액자, 건물, 책, 묘지의 십자가도 종종 황금직사각형의 형태를 띤다.

황금분할과 마찬가지로 황금직사각형은 미적인 가치뿐만 아니라 기능적인 가치도 갖는다. 가장 놀라운 사례는 DNA의 이중나선구조가 일정한 간격을 두고 정확하게 황금직사각형의 형태를 보인다는 것이다.

황금분할과 황금직사각형이 자연과 인간이 창조한 정적인 형태를 대표한다면, 역동적인 형태를 대표하는 것은 우주에서 가장 놀라운 형태인 황금나선형이다.

: 황금나선형

황금직사각형을 활용하면 황금나선형을 만들 수 있다. 그림 3-6에 나온 대로 모든 황금직사각형은 정사각형과 작은 황금직사각형으로

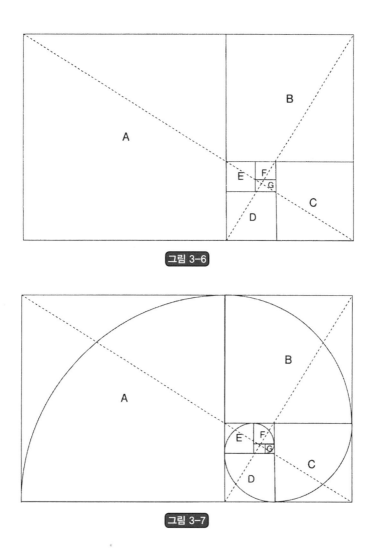

그림 3-6

그림 3-7

나누어진다. 이론적으로 이 분할은 무한대로 계속할 수 있다. 그 결과는 A, B, C, D, E, F, G로 표시된 회전하는 것 같은 정사각형들로 나타난다.

서로 황금비율을 이루는 두 점선은 대각선으로 직사각형들을 양분하는 동시에 회전하는 정사각형들의 이론적 중심을 정확하게 나타낸다. 이 중심 근처에서 그림 3-7처럼 곡선으로 각 정사각형의 두 모서

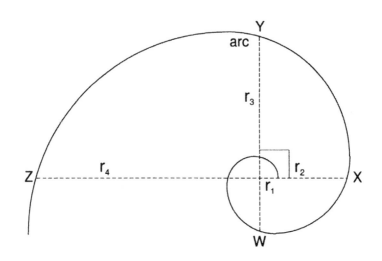

$$\frac{r_2}{r_1} = \frac{r_3}{r_2} = \frac{r_4}{r_3} = \ldots = \frac{r_n}{r_{n-1}} = \underline{1.618}$$

$$\frac{d_2}{d_1} = \frac{d_3}{d_2} = \ldots = \frac{d_n}{d_{n-1}} = \underline{1.618}$$

(where $d_1 = r_1 + r_3$, $d_2 = r_2 + r_4$, etc.)

$$\frac{arcXY}{arcWX} = \frac{arcYZ}{arcXY} , \text{etc.} = \frac{arcXZ}{arcWY} = \underline{1.618}$$

$$\frac{arcWY}{diam. (WY)} = \frac{arcXZ}{diam. (XZ)} , \text{etc.} = \underline{1.618}$$

arc(호), diam(지름)

그림 3-8

리를 연결하면서 나아가는 나선형을 그릴 수 있다. 정사각형들은 안팎으로 회전하면서 연결점을 통해 황금나선형을 그린다.

그림 3-8에 나온 대로 황금나선형의 모든 부분에서 호의 길이와 지름의 비율은 1대 1.618이다. 또한 지름과 반지름 그리고 지름과 90도 각도로 떨어진 반지름 사이의 비율도 1.618이다.

로그 나선 또는 등각나선의 일종인 황금나선형은 한계가 없다. 황금나선형은 모든 지점에서 안팎으로 계속 이어진다. 중심에는 결코 도달할 수 없으며, 밖으로도 끝없이 나아간다. 그림 3-8에 나온 로그 나선의 중심을 현미경으로 보면 몇 광년 거리에서 본 확장된 모습과 똑같을 것이다.

일반적인 유클리드 기하학의 형태는 정적인 반면 나선은 동적이다. 그래서 성장과 퇴화, 확장과 축소, 진보와 퇴보를 보여준다. 로그 나선은 전 우주에서 발견되는 자연적 성장의 현상을 전형적으로 보여준다. 그 규모는 원자처럼 극미한 것부터 은하처럼 광대한 것까지 더없이 다양하다. 데이비드 베르가미니David Bergamini는 『수학 Mathematics』에서 혜성의 꼬리는 태양으로부터 로그 나선을 그리면서 멀어진다는 점을 지적했다. 거미는 로그 나선의 형태로 집을 짓는다. 박테리아가 가속적으로 성장하는 양상을 수학적으로 표현하면 로그 나선이 된다. 운석이 지구 표면에 충돌하면 로그 나선 모양의 구덩이가 생긴다. 준결정체를 현미경으로 보면 로그 나선 모양을 지닌다. 솔방울, 해마, 달팽이 껍질, 조개, 파도, 양치류, 동물의 뿔, 해바라기,

데이지는 모두 로그 나선 모양을 하고 있다. 허리케인, 소용돌이, 은하는 로그 나선을 그리며 회전한다. 심지어 황금분할된 세 개의 관절을 가진 사람의 손가락도 구부리면 시들어가는 포인세티아의 잎처럼 나선 모양을 만든다(그림 3-9 참조). 그림 3-9를 보면 삼라만상에 깃든 로그 나선의 모습을 확인할 수 있다. 솔방울과 은하 사이에는 엄청난 시간과 공간의 차이가 존재하지만 근본적인 구도는 같다. 바로 역동적인 자연현상을 형상화하는 근본 비율인 1.618이다. 이처럼 황금나선형은 거대한 자연을 설계하는 상징적인 형태이며, 무한한 확장과 축소를 이루는 힘이고, 역동적인 변화를 이끄는 법칙이다. 그 바탕에는 황금비율인 1.618이 있다.

: 황금비율의 의미

수세기에 걸쳐 위대한 지성들이 이 보편적인 현상의 가치를 깊이 이해했다. 뛰어난 석학들이 이 수학적 표현에 매혹된 역사적 사례는 무수히 많다. 피타고라스는 각 부분이 한 단계 작은 부분과 황금비율을 이루는 꼭짓점이 다섯 개인 별 모양을 학파의 상징으로 삼았다. 유명한 17세기 수학자인 야코프 베르누이Jacob Bernoulli는 황금나선형을 묘석에 새겨달라고 말했다. 아이작 뉴턴은 황금나선형을 침대 머리판에 새겼다. 현재 뉴 보스턴에 있는 중력학회Gravity Foundation가 그

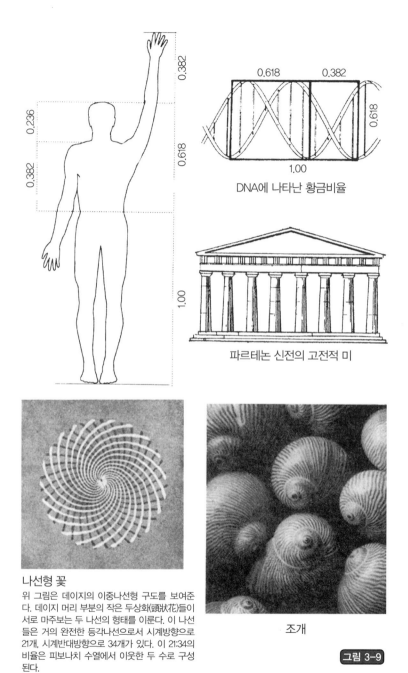

0.382

0.236

0.382

0.618

1.00

0.618   0.382

1.00

0.618

DNA에 나타난 황금비율

파르테논 신전의 고전적 미

나선형 꽃

위 그림은 데이지의 이중나선형 구도를 보여준다. 데이지 머리 부분의 작은 두상화(頭狀花)들이 서로 마주보는 두 나선의 형태를 이룬다. 이 나선들은 거의 완전한 등각나선으로서 시계방향으로 21개, 시계반대방향으로 34개가 있다. 이 21:34의 비율은 피보나치 수열에서 이웃한 두 수로 구성된다.

조개

그림 3-9

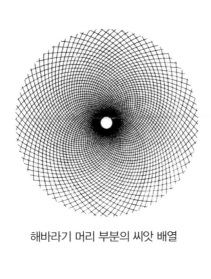

해마

해바라기 머리 부분의 씨앗 배열

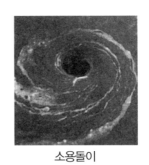

선장 단계의 양치류

소용돌이

솔방울

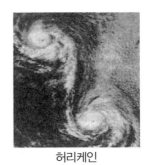

허리케인

그림 3-9

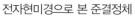
전자현미경으로 본 준결정체

대니얼 세츠먼(Daniel Schechtman),
테크니온(Technion), 이스라엘

시들어가는
포인세티아 잎

기포의 원자입자

뿔

파도

앵무조개

그림 3-9

나선형 은하

머리판을 보유하고 있다. 멀게는 거의 5,000년 전에 기자의 피라미드를 설계한 사람들도 황금비율에 대한 지식을 가지고 있었다. 그들은 대피라미드에 의도적으로 황금비율을 적용했다. 그래서 경사면과 바닥면의 절반 사이의 비율이 1.618이며, 피라미드의 높이는 바닥면 절반 길이에 1.618을 곱한 값의 제곱근과 같다. 피터 톰킨스Peter Tompkins는 『대피라미드의 비밀Secrets of the Great Pyramid』에서 '이 관계는 피라미드의 높이의 제곱은 $\sqrt{\emptyset} \times \sqrt{\emptyset} = \emptyset$ 이며, 면적은 $1 \times \emptyset = \emptyset$ 라는 헤로도토스의 말이 옳다는 것을 보여준다'라고 썼다. 또한 이집트의 설계자들은 원주율과 황금비율을 활용하여 원을 정사각형으로 만들거나 원뿔을 직육면체로 만드는(각각 면적과 용적이 같도록 만드는) 수학적 업적을 이루었다. 이 업적은 4,000년이 넘도록 독보적으로 남아 있다.

대피라미드를 언급했다고 해서 회의적인 시각으로 받아들이는 사람이 있을지도 모르겠다. 그러나 그 형태는 플라톤, 피타고라스, 베르누이, 케플러, 다빈치, 뉴턴을 비롯한 과학, 수학, 미술, 철학 분야의 위인들이 매혹되었던 비율을 반영한다는 점을 알아야 한다. 피라미드를 설계하고 만든 사람들은 뛰어난 과학자, 천문학자, 수학자, 공학자와 다름없었다. 그들과 같은 석학들이 피라미드를 만드는 일을 맡았다는 사실 자체가 많은 점을 말해준다. 그들은 황금비율을 수천 년 동안 초월적인 대상으로 간직하기를 원했다. 피라미드를 만든 이유는 짐작만 할 수 있을 뿐이다. 그러나 그 추측은 흥미롭게도 우리가 관찰한 내용과 일치한다. 그에 따르면 피라미드는 수세기 동안 위대한 우주의 비밀을 이해할 수 있는 사람들을 입문시키는 사원으로 사용되었다. 겉으로 드러난 형태를 단순하게 받아들이지 않고 본질을 발견하기 위해 노력하는 사람만이 영원한 질서와 성장의 복잡한 진실 같은 우주의 비밀에 대한 가르침을 얻을 수 있었다. 황금비율도 그 비밀의 일부였을까? 슈왈러 드 루비츠Schwaller de Lubicz는 '고대 이집트인들은 황금비율을 숫자가 아니라 창조적 기능 또는 영원한 재생이 상징으로 보았다. 그들에게 황금비율은 생명의 불, 성자의 움직임,《요한복음》에서 말하는 로고스Logos를 의미했다'고 말했다. 그리스어인 로고스는 헤라클레이토스에 이어 유대·기독교 철학자들에게 우주의 합리적 질서, 내재적 자연법칙, 사물에 숨겨진 생명력, 세상을 주관하는 보편적인 구조적 힘의 의미로 쓰였다.

이처럼 거창하면서도 모호한 설명은 그들이 느낀 점을 적절하게 반영하는 명확한 이미지를 얻지 못했음을 뜻한다. 그들은 자연의 성장 패턴을 보여주는 파동이론과 그래프를 갖지 못했지만 자연계를 형성하는 조직의 원리를 설명하려고 애썼다. 보편적인 구조적 힘이 세상을 주관한다는 고대 철학자들의 생각이 옳다면 인간의 세상 역시 그 힘의 작용을 받아야 하지 않을까? 인간의 몸과 뇌 그리고 DNA를 포함한 삼라만상이 황금비율을 반영한다면 인간의 활동도 그래야 하지 않을까? 황금비율이 우주의 생명력이라면 인간의 생산역량을 늘리는 힘이기도 하지 않을까? 황금비율이 창조적 기능의 상징이라면 인간의 창조활동도 주관해야 하지 않을까? 인류의 진전이 끝없이 이어지는 생산과 재생산에 기반을 둔다면 그 진전이 황금비율의 나선형을 지니고, 그 형태가 생산역량에 대한 가치평가의 움직임(즉 주가)에서 드러나야 하지 않을까? 이집트인들은 무작위로 보이는 우주의 질서와 성장의 이면에 숨겨진 진실이 있다는 사실을 알았다. 현대인들은 1980년대에 카오스 이론을 통해 그 사실을 재발견했다. 주식시장을 제대로 이해하려면 피상적인 추측에 따른 모습이 아니라 본질적인 모습을 파악해야 한다. 주식시장은 뉴스나 사건에 반응하는 무작위적이고 형태가 없는 난장판이 아니라 인류가 나아가는 경로의 본질적인 구조를 놀랍도록 정확하게 따르는 기록이다.

천문학자인 윌리엄 킹스랜드William Kingsland는 『대피라미드에 대한 이론과 실제The Great Pyramid in Fact and in Theory』에서 이집트의 천문학을 '인류 진화의 거대 주기와 연결된 대단히 심오한 학문'으로 평가했다. 파동이론은 인류 진화의 거대 주기를 설명하며, 그 전개 양상 및 이유를 밝힌다. 또한 변하지 않는 형태 내의 역동성과 변이라는 역설적인 원칙을 따르는 미세한 규모와 거대한 규모의 현상을 아우른다.

우주에 구조와 통일성을 부여하는 것은 형태이다. 자연계에서 생명이 무질서하거나 형태가 없다고 말할 만한 것은 존재하지 않는다. 우주Universe라는 단어 자체가 단일한 질서One Order라는 뜻을 담고 있다. 생명이 형태를 지녔다면 인류의 진전도 질서와 형태를 지닐 가능성을 배제하지 말아야 한다. 그 연장선에서 보자면 인간의 생산활동에 대한 가치를 평가하는 주식시장도 질서와 형태를 지닐 것이다. 주식시장을 이해하기 위한 모든 기술적 접근법은 질서와 형태라는 근본적 원칙에 의존한다. 그러나 파동이론은 다른 모든 접근법보다 더 멀리 나아간다. 파동이론은 형태가 아무리 작거나 크더라도 기본 구조는 그대로 남는다고 추정한다.

엘리어트는 두 번째 책에 파동이론이 아닌 『자연의 법칙-우주의 비밀』이라는 제목을 붙이고 모든 인간의 활동을 사례로 제시했다. 자연은 하나의 단순한 구조가 아니라 수많은 형태와 과정을 만들어내기 때문에 파동이론이 우주의 비밀을 담았다는 그의 말은 과장된 것인지도 모른다. 그러나 앞서 소개한 역사 속의 위대한 과학자들은 아마 엘리어트의 설명에 동의할 것이다. 적어도 파동이론은 우주의 가장 중요한 비밀 중 하나를 밝힌다고 말할 수는 있다.

: 주가와 피보나치 수열

이론과 실제에서 주식시장이 수많은 자연현상과 같은 수학적 기반에 따라 움직인다고 말할 수 있을까? 물론 그렇다. 엘리어트는 최종 결론에서 파동의 전개는 같은 수학적 기반을 가진다고 말했다. 피보나치 수열은 주가의 움직임을 통해 1장에서 설명한 5파 대 3파의 비율을 기반으로 하여 확장하면서 형성되는 파동의 수를 좌우한다.

그림 1-4에서 나온 대로 시장의 근본적인 구조는 완전한 피보나치 수열을 만든다. 조정파동의 가장 단순한 양상은 내려가는 일직선이며, 충격파동의 가장 단순한 양상은 올라가는 일직선이다. 그래서 전체 주기는 두 개의 선으로 구성된다. 그 다음으로 복잡한 단계에 해당하는 수는 3, 5, 8이다. 그림 3-10에 나온 대로 이러한 수열은 무한

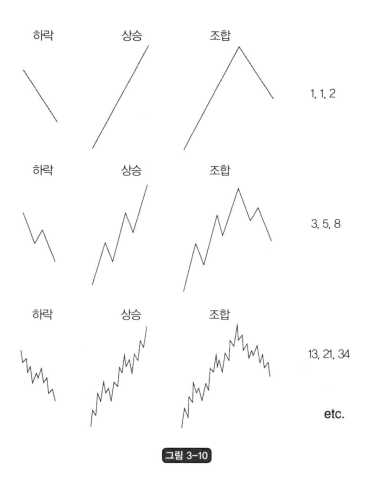

그림 3-10

대로 이어질 수 있다. 파동의 구조가 피보나치 수열을 반영한다는 사실은 집단심리의 표현이 이 수학적 자연법칙을 따른다는 점을 말해준다.

그렇다면 그림 3-11과 3-12에 나온 형태를 비교해보자. 각 그림은 안으로 향하는 황금나선형의 자연법칙을 보여주며, 피보나치 비율을 따른다. 각 파동은 이전 파동과 1 대 0.618의 비율을 이룬다. 또한 지수의 변동도 피보나치 수학을 반영한다. 1930년에서 1942년에 걸친 주가의 변화를 남은 그림 3-11에서 시장의 등락 포인트는 약 260, 160, 100, 60, 38로 내림차순의 피보나치 비율인 2.618, 1.618, 1.00, 0.382와 비슷하다.

그림 3-12에서 1977년의 상방 조정파동에 속한 파동 X로 시작되는 움직임은 거의 정확하게 피보나치 수열인 55포인트(파동 X), 34포인트(파동 a~c), 21포인트(파동 d), 13포인트(파동 e의 a), 8포인트(파동 e의 b)만큼 오르내린다. 시작점부터 종결점까지 순상승분은 13포인트이며, 삼각형의 꼭짓점은 조정파동이 시작된 지점이자 6월에 이어지는 반사Reflex 랠리의 정점과 같은 수준인 930포인트에서 형성된다. 이러한 파동의 움직임을 우연으로 보든 또는 구조의 발현으로 보든 간에 연속되는 각 파동 사이에 0.618의 비율이 일관되게 나타나는 것은 절대 우연이 아니다. 앞으로 4장과 7장에서 주가 패턴에 나타나는 피보나치 비율에 대해 집중적으로 살필 것이다.

피보나치 비율에 따른 시장의 행동이 나선형 성장의 궤적을 그릴

그림 3-11

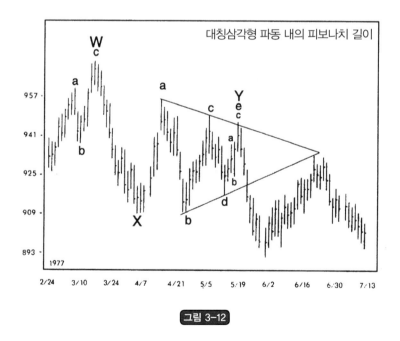

그림 3-12

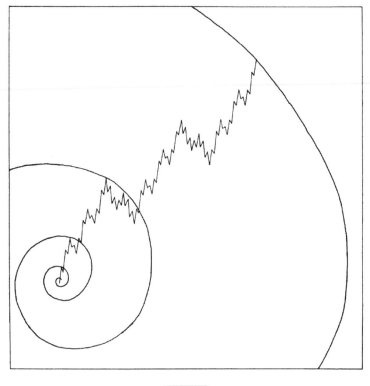

그림 3-13

까? 그렇다. 그림 1-6에 나온 이상적인 엘리어트식 주가 상승은 로그
나선을 구성할 좋은 토대이다. 그림 3-13은 그러한 진행을 대략적으
로 묘사한 것이다. 이 그림에서 연속적인 규모별 고점은 기하급수적
으로 확장하는 나선과의 접점이 된다.

피보나치 수열과 나선이라는 두 가지 핵심적인 구조를 통해 생산
활동에 대한 사회적 가치평가는 자연계에서 발견되는 다른 성장 형

식을 닮아간다고 볼 수 있다. 따라서 우리는 그들이 같은 법칙을 따른다고 생각한다.

: 파동의 위계와 피보나치 수열

심지어 파동의 형태가 보이는 구조적인 복잡성도 피보나치 수열을 반영한다. 먼저 5파라는 하나(1)의 기본적인 형태가 있다. 파동에는 동인파동(수로 표기되는 기본파동으로 구성됨)과 조정파동(문자로 표기되는 공명파동으로 구성됨)이라는 두 가지(2) 모드가 있다. 파동의 패턴은 크게 5파, 3파, 삼각형 파동(5파와 3파의 특성을 공유)이라는 세 가지(3) 종류로 나뉜다. 이를 자세히 나누면 충격파동, 대각삼각형 파동, 지그재그형 파동, 플랫형 파동, 삼각형 파동의 다섯 가지(5) 종류가 된다. 이를 더 자세히 나누면 충격파동, 종결쐐기형 파동, 선도쐐기형 파동, 지그재그형 파동, 이중 지그재그형 파동, 삼중 지그재그형 파동, 정상 플랫형 파동, 확장 플랫형 파동, 유동 플랫형 파동, 수렴삼각형 파동, 하강삼각형 파동, 상승삼각형 파동, 확장삼각형 파동의 13가지(13) 변형이 나온다.

한편 조정파동은 단순형과 혼합형으로 나뉜다. 그래서 크게 파동의 세 가지(3) 종류가 나온다. 조정파동에는 두 가지 혼합형(이중 조정파동과 삼중 조정파동)이 있으므로 다섯 가지(5)로 분류가 가능하다. 또

그림 3-14

파동 패턴의 복잡성에 따른 피보나치식 구성

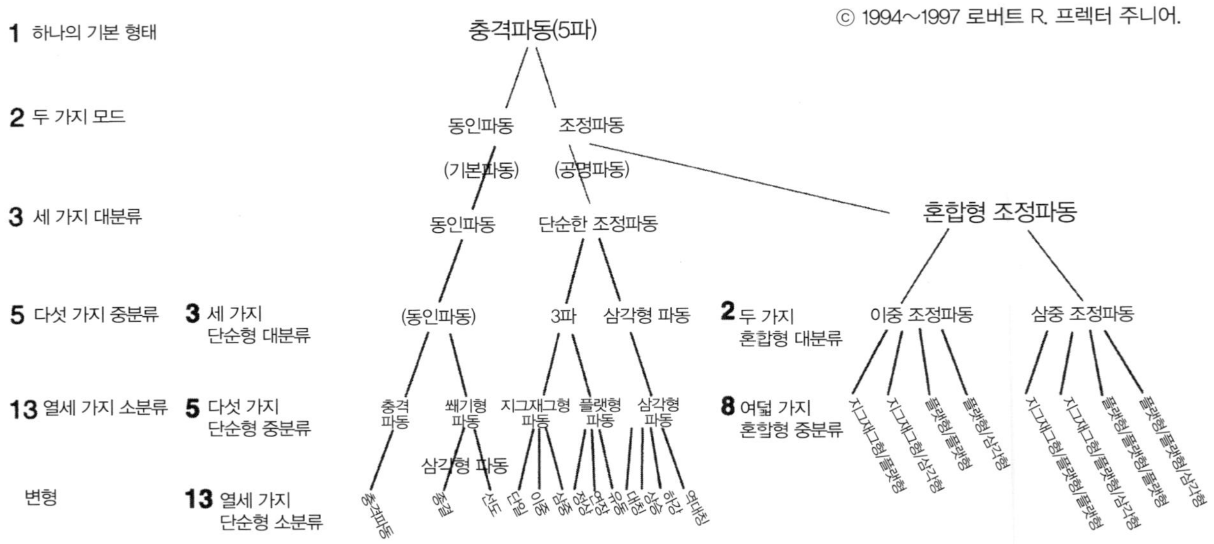
© 1994~1997 로버트 R. 프렉터 주니어.
1 하나의 기본 형태
2 두 가지 모드
3 세 가지 대분류
5 다섯 가지 중분류
13 열세 가지 소분류
변형
3 세 가지 단순형 대분류
5 다섯 가지 단순형 중분류
13 열세 가지 단순형 소분류
2 두 가지 혼합형 대분류
8 여덟 가지 혼합형 중분류
충격파동(5파)
동인파동
조정파동
(기본파동)
(공명파동)
동인파동
단순한 조정파동
혼합형 조정파동
(동인파동)
3파
삼각형 파동
이중 조정파동
삼중 조정파동
충격 파동
쐐기형 파동
지그재그형 파동
플랫형 파동
삼각형 파동
삼각형 파동
충격파동
종결
선도
단일
이중
삼중
정상
연장
유동
대칭
상승
하강
역대칭
지그재그형/플랫형
지그재그형/삼각형
플랫형/플랫형
플랫형/삼각형
지그재그형/플랫형/플랫형
지그재그형/플랫형/삼각형
플랫형/플랫형/플랫형
플랫형/플랫형/삼각형

한 혼합형마다 하나의 삼각형과 지그재그형만 허용하면 모두 여덟 가지(8)가 되어 지그재그형/플랫형, 지그재그형/삼각형, 플랫형/플랫형, 플랫형/삼각형, 지그재그형/플랫형/플랫형, 지그재그형/플랫형/삼각형, 플랫형/플랫형/플랫형, 플랫형/플랫형/삼각형이 된다. 그래서 전체 중분류의 수는 13이 되고, 단순형과 혼합형 소분류를 모두 합치면 21이 된다.

그림 3-14는 이 복잡성의 위계를 나타낸 것이다. 조합하는 순서의 변경이나 파동 내의 연장, 교대, 충격파동의 대각삼각형 파동 포함 여부, 각 조합별 삼각형 파동의 종류 등에 따라 추가로 세분화할 수도 있다.

이러한 설명이 억지로 숫자를 맞추는 것처럼 보일 수도 있다. 그러나 피보나치 수열에 기초한 원칙이 피보나치 수열을 반영한다는 사실은 생각해볼 가치가 있다.

: 황금비율과 덧셈 증가

앞으로 구체적으로 설명하겠지만 시장의 움직임은 황금비율의 영향을 받는다. 피보나치 수열도 시장에 대한 통계에서 단순한 우연 이상으로 자주 나타난다. 피보나치 수열이 파동이론의 근본적인 개념에서 중요한 이론적 무게를 지니지만 증가 패턴을 이해하는 열쇠는 비율이라는 점을 알아야 한다. 어떤 두 수로 수열을 시작하든 간에 더하기로 다음 수를 만드는 과정을 통해 피보나치 비율이 성립된다. 피보나치 수열은 수학적 성장의 출발점인 1에서 시작하기 때문에 가장 기본적인 덧셈 수열이다(그림 3-15 참조). 그러나 17과 352처럼 임의로 고른 두 수를 더해서 세 번째 수를 만드는 방식으로 덧셈 수열을 만들 수도 있다. 이 수열을 진행시키면 인접한 두 수 사이의 비율은 매우 빠르게 한계치인 황금비율에 접근한다. 이 관계는 여덟 번째 수를 진행할 때 명확하게 드러난다(그림 3-16 참조). 피보나치 수열을 구성하는 구체적인 수들이 파동의 이상적인 진행을 반영하지만, 연속한 두 수를 더하여 다음 수를 만드는 기하학적 진행의 근본적인 법칙을 드러내는 것은 피보나치 비율이다. 성장과 퇴화, 확장과 축소, 진보와 퇴보 같은 자연현상과 관련된 데이터에서 피보나치 비율이 자주 등장하는 이유가 거기에 있다.

파동이론은 근본적으로 생명과 은하의 형태를 결정짓는 법칙이 인간의 집단적 활동과 정신에도 반영된다고 본다. 주식시장은 가장 자세하게 기록된 집단심리의 표본이므로 주가 데이터는 사회적 분위기와 경향을 보여주는 훌륭한 자료를 제공한다. 생산활동에 대한 자기평가의 변동을 기록한 이 자료는 진보와 퇴보의 구체적인 패턴을 지닌다. 파동이론에 따르면 주가가 보편적인 평가기준인 인류의 진보는 일직선으로, 무작위로, 주기적으로 이루어지지 않는다. 진보는 자연이 선호하는 삼보 전진, 이보 후퇴의 형태로 이루어진다. 인간의

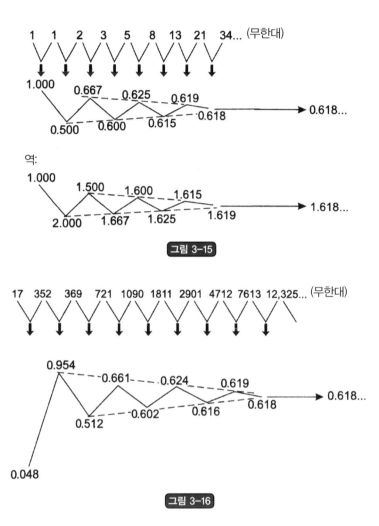

그림 3-15

그림 3-16

활동은 피보나치 수열과 진보의 나선 패턴에 결부되기 때문에 우주

의 진보를 주관하는 일반적인 법칙으로부터 자유로울 수 없다. 우리

가 보기에 파동이론과 다른 자연현상 사이의 연관관계는 무시하기에

는 너무나 밀접하다. 우리는 사회현상이 진행되는 패턴을 결정하는 보편적인 원칙이 있다고 믿는다. '신은 주사위를 굴리지 않는다'는 아인슈타인의 말은 옳다. 주식시장도 예외는 아니다. 집단행동은 연구하고 정의할 수 있는 법칙에 결부된다. 그 법칙을 가장 간단하게 표현한 것이 바로 1.618의 비율이다.

시인 맥스 어만Max Ehrmann은 〈소망Desiderata〉이라는 시에서 '당신은 나무와 별처럼 우주의 자녀입니다. 당신은 여기 존재할 권리를 가집니다. 당신은 모를 수도 있지만 우주는 분명히 정해진 방향대로 나아갑니다'라고 썼다. 우주에 질서가 있을까? 그렇다. 주가의 변동에도 질서가 있을까? 분명히 그렇다.

2부

파동이론의
적용

● 파동이론은 단지 임박한 추세의 변화를 투자자들에게 경고할 뿐이다. 향후 10년 동안 어디에 주목할지 결정하는 일이 미래를 예측하려고 노력하는 것보다 더 중요하다. 파동이론의 원칙을 통해 시장의 움직임을 분석할 때는 파동 계산이 가장 중요하다. 절대 사전에 생각한 시나리오에 끼워 맞추려고 해서는 안 된다.

1939년에 《파이낸셜 월드》는 엘리어트가 쓴 『파동이론』을 12회에 걸쳐 연재했다. 다음은 파동이론에 대한 소개글이다.

지난 7, 8년 동안 주가의 움직임을 정확하게 예측한다는 온갖 이론들이 난무했다. 그중 일부는 한동안 들어맞았지만 나머지는 아무런 쓸모도 없다는 것이 곧 드러났다. 우리는 주가 예측 이론에 대해 대단히 회의적인 시각을 가질 수밖에 없었다. 그러나 엘리어트의 파동이론을 살펴본 후 독자들에게 도움이 되는 흥미롭고 건설적인 내용이라는 확신을 갖게 되었다. 주가 예측 도구로서 파동이론의 실효성에 대한 판단은 개별 독자들의 몫이다. 다만 경제환경에 따라 시장에 대한 결론을 내리기 전에 한 번쯤 참고할 가치는 충분하다고 믿는다.

2부에서는 《파이낸셜 월드》의 시각과 달리 시장의 움직임을 예측하려면 전적으로 파동이론을 적용해야 하며, 경제환경은 보조적인 지표로 삼아야 한다는 점을 설명할 것이다.

4장

· · ·

비율 분석과
피보나치 시계열

: 비율 분석

비율 분석은 파동의 시간과 진폭을 상대 비교하는 것이다. 5파 상승과 3파 하락에서 황금비율이 어떻게 구현되는지 알면 상승국면이 마감될 때 뒤이은 조정이 시간과 진폭 면에서 앞선 상승의 5분의 3이 될 것이라고 예측할 수 있다. 물론 이처럼 단순하게 들어맞는 경우는 드물다. 그러나 시장의 움직임이 황금비율을 따르는 내재적 경향을 지녔다는 사실은 언제나 개별 파동을 정확하게 파악하는 데 도움을 준다.

주식시장에서 형성되는 파동의 진폭을 비교해보면 파동이론을 활용하는 사람들이 그 중요성에 집착하는 놀라운 발견을 종종 하게 된다. 시간 사이의 관계에서 피보나치 비율이 발견되는 경우는 상대적으로 훨씬 드물다. 그러나 산술 척도 내지 반로그 척도로 진폭 사이의 관계를 분석해보면 거의 모든 파동이 앞뒤에 오거나, 한 칸 건너뛴 파동 그리고/또는 하위파동과 피보나치 비율을 이룬다. 지금부터 그 증서들을 세시해보노록 하겠다.

주가 파동의 시간과 진폭 사이에 형성되는 비율에 대한 최초의 데이터는 뛰어난 다우이론가인 로버트 레아의 저서에서 찾을 수 있다. 그는 1934년에 쓴 『평균 지수 이야기』에서 1896년부터 1932년까지 36년에 걸쳐 다우이론에 따른 아홉 번의 강세장과 아홉 번의 약세장을 보여주는 데이터를 정리했다. 당장은 뚜렷한 쓸모가 없는 데이터를 정리한 이유를 그는 이렇게 설명했다.

이 책이 금융사에 기여하든 하지 못하든 간에 여기에 정리한 통계자료는 다른 분석가들에게 도움이 될 것이다. …… 그래서 이 책에 필요한 일부만 정리하기보다 수집한 모든 통계자료를 정리하기로 했다. …… 여기 제시된 숫자들은 미래의 움직임을 예측하는 데에는 별 쓸모가 없을 것이다. 그러나 주가지수를 전체적으로 연구할 때 고려할 만한 가치는 있다.

다음은 그가 제시한 시장 분석 중 일부 내용이다.

　위의 표에서 아홉 번의 강세장과 약세장이 1만 3,115일에 걸쳐 진행되었음을 알 수 있다. 그중 강세장은 8,143일, 약세장은 4,972일 동안 전개되었다. 이 기간 사이의 비율을 보면 약세장은 강세장의 61.1퍼센트만큼 진행되었다.

......

　표의 첫 칸은 각 강세장(또는 약세장)의 주요 국면별 상승치를 더한 것이다. 보다시피 이 수치는 강세장의 고점과 저점 사이의 차이보다 훨씬 크다. 가령 2장에서 언급한 강세장은 29.64포인트에서 시작하여 76.04포인트로 마감했으며, 그 차이는 46.40포인트이다. 이 강세장에서는 각각 14.44포인트, 17.33포인트, 18.97포인트, 24.48포인트만큼 오른 네 번의 주요 상승국면이 있었다. 이 수치를 더하면 첫 칸에 나온 75.22포인트가 나온다. 75.22를 순상승치인 46.40으로 나누면 1.621이 된다.

　매매에 실수가 없는 두 명의 투자자가 있다. 한 명은 강세장의 저점에서 매수하여 고점까지 계속 보유했다. 그의 수익을 100퍼센트로 가정하자. 다른 한 명은 주요 국면별로 저점에서 사서 고점에서 팔기를 반복했다. 이 경우 그의 수익은 162.1퍼센트가 될 것이다. 따라서 이 강세장에서는 순상승치의 62.1퍼센트만큼 조정이 이루어졌다.

이 글을 보면 레아가 1934년에 이미 상승과 조정의 시간과 진폭 사이에 피보나치 비율이 형성된다는 사실을 발견했음을 알 수 있다. 그는 그 의미를 깨닫지 못했지만 다행히 미래의 연구를 위해 통계자료를 남겨야겠다고 판단했다. 마찬가지로 아직 비율 분석에 대해 배워야 할 부분이 많지만 지금은 대답할 수 없는 질문에 대한 답을 구하는 데 앞으로 제시할 우리의 미진한 연구결과가 도움이 될 것이라고 믿는다.

비율 분식은 파동 간에 종종 형성되는 징확한 가격 비율을 드러낸다. 비율관계는 되돌림과 배수라는 두 범주로 나뉜다.

∙∙되돌림

때로 조정파동은 앞선 파동을 피보나치 비율만큼 되돌린다. 그림 4-1에 나온 대로 급각 조정파동은 종종 앞선 파동을 61.8퍼센트 또는 50퍼센트만큼 되돌리는 경향이 있다. 특히 충격파동의 파동 2, 더

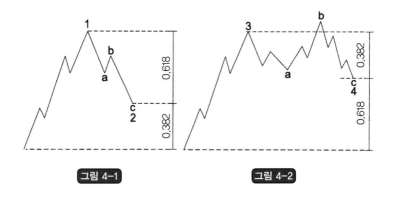

그림 4-1   그림 4-2

큰 지그재그형 파동에 속한 파동 B, 다중 지그재그형 파동에 속한 파동 X일 경우는 더욱 그러하다. 횡보 조정은 종종 앞선 파동을 38.2퍼센트만큼 되돌리는 경향이 있다. 특히 그림 4-2처럼 파동 4일 경우는 더욱 그러하다.

되돌림은 온갖 규모로 이루어진다. 그림 4-1과 4-2에 나온 비율은 단지 경향일 뿐이다. 불행하게도 대부분의 분석가들은 되돌림을 측정하기가 쉽다는 이유로 여기에 부적절하게 초점을 맞춘다. 그러나 다음에 설명할 한 칸씩 떨어진 파동 사이 또는 같은 방향으로 진행하는 파동의 길이 사이에서 훨씬 정확한 비율관계가 형성된다.

•• 동인파동 배수

2장에서 이미 언급했듯이 파동 3이 연장되면 파동 1과 5는 같은 규모 또는 0.618의 비율을 형성하는 경향이 있다(그림 4-3 참조). 세 개의 동인파동은 같은 규모 또는 1.618 및 2.618(각 수의 역은 0.618과 0.382)의 비율을 형성한다. 이러한 관계는 대개 퍼센트 기준으로 이루어진다. 가령 1932년부터 1937년에 걸쳐 형성된 파동 I 은 371.6퍼센트 상승했고, 1942년부터 1966년에 걸쳐 형성된 파동 III은 파동 I 의 2.618배인 971.7퍼센트 상승했다. 이러한 관계를 드러내려면 반로그 척도를 적용해야 한다. 물론 규모가 작으면 산술 척도와 퍼센트 척도에서도 각 충격파동의 진폭이 일정한 비율을 형성한다는 사실을 확인할 수 있다.

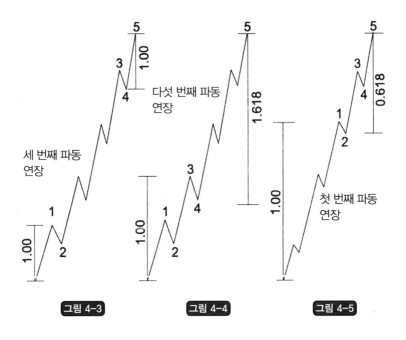

세 번째 파동
연장

다섯 번째 파동
연장

첫 번째 파동
연장

그림 4-3   그림 4-4   그림 4-5

또 다른 전형적인 전개는 그림 4-4에 나온 대로 파동 5의 길이가 파동 1부터 3에 걸친 길이와 피보나치 비율의 관계를 이루는 것이다. 파동 5가 연장되지 않으면 0.382와 0.618의 비율관계가 형성된다. 또는 그림 4-5처럼 드물게 파동 1이 연장되었을 때는 종종 파동 2가 전체 파동을 황금분할하는 기준이 된다.

또한 파동 1이 연장되지 않으면, 파동 4가 종종 충격파동을 황금분할시킨다. 이 경우 그림 4-6처럼 파동 5가 연장되지 않은 후반부의 비율은 0.382이며, 그림 4-7처럼 연장된 후반부의 비율은 0.618이 된다. 그림 6-8과 6-9는 그 실제 사례를 보여준다. 이 지침은 파동 4 안에서 황금분할을 하는 정확한 지점이 다양하게 나타난다는 점에서 다소 느슨하게 적용된다. 즉 황금분할지점이 파동 4의 시작점이 될 수도 있고 종결점이 될 수도 있다. 따라서 상황에 따라 파동 5의 예상 종결점이 두세 개의 긴밀한 군집으로 형성된다. 이 지침은 다섯 번째 파동에 이은 되돌림의 예상지점이 종종 앞선 네 번째 파동의 종결점과 0.382배만큼 되돌린 지점으로 이중으로 지적되는 이유를 설명해 준다.

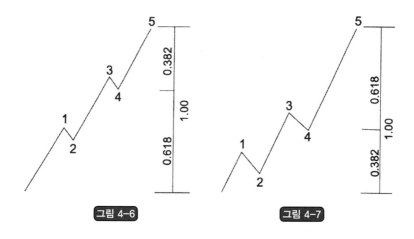

그림 4-6   그림 4-7

ˇˇ 조정파동 배수

그림 4-8에 나온 대로 지그재그형 파동에 속한 파동 C의 길이는 대개 파동 A와 같으며, 1.618배 내지 0.618배인 경우도 종종 나타난다. 이 비율관계는 그림 4-9처럼 이중 지그재그형 파동의 첫 번째 파동과 두 번째 파동 사이에도 형성된다.

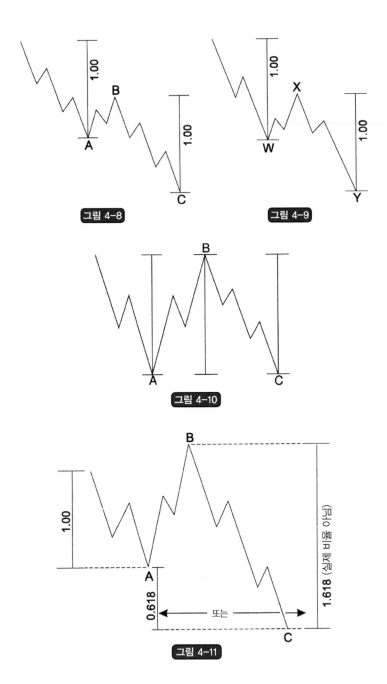

그림 4-8

그림 4-9

그림 4-10

그림 4-11

그림 4-10에 나온 대로 정상 플랫형 조정파동에서 파동 A, B, C는 당연히 비슷한 길이를 갖는다. 반면 연장된 플랫형 조정파동에서 파동 C는 종종 파동 A의 1.618배가 된다. 때로 파동 C가 파동 A의 0.618배만큼 파동 A의 종결점을 초과하기도 한다. 그림 4-11은 그러한 경우를 보여준다. 드물게 파동 C가 파동 A의 2.618배에 이르는 경우도 있다. 연장된 플랫형 조정파동에 속한 파동 B는 때로 파동 A의 1.236배 또는 1.382배가 된다.

삼각형 파동에서 한 칸씩 떨어진 파동 중 적어도 두 개는 서로 0.618의 비율을 형성한다. 예를 들어 그림 4-12에 나온 대로 수렴, 상승, 하강삼각형 파동에서 파동 e=0.618c, 파동 c=0.618a, 파동 d=0.618b이다. 확장삼각형 파동의 비율은 1.618이다. 드물게 인접한 파동들이 이 비율관계를 형성하는 경우도 있다.

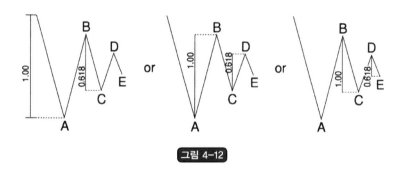

그림 4-12

이중, 삼중 조정파동에서 한 조정파동은 때로 다른 조정파동의 1배 또는 한 조정파동이 삼각형일 경우 0.618배가 된다.

끝으로 파동 4는 종종 파동 2와 같은 비율 또는 피보나치 비율을 이룬다. 충격파동의 경우와 마찬가지로 이러한 비율관계는 대개 퍼센트 기준으로 형성된다.

: 비율 분석의 적용

레아의 책이 나온 지 몇 년 후 엘리어트는 비율 분석의 효용성을 깨달았다. 그는 1921년부터 1926년까지 형성된 다우지수의 세 번째 파동이 1926년부터 1928년(엘리어트에 따르면 1928년에 정통 고점이 형성되었다)까지 형성된 다섯 번째 파동의 61.8퍼센트라는 점을 지적했다. 1932년부터 1937년에 걸쳐 형성된 상승 5파에서도 정확하게 같은 비율관계가 나타났다(그림 2-11, 2-12 참조).

해밀턴 볼튼은 1957년에 《뱅크 크레디트 애널리스트》에 실은 글에서 전형적인 파동의 움직임에 대한 분석에 기초하여 다음과 같이 예측했다.

시장이 향후 몇 년 동안 정통선을 따라 힘을 비축할 경우 프라이머리 파동 V가 대단히 놀라운 수준으로 발전하여 1960년대 초반에 다우지수를 1,000포인트 이상으로 밀어 올릴 가능성이 있다.

이어 볼튼은 『엘리어트 파동이론-비판적 평가』에서 엘리어트가 제시한 사례들을 분석하면서 이렇게 썼다.

시장이 현재까지 이 공식을 따른 것이라면 1949년부터 1956년에 걸친 상승(361포인트)은 583포인트(361포인트의 161.8퍼센트)를 1957년의 저점인 416포인트에 더한 지점 즉 999포인트 또는 361포인트에 416포인트를 더한 777포인트에서 마감될 것이다.

또한 볼튼은 1964년에 쓴 글에서 이렇게 결론을 내렸다.

이제 777포인트를 훨씬 지났으므로 다음 목표지점은 1,000포인트가 될 것이다.

1966년의 주가는 주식시장의 역사에서 비율 분석에 따른 예측이 가장 정확하게 들어맞은 사례였다. 2월 9일 오후 3시에 다우지수는 고점인 995.82(장중 고점은 1001.11)포인트를 기록했다. 6년 전에 제시한 볼튼의 예측이 0.3퍼센트 수준인 3.18포인트의 오차로 들어맞은 것이다.

이처럼 놀라운 가능성을 지녔지만 볼튼은 비율 분석보다 파형 분석을 우선시해야 한다고 보았다. 비율 분석을 하려면 먼저 파동 계산과 표기를 통해 어느 지점에서 측정을 시작할지 결정해야 한다. 패턴의 정통적 종결선에 기초한 파동 사이의 비율 분석은 신뢰할 수 있지만 비정통적 가격 극단에 기초한 파동 사이의 비율 분석은 대체로 신뢰하기가 어렵다.

우리는 종종 비율 분석을 활용하여 성공적인 결과를 거두었다. A. J. 프로스트는 1962년 10월에 쿠바 미사일 위기에 따른 저점을 정확하게 잡아내고 그리스에 있던 해밀턴 볼튼에게 그 내용을 알린 적이 있다. 또한 1970년에는 《뱅크 크레디트 애널리스트》에 실은 글에서 사이클 조정파동이 초래한 약세장의 저점이 1966년 하락폭의 0.618배에 해당하는 572포인트에서 형성될 것이라고 예측했다. 4년 후인 1974년 12월에 다우지수는 정확하게 572.20포인트에서 저점을 찍은 다음 1975년과 1976년에 걸쳐 폭등했다.

비율 분석은 작은 규모에서도 가치를 지닌다. 1976년 여름에 로버트 프렉터는 메릴린치 보고서를 통해 당시 네 번째 파동이 드문 확장 삼각형으로 진행되고 있음을 지적했으며, 10월에는 1.618의 비율을 적용하여 8개월에 걸친 패턴의 저점이 922포인트라고 예측했다. 그로부터 5주 후인 11월 11일 11시에 다우지수는 920.63포인트에서 저점을 찍은 다음 연말 랠리에 돌입했다.

또한 프렉터는 1977년 10월에 1978년의 예상 저점을 744포인트 부근으로 제시했다. 1978년 3월 1일 11시에 다우지수는 정확하게 740.30포인트에서 저점을 찍었다. 그는 2주 후에 나온 보고서에서 다음과 같이 740선의 중요성을 재차 강조했다.

첫째, 740선은 1977년과 1978년에 걸친 조정폭이 1974년부터 1976년에 걸친 상승폭의 0.618배에 해당하는 지점이다. 이를 수학적으로 풀이하면 1022-(1022-572)0.618=744(또는 12월 31일의 정통 고점인 1005-(1005-572)0.618=737)가 된다. 둘째, 740선은 1977년부터 1978년에 걸친 조정폭이 1975년 7월부터 10월에 걸친 조정폭의 2.618배에 해당하는 지점이다. 이를 수학적으로 풀이하면 1005-(885-784)2.618=742가 된다. 셋째, 파동 C가 746포인트에서 저점을 찍을 경우 파동 C는 파동 A의 2.618배가 된다. 1977년 4월에 나온 보고서에서 분석한 결과에서도 740선이 변곡점으로 제시되었다. 이러한 사실들을 고려하면 파동 계산이 명확해지고, 시장은 안정을 찾을 것으로 보인다. 3월 1일에 사이클 규모 파동에서 피보나치 비율을 적용하여 받아들일 수 있는 마지막 목표선인 740.30포인트에 도달했다. 엘리어트 파동이론에 따르면 시장은 이러한 시기에 결정적인 변곡점을 가진다.

그림 4-13, 4-14, 4-15는 이 보고서에 실려 있는 세 개의 차트에 약간의 설명을 덧붙인 것이다. 이 차트들은 프라이머리에서 미뉴엣에 걸쳐 주가가 저점을 찍는 모습을 그대로 보여준다. 740.30은 일찌감치 사이클 파동 V에 속한 프라이머리 파동 ②의 저점으로 명확하게 드러난다.

740선은 과거에도 중요한 의미를 지닌 적이 있다. 1974년의 저점인

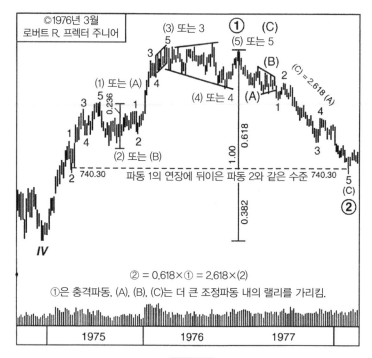

그림 4-13

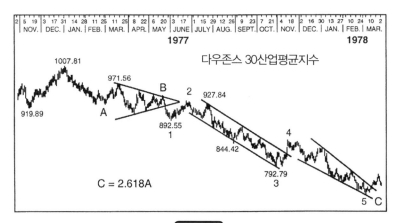

그림 4-14

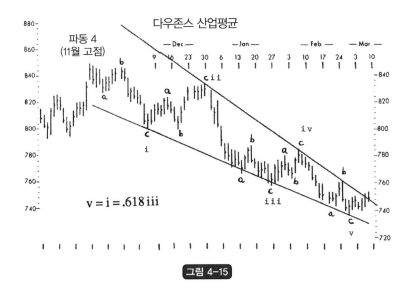

그림 4-15

572.20포인트는 1966년의 고점인 995.82포인트보다 423.60포인트 떨어진 것이다. 또한 740.30포인트는 1976년의 정통 고점인 1,004.65포인트보다 약 261.80포인트 떨어진 것이다. 이 두 수치는 모두 피보나치 비율에 해당한다. 프렉터는 740선의 의미에 대해 다음과 같이 덧붙였다.

과거에 740선이 중요한 의미를 지녔던 것은 우연이 아니다. 1961년에 다우지수는 사상 최고의 주가수익률을 기록하면서 741.30포인트에서 고점을 찍었다. 1966년에는 735.74포인트에서 저점을 찍으면서 사이클 파동 Ⅳ가 이끈 약세장의 첫 번째 하락을 마감했다. 이 지점은 전체 하락분의 61.8퍼센트에 해당한다. 1963년, 1970년,

1974년, 1975년에는 740선을 양방향으로 돌파하면서 추세에 엄청난 힘이 실렸다. 1978년에는 740선에서 장기 지지선이 형성되었다. 또한 파동이론에 따르면 모든 조정의 한계점은 한 단계 작은 규모의 파동에 속한 네 번째 파동의 저점이다. 그러나 5파의 첫 번째 파동이 연장되면 뒤이은 조정의 한계점은 종종 두 번째 파동의 저점이 되기도 한다. 이 지침을 고려하면 3월 1일에 740.30포인트에서 형성된 최근의 저점은 특별한 지지선이 된다. 《월스트리트 저널》에 실린 차트를 보면 1975년 3월 25일에도 다우지수기 740.30포인트에서 저점을 찍으면서 두 번째 파동의 되돌림을 마쳤다(그림 4-13의 설명 참조).

프렉터는 파동이론에 따른 보다 전통적인 예측기법에 더하여 시간과 가격을 기준으로 파동의 수학적 요소를 분석하기 시작했다. 그 결과 동인파동에서는 정수 배수, 조정파동에서는 피보나치 비율 배수를 발견했다. 이 접근법은 최근에 나온 여러 메릴린치 보고서에서 논의되었다.

이러한 설명이 자화자찬처럼 보일지도 모른다. 사실 그런 면도 있다. 그러나 우리는 엘리어트 파동이론을 활용하여 주가 변동을 성공적으로 예측한 사례들이 다른 사람들에게 영감을 주기를 바란다. 우리가 알기로는 파동이론만큼 정확하게 주가 변동을 예측할 수 있는 수단은 없다. 물론 예측이 빗나간 경우도 있다. 그러나 지금까지 엘리어트 파동이론의 결점은 심하게 과장된 면이 있다. 파동이론은 예측이 빗나가더라도 여전히 진행 중인 경로를 분석하여 손실을 피하도록 도와준다.

주가를 예측할 때는 미리 목표주가를 설정하는 것이 좋다. 만약 예측한 수준에서 반전이 일어나고, 수용할 수 있는 파동 계산이 이루어지면 두 배로 중요한 의미를 지니는 지점에 이른 것이 된다. 시장이 예측한 수준을 무시하거나 갭으로 건너뛰면 다음 수준에 도달하는 상황에 대비해야 한다. 다음 수준은 대개 멀리 떨어진 지점이기 때문에 대단히 가치 있는 정보일 경우가 많다. 목표주가는 가장 만족스러운 파동의 계산에 기반을 둔다. 따라서 주가가 큰 폭으로 예측한 수준에 미치지 못하거나 초과하면 우선 계산을 재검토하면서 빠르게 진행 중인 파동을 분석하면 된다. 그러면 돌발적인 변화에 한 발 앞서 대비할 수 있다. 파동에 대한 모든 합리적인 해석을 염두에 두고 비율 분석을 활용하여 추가적인 단서를 얻는 것이 좋다.

: 파동의 배수 비율

시장에서는 항상 모든 규모의 추세가 동시에 진행된다는 점을 명심해야 한다. 시장은 다양한 파동의 규모에 따라 형성되는 피보나치 비율로 가득하다. 복수의 피보나치 비율을 형성하는 지점은 대개 여러 규모에 걸친 변곡점일 가능성이 높다.

가령 그림 4-16에서 프라이머리 파동 ①을 프라이머리 파동 ②가 0.618배 되돌리는 지점은 한 단계 아래인 인터미디에이트 파동 (A)의 1.618배만큼 인터미디에이트 파동 (C)가 나아가는 지점과 같으며, 다시 한 단계 아래인 마이너 파동 1의 1배만큼 마이너 파동 5가 나아가는 지점과 같다.

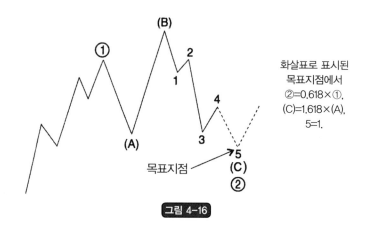

그림 4-16

그림 4-17은 추세 궤도를 포함한 이상적인 파동의 사례이다. 이 파동은 주가에서 피보나치 비율이 형성되는 양상을 보여주기 위한 것이다. 이 파동에서는 다음과 같은 여덟 개의 관계가 형성된다.

$$②=0.618×①$$
$$④=0.382×③$$

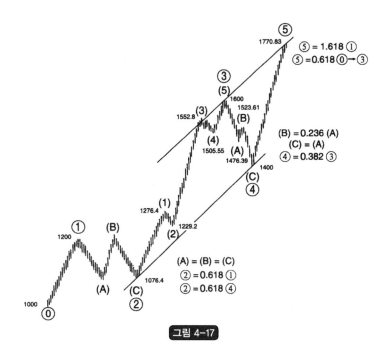

그림 4-17

⑤ = 1.618 × ①

⑤ = 0.618 × ⓪ → ③

② = 0.618 × ④

② 내에서, (A) = (B) = (C)

④ 내에서, (A) = (C)

④ 내에서, (B) = 0.236 × (A)

    비율 분석의 완전한 체계를 기본원칙에 성공적으로 통합할 수 있
다면 파동이론을 통한 한층 과학적인 예측이 가능할 것이다. 그러나

주가 예측은 언제나 확실성이 아닌 가능성의 영역으로 남을 수밖에 없다. 생명과 성장을 주관하는 자연법칙은 불변의 속성을 지녔지만 엄청난 결과의 다양성을 허용한다. 시장도 예외는 아니다. 이 시점에서 말할 수 있는 사실은 파동의 길이를 자주 비교해보면 피보나치 비율이 파동의 종결점을 정하는 열쇠라는 사실을 확인할 수 있다는 것이다. 이 사실은 놀랍기 그지없지만 우리에게는 익숙하다. 예를 들어 1974년 12월부터 1975년 7월에 걸쳐 이루어진 상승은 1973년부터 1974년에 걸쳐 형성된 하락분의 61.8퍼센트를 약간 넘겼으며, 1976년부터 1978년에 걸친 하락은 1974년 12월부터 1976년 9월에 걸쳐 형성된 상승분을 61.8퍼센트 되돌렸다. 이처럼 0.618배의 중요성을 보여주는 수많은 사례들이 있다. 그러나 주가를 분석할 때는 기본적으로 파동의 형태에 집중해야 하고, 비율 분석은 판단의 정확성을 따지는 보조적인 단서로만 삼아야 한다. 볼튼은 비율 분석을 간단하게 하라고 조언했다. 비율 분석은 아직 기초적인 단계에 머물러 있기 때문에 향후 연구를 통해 진전을 이루어야 한다. 우리는 비율 분석에 대한 연구가 파동이론에 기여하기를 바란다.

: 피보나치 시계열

주가 예측에서 시간 요소를 독립적으로 활용하는 확실한 방법은 없다. 엘리어트의 설명에 따르면 시간 요소는 종종 패턴을 추종한다. 시간 요소의 핵심적인 중요성은 거기에서 나온다. 그러나 지속시간과 시간 비율 그 자체는 피보나치 수열을 반영한다. 시간 비율에 드러난 피보나치 수열을 분석해보면 상당히 정확하게 파동의 지속기간과 일치한다. 특히 예상주가 및 파동 계산과 호응할 경우 반전시점을 예측할 때 추가적인 도움을 받을 수 있다.

엘리어트는 『자연의 법칙』에서 다음과 같이 중요한 변곡점 사이에 형성된 피보나치 시계열의 사례를 제시했다.

1921년부터 1929년까지	8년
1921년 7월부터 1928년 11월까지	89개월
1929년 9월부터 1932년 7월까지	34개월
1932년 7월부터 1933년 7월까지	13개월
1933년 7월부터 1934년 7월까지	13개월
1934년 7월부터 1937년 3월까지	34개월
1932년 7월부터 1937년 3월까지	5년(55개월)
1937년 3월부터 1938년 3월까지	13개월
1937년 3월부터 1942년 4월까지	5년
1929년부터 1942년까지	13년

리처드 러셀Richard Russell은 1973년 11월 21일에 《다우이론 레터Dow

Theory Letters》에 실은 글에서 다음과 같은 추가 사례를 소개했다.

1907년 패닉 저점부터 1962년 패닉 저점까지	55년
1949년 대바닥부터 1962년 대바닥까지	13년
1921년 불황 저점부터 1942년 불황 저점까지	21년
1960년 1월 고점부터 1962년 10월 저점까지	34개월

월터 E. 화이트는 1968년에 쓴 파동이론에 대한 글에서 '다음에 올 중요한 저점은 1970년에 형성될 것'이라고 예측했다. 그 근거로 그는 다음과 같은 피보나치 수열에 따른 상관관계를 제시했다. 1949+21=1970, 1957+13=1970, 1962+8=1970, 1965+5=1970. 실제로 1970년 3월에 30년래 최악의 급락이 이어진 끝에 저점이 형성되었다. 이러한 시간 비율을 전체적으로 살펴보면 단순한 우연 이상의 의미를 지닌다는 사실을 알 수 있다.

지난 슈퍼사이클의 정통 고점이 형성된 1928년과 명목 고점이 형성된 1929년에서 시작하여 다음과 같이 피보나치 수열에 따른 상관관계가 형성된다.

1929	+	3	=	1932 : 약세장 저점
1929	+	5	=	1934 : 조정 저점
1929	+	8	=	1937 : 강세장 고점

1929	+	13	=	1942 : 약세장 저점
1928	+	21	=	1949 : 약세장 저점
1928	+	34	=	1962 : 폭락장 저점
1928	+	55	=	1983 : 슈퍼사이클 고점

또한 현재의 슈퍼사이클에 속한 세 번째 사이클 파동의 정통 고점이 형성된 1965년과 명목 고점이 형성된 1966년에서 시작하여 다음과 같이 비슷한 상관관계가 형성된다.

1965	+	1	=	1966 : 명목 고점
1965	+	2	=	1967 : 반작용 저점
1965	+	3	=	1968 : 이차 파동을 위한 분출 고점
1965	+	5	=	1970 : 폭락 저점
1966	+	8	=	1974 : 약세장 저점
1966	+	13	=	1979 : 9.2년과 4.5년 사이클 저점
1966	+	21	=	1987 : 슈퍼사이클 저점

따라서 가까운 미래에 다우지수가 흥미로운 변곡점을 맞이할 것으로 보인다. 이 가능성은 8장에서 보다 자세히 살필 것이다.

볼튼은 피보나치 수열을 파동의 패턴에 적용하면서 시간의 치환이 무한한 양상으로 이루어지는 경향이 있으며 고점에서 저점, 고점에서 고점, 저점에서 저점, 저점에서 고점으로 다양하게 구현된다는 점을 지적했다. 그러나 이러한 문제에도 불구하고 그는 피보나치 수열을 기반으로 하여 1962년과 1963년에 중요한 변곡점이 생길 것이라고 정확하게 지적했다. 실제로 1962년에 장이 폭락하면서 프라이머리 파동 ④가 저점을 찍은 이후 거의 4년 동안 사실상 조정이 없다시피 한 상승이 이어졌다.

이러한 시계열 분석에 더하여 로버트 레아가 발견한 강세장과 약세장 사이의 시간 비율도 시장의 움직임을 예측하는 데 도움이 된다. 로버트 프렉터는 1978년 3월에 쓴 메릴린치 보고서에서 '4월 17일은 A-B-C로 전개된 하락이 1,931시간 또는 파동 (1), (2), (3)의 상승이 지속된 3,124시간의 0.618배에 해당하는 때'라고 지적했다. 금요일인 4월 14일에 주가는 지지부진하던 역머리어깨형에서 상방 돌파로 벗어났고, 4월 17일에는 6,350만 주라는 폭발적인 거래량이 터져 나왔다(그림 1-18 참조). 비록 저점과 일치하지는 않았지만 이날 시장을 짓누르던 심리적 압박은 분명하게 사라졌다.

: 베너의 이론

새뮤얼 T. 베너Samuel T. Benner는 1873년에 남북전쟁에 따른 금융불안으로 파산하기 전까지 철공소를 운영했다. 이후 그는 오하이오에서 밀을 재배하면서 취미로 물가를 통계적으로 분석하면서 반복되는 등락의 비밀을 캐내는 일에 나섰다. 그리고 1875년에『미래의 가격 등락에 대한 경기 예언Business Prophecies of the Future Ups and Downs in Prices』이라는 책을 썼다. 이 책에 담긴 예측은 주로 무쇠 가격의 주기와 반복되는 금융불안에 대한 것이었다. 베너의 예측은 수년 동안 놀라운 정확성을 자랑했다. 덕분에 베너는 통계학자이자 시장예측가로서 내세울 만한 성과를 쌓게 되었다. 지금도 시장의 주기를 연구하는 사람들은 베너의 차트를 흥미롭게 분석하며, 때로 그의 이름을 제대로 언급하지 않고 소개하기도 한다.

베너는 경기의 고점이 반복되는 8-9-10년 패턴을 따르는 경향이 있다고 지적했다. 이 이론을 1902년부터 75년 동안에 걸쳐 다우지수에 적용하면 다음과 같은 결과를 얻게 된다. 아래 날짜들은 베너가 예측한 것이 아니라 그가 주장한 반복 패턴을 적용하여 얻은 것이다.

연도	간격	고점기록일
1902		1902. 4. 24
1910	8	1910. 1. 2
1919	9	1919. 11. 3
1929	10	1929. 9. 3
1937	8	1937. 3. 10
1946	9	1946. 5. 29
1956	10	1956. 4. 6
1964	8	1965. 2. 4
1973	9	1973. 1. 11

베너는 경기 저점에 대하여 경기 후퇴와 불황을 가리키는 두 시계열이 교대한다고 지적했다. 그는 금융 불안이 발생한 1819년, 1837년, 1857년, 1873년을 16-18-20년 패턴과 비교하면서 불규칙한 가운데 드러나는 주기성을 지적했다. 또한 20-18-16년 패턴을 경기 후퇴에 적용했지만, 보다 심각하지 않은 주가 저점은 폭락장의 저점과 마찬가지로 16-18-20년 패턴을 따르는 것처럼 보인다. 16-18-20년 패턴을 한 칸씩 건너뛴 주가 저점에 적용하면 정확하게 들어맞는다. 그림 4-18은 1967년에 《뱅크 크레디트 애널리스드》의 부록에 실린 베너-피보나치 주기 차트이다.

베너−피보나치 주기 차트: 1902~1987

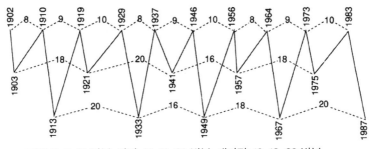

고점: 8−9−10 반복, 바닥: 16−18−20 반복, 대바닥: 16−18−20 반복

그림 4-18

주기 배열이 현재와 같아지는 마지막 시점은 사이클 규모의 다섯 번째 파동이 마지막으로 형성된 1920년대라는 점을 주목할 필요가 있다. 이 사실은 7장에서 논의할 콘드라티에프Kondratieff 주기에서도

비슷하게 드러난다.

베너의 이론에 기초한 이 공식은 금세기에 나타난 주가의 변곡점과 대부분 호응한다. 그러나 이 패턴이 미래의 고점까지 정확하게 반영할지는 알 수 없다. 이 주기는 엘리어트 파동과 달리 고정되어 있기 때문이다. 우리는 이 주기가 현실과 맞는 이유를 연구하다가 다음과 같은 사실을 발견했다. 베너의 이론은 반복되는 8-9-10 패턴이 377까지 최대 ±1의 오차로 피보나치 수를 만든다는 점에서 피보나치 수열을 밀접하게 추종한다.

반복 패턴		합계	피보나치 수	오차
8	=	8	8	0
+ 9				
+ 10				
+ 8	=	35	34	+1
+ 9				
+ 10	=	54	55	−1
… + 8	=	89	89	0
… + 8	=	143	144	−1
… + 9	=	233	233	0
… + 10	=	378	377	+1

결과적으로 베너의 이론은 다른 주기를 따르기는 하지만 피보나치 수열의 범주에 속한다. 베너의 이론은 파동이론과 접목하여 주가 분석에 활용하면 도움이 된다. A. J. 프로스트는 1964년 말에 베너의

이론을 참고하여 주가가 향후 10년 동안 근본적으로 횡보할 것이며,

1973년에 약 1,000포인트에서 고점을, 1974년 말이나 1975년 초에 500

포인트와 600포인트 사이에서 저점을 형성할 것이라는 당시로서는

파동이론에 따른 프로스트의 주가 예측

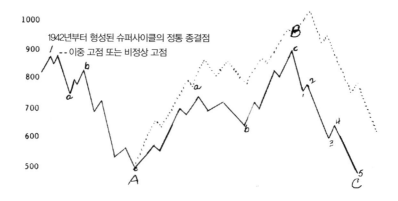

a) 엘리어트의 교대이론에 따르면 플랫형 슈퍼사이클 파동이나 세 개의 프라이머리 파동으로 구성된 플랫형 사이클 파동이 형성될 것임. 1929년부터 1942년에 걸친 마지막 대형 약세장은 상방 지그재그형으로 전개될 것으로 보임.
b) 경기 진작을 위한 대규모 통화정책이 집행되면 상기 패턴을 점선까지 상승시킬 것임.
c) 1949년 6월부터 1960년 1월까지 이어진 파동 3의 연장(전후 강세장)은 1942년부터 이어진 사이클 파동에 속한 것으로서 과도하게 나아가지 않을 것임. 따라서 하방 한계는 500포인트에서 너무 멀리 떨어지지 않을 것임.
d) 고정된 주기성에 대한 베너의 이론을 적용하여 A, B, C로 표기된 프라이머리 파동의 고점과 저점을 설정하였음.

그림 4-19

생각하기 힘든 예측을 했다. 그때 프로스트가 볼튼에게 보낸 편지를 아래에 소개한다. 그림 4-19는 편지에 덧붙인 차트와 각주이다. 1964년 12월 10일에 작성된 이 편지는 엘리어트 파동이론에 따른 장기 예측이 환상이 아닌 현실로 드러난 또 하나의 사례이다.

볼튼 씨,

현재 시장은 경기 확장 국면에 깊이 진입하여 점차 투자심리의 변화에 취약한 단계로 접어들고 있습니다. 그래서 수정구를 닦고 미래를 내다보는 어려운 일을 해보고자 합니다. 저는 추세를 분석할 때 드문 분위기가 형성된 경우를 제외하고 언제나 귀하의 은행 신용 접근법을 전적으로 믿고 따릅니다. 저는 1962년을 잊을 수 없습니다. 저는 펀더멘털에 초점을 맞춘 모든 분석법이 대부분 가볍게 적용해보는 차원의 도구라고 생각합니다. 반면 엘리어트 파동 이론은 현실적으로 적용하기 어렵기는 하지만 고차원적인 부분에서 특별한 장점을 지닙니다. 그래서 저는 파동이론에 입각하여 시장을 분석해 왔습니다. 최근의 시장상황에 대해 저는 다소 우려하고 있습니다. 파동이론에 따르면 현재 시장은 매우 취약합니다. 1942년부터 시작된 슈퍼사이클의 끝이 임박했기 때문입니다.

……저는 우리가 위험한 지점에 있으며, 가장 가까운 중개인의 사무실을 찾아가서 모든 주식을 파는 것이 신중한 투자전략이 될

것이라고 생각합니다. 신중한 투자라는 표현이 성립하는지는 모르겠지만 말입니다.

1942년부터 이어진 장기 상승의 세 번째 파동에 해당하는 1949년 6월부터 1960년 1월까지 프라이머리 파동이 연장되었습니다. 이어 1942년부터 이어진 전체 사이클이 정통 종결점에 도달했으며, 앞으로는 이중 고점과 긴 플랫형 사이클 파동이 형성될 것입니다.

…… 엘리어트의 교대이론을 적용하면 다음 세 사이클 파동은 상당히 오래 지속되는 플랫형이 될 것입니다. 실제로 그렇게 전개되는지 지켜보는 것은 흥미로운 일이 될 것입니다. 저는 엘리어트 이론가로서 일반적인 시각과 다르더라도 엘리어트 이론과 베너의 이론만을 활용하여 향후 10년에 걸친 주가 변화에 대한 예측을 제시할 수 있습니다. 엘리어트 이론가를 제외하고 이런 시도를 하는 사람은 없을 것입니다. 파동이론의 고유성은 이런 시도를 할 수 있는 영감을 줍니다.

감사합니다.

A. J. 프로스트

이 장의 전반부에서 비율 분석을 체계적으로 설명하기는 했지만 피보나치 비율은 주가에서 다양한 방식으로 드러난다. 여기에서 제시한 접근법은 단지 잠재적인 분석가들이 올바른 방향을 잡도록 유도하는 당근일 뿐이다. 앞으로 비율 분석을 활용하는 사례를 추가로 제시하고 그 복잡성, 정확성, 실효성을 살펴볼 것이다. 물론 열쇠는 그러한 특성 안에 있다. 남은 일은 비율 분석이 얼마나 많은 문을 열어줄지 알아가는 것이다.

5장

• • •

장기 파동과
역대 주가지수

《포브스Forbes》는 1977년 9월에 인플레이션을 다룬 〈햄버거에 대한 커다란 역설The Great Hamburger Paradox〉이라는 흥미로운 기사를 실었다. 저자인 데이비드 워시David Warsh는 '햄버거의 가격을 결정하는 것은 무엇인가? 왜 물가는 1세기 넘게 급등한 후에 횡보할까?'라는 질문을 던졌다. 그는 옥스퍼드대학의 E. H. 펠프스 브라운E. H. Phelps Brown과 실라 V. 홉킨스Sheila V. Hopkins의 말을 인용하여 다음과 같이 썼다.

1세기 넘게 물가는 한 가지 절대적인 법칙을 따르는 것처럼 보였다. 그 법칙은 물가는 변하고, 새로운 법칙이 우세를 누린다는 것이다. 한 체제에서 추세를 신고점으로 밀어 올릴 전쟁이 다른 체제에서는 힘을 발휘하지 못한다. 우리는 시대의 특징을 좌우하는 요소들이 무엇인지, 그 요소들이 심한 외부의 자극에도 오랫동안 유지한 추세를 갑자기 전환하는 이유가 무엇인지 모른다.

브라운과 홉킨스는 물가가 '한 가지 절대적인 법칙'을 따른다고 말했다. 이는 엘리어트의 주장과 동일하다. 이 강력한 법칙은 자연법칙의 근본이자 인간의 육체적, 정신적, 정서적 구조의 일부를 이루는 황금비율에서 발견되는 조화로운 관계이다. 워시는 인간의 진보가 뉴턴 물리학의 부드러운 진행이 아니라 갑작스러운 충격을 통해 이루어진다고 정확하게 지적했다. 우리는 워시의 결론에 동의한다. 다만 한 걸음 더 나아가 그 충격들은 한 가지 규모가 아니라 미뉴엣 이하부터 그랜드 슈퍼사이클 이상에 걸쳐 모든 규모에서 로그 나선을 그린다고 생각한다. 그리고 그 충격들 자체가 구조의 일부라고 생각한다. 시계는 부드럽게 나아가는 것처럼 보이지만 기계식이든 전자식이든 충격을 통해 타이밍을 맞추는 내부장치의 통제를 받는다. 인간의 진보도 마찬가지 방식으로 로그 나선을 그리며 나아간다. 다만 그 충격이 시간의 주기성이 아니라 반복적인 형태에 결부되어 있다는 점이 다를 뿐이다.

이 이론이 말도 안 된다고 생각한다면 우리가 외인성 힘이 아니라 내인성 힘에 대해 이야기하고 있다는 점을 고려하기 바란다. 파동이론이 결정론적이라는 이유로 거부하는 태도는 이 책에서 사례로 제시한 사회적 패턴의 이유와 방식을 설명하지 못한다. 우리가 주장하고 싶은 말은 시장에서 드러나는 바와 같이 인간의 사회적 행동이 형태를 이루도록 만드는 정신역학적인 요소가 있다는 것이다. 우리가 설명하는 형태가 개인적인 것이 아니라 사회적인 것임을 이해하는 일이 중요하다. 개인은 자유의지를 가졌으며, 사회적 행동의 전형적인 패턴을 인식하는 법을 배우고 활용할 수 있나. 일반적인 시각과 개인적인 성향을 거슬러서 사고하고 행동하는 일은 어렵다. 그러나 원칙과 경험의 도움을 받으면 시장의 움직임을 좌우하는 진정한 원동력을 파악하는 통찰력을 기를 수 있다. 물론 그 통찰은 기본적 분석가들이 인과성에 따라 내린 가정, 경제학자들이 창안한 기계적인 모델, 학자들이 제시한 랜덤워크Random Walk, 음모론자들이 말하는 스위스 금융업자들의 시장조작설에 영향을 받아서 사람들이 믿는 것과 반대일 경우가 많다.

일반 투자자들은 조상이 살던 시기의 투자환경이나 자신이 죽은 후의 투자실적에 대해 전혀 관심이 없다. 당장 매일의 투자전쟁에서 살아남는 일만 해도 충분히 어려워 먼 과거나 미래를 걱정할 여력이 없다. 그러나 우리는 시간을 내어 장기 파동을 분석해야 한다. 과거의 전개양상이 미래의 전개양상을 예측하는 데 크게 도움이 되고, 장기 파동에 적용되는 법칙이 단기 파동에도 적용되어 같은 패턴을 만들어낼 수 있기 때문이다.

다시 말해서 주가 패턴은 모든 규모에서 동일하다. 작은 파동에서 드러나는 패턴은 큰 파동에서도 드러난다. 그림 5-1은 1962년 6월 25일부터 7월 10일까지 열흘에 걸쳐 다우지수의 시간별 변동을 보여주고, 그림 5-2는 1932년부터 1978년에 걸쳐 S&P 500지수의 연간 변동을 보여준다. 두 차트는 1,500 대 1의 시간비율에도 불구하고 비슷한 패턴을 가졌다. 장기 파동은 1974년의 저점에서 시작된 파동 V가 완

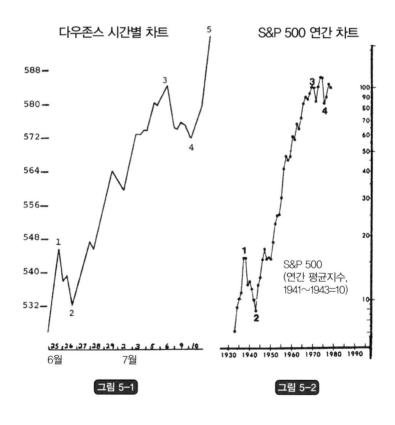

그림 5-1   그림 5-2

전히 전개되지 않았기 때문에 여전히 진행 중이다. 그러나 그 이전의 패턴은 시간별 차트와 흡사하다. 이처럼 모든 규모에서 형태는 일관되게 형성된다.

이 장에서는 우리가 밀레니엄 파동이라고 부르는 것에서 사이클 규모의 파동에 이르기까지 폭넓은 규모에 걸쳐서 파동의 현재 위치가 어디에 있는지 살펴볼 예정이다. 밀레니엄 파동의 현재 위치와 여러 규모의 파동에 속한 5파들이 중첩되는 형태로 볼 때 이번 10년은 엘리어트의 파동이론에 내해 언구할 가장 흥미로운 시기가 될지도 모르겠다.

: 암흑시대로부터 시작된 밀레니엄 파동

지난 200년 동안에 걸친 물가동향을 조사하기 위한 자료는 어렵지 않게 구할 수 있다. 그러나 그 전의 동향을 살피려면 정확하지 않은 통계에 의존해야 한다. E. H. 펠프스 브라운과 실라 V. 홉킨스가 정리하고 데이비드 워시가 보강한 장기물가지수는 마켓바스켓Market Basket으로 950년부터 1954년에 걸쳐 물가를 조사한 것이다.

브라운과 홉킨스의 물가 곡선을 1789년부터 시작되는 산업주가지수에 연결하면 지난 1,000년에 걸친 장기 파동을 그릴 수 있다. 그림 5-3은 암흑시대부터 1789년까지 이어지는 대략적인 가격변동을 보

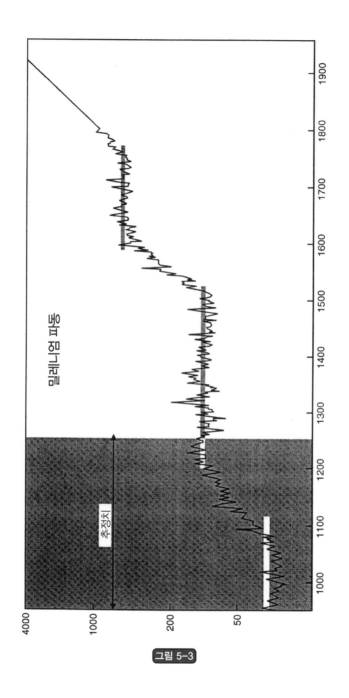

그림 5-3

여준다. 1789년에서 시작되는 직선으로 표시된 다섯 번째 파동은 앞으로 자세히 다룰 것이다. 이상하게도 이 그림은 가격동향을 상당히 거칠게 반영하지만 5파 패턴을 형성한다.

지난 수세기 동안 폭넓은 가격의 움직임과 함께 상업 및 산업이 급성장했다. 한때 이전 밀레니엄 파동의 정점을 이끈 로마는 476년에 멸망했다. 그 뒤 500년에 걸쳐 밀레니엄 규모의 약세장이 지속되는 동안 지식에 대한 탐구는 거의 사라졌다. 그러다가 상업혁명(950~1350)이 마침내 중세를 연 새로운 그랜드 슈퍼사이클을 촉발시켰다. 1350년에서 1520년에 걸쳐 물가가 횡보한 것은 상업혁명 동안 이루어진 상승에 대한 조정이었다.

그 다음에 온 물가 상승은 자본주의 혁명(1520~1640)과 영국의 전성기인 엘리자베스 시대와 겹친다. 엘리자베스 1세(1533~1603)는 영국이 프랑스와 힘겨운 전쟁을 끝낸 직후에 여왕이 되었다. 가난과 절망에 시달리던 영국은 엘리자베스 여왕의 통치기에 유럽을 제패하고 제국을 확장하여 세계에서 가장 번영한 나라가 되었다. 당시는 셰익스피어, 마르틴 루터, 프랜시스 드레이크Francis Drake, 월터 롤리Walter Raleigh가 활약하던 세계사의 부흥기였다. 창의성과 호화로움이 넘치던 이 시대에 물가는 상승하고 상업은 팽창했다. 물가는 1650년에 정점을 찍은 다음 횡보하면서 1세기에 걸친 그랜드 슈퍼사이클 조정파동을 형성했다.

이 밀레니엄 파동에 속한 다음 그랜드 슈퍼사이클의 상승은 주가

자료가 시작되는 1789년이 아니라 1760년 무렵에 시작되었다. 그러나 거트루드 셔크가 《주기》 1977년 4/5월호에 실은 글에서 지적했듯이 원자재 가격의 추세는 대개 주가의 추세보다 약 10년 앞서는 경향이 있다. 이 점을 고려하면 상승 시점의 차이를 이해할 수 있다. 이 그랜드 슈퍼사이클은 산업혁명에 따른 생산성 향상과 미국의 부상과 맞물린다.

엘리어트의 논리에 따르면 1789년에 시작되어 지금까지 이어지는 그랜드 슈퍼사이클 파동은 시간과 진폭에서 다른 파동들과 전형적인 비례관계를 형성해야 한다. 이 논리가 맞다면 이 밀레니엄 파동은 연장되지 않는 한 거의 전개를 마쳤으며, 다음 500년 동안 이어질 수 있는 3파 그랜드 슈퍼사이클 파동(2파 하락, 1파 상승)의 조정을 받을 것이다. 그러나 그렇게 오랫동안 세계경제가 저성장할 것이라고 보기는 어렵다. 장기적인 어려움을 시사해주는 이 폭넓은 단서는 기술의 발전이 그 심각성을 완화할 것이라는 점을 반영하지 않는다. 엘리어트의 파동이론은 정확한 상황이 아니라 가능성과 규모를 예측한다. 그럼에도 불구하고 현재의 슈퍼사이클 (V)의 종결점은 일정한 형태의 사회적, 경제적 충격을 수반하여 또 다른 하락과 절망의 시대를 열 것이다. 결국 로마 제국을 멸망시킨 이들이 야만인들이었으니 현대의 야만인들도 적절한 수단과 비슷한 목적을 가질 수 있지 않을까?

: 1789년부터 지금까지 이어지는
그랜드 슈퍼사이클 파동

이 긴 파동은 핵심 추세의 방향으로 진행하는 3파와 추세를 거스르는 2파로 구성되어 모두 5파의 형태를 지닌다. 그중 연장된 세 번째 파동은 미국 역사상 가장 역동적인 시기를 반영한다. 그림 5-4는 그랜드 슈퍼사이클 파동을 구성하는 (Ⅰ), (Ⅱ), (Ⅲ), (Ⅳ)와 현재 진행 중인 (Ⅴ)를 보여준다.

우리가 운하회사, 말이 끄는 배, 빈약한 통계의 시대로 거슬러 올라가는 시장의 역사를 살핀다는 점을 고려하면 거트루드 셔크가 정리한 '고정 달러' 기준 지수가 명확한 엘리어트 패턴을 형성한다는 사실이 놀랍지 않을 수 없다. 특히 중요한 사이클 파동과 슈퍼사이클 파동의 저점을 연결하는 하단과 여러 상승파동의 고점을 연결하는 상단을 갖춘 추세 궤도가 성립된다는 사실은 더욱 놀랍다. 1983년의 고점은 도매물가지수에 극단적인 변동이 없는 한 2,500포인트에서 3,000포인트 사이에서 궤도 상단에 이를 것이다.

파동 (Ⅰ)은 1789년을 슈퍼사이클 파동의 시작으로 볼 때 명확한 5파로 구성된다. 파동 (Ⅱ)는 플랫형으로서 교대 규칙에 따라 파동 (Ⅳ)가 지그재그형이나 삼각형*이 될 것임을 말해준다. 파동 (Ⅲ)은

---

* 그림 5-4에 따르면 파동 (Ⅳ)는 지그재그형이다. 실제 가격 기준으로는 지그재그형이지만 인플레이션 조정 가격 기준으로는 1년 후 파악된 바와 같이 삼각형이다(부록 참조).

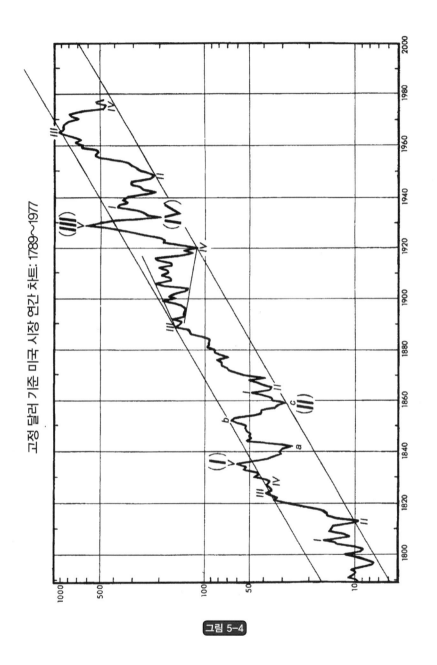

고정 달러 기준 미국 시장 연간 차트: 1789~1977

그림 5-4

연장되었으며 네 번째 파동에서 특징적으로 나타나는 확장삼각형을
포함한 다섯 개의 하위파동으로 쉽게 나눌 수 있다. 1929년에서 1932
년에 걸쳐 형성된 파동 (IV)는 한 단계 작은 규모의 파동에 속한 네
번째 파동의 영역에서 종결된다.

그림 5-5에 나온 파동 (IV)는 미국 역사상 최악의 주가 폭락을 이

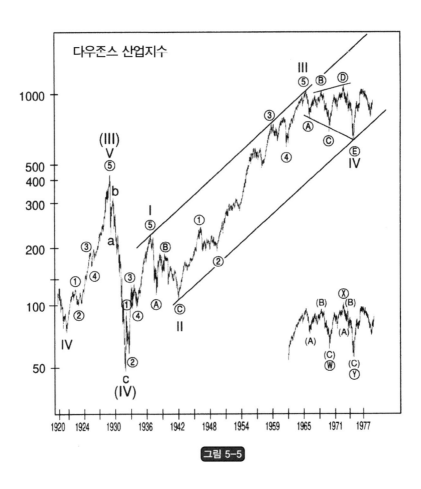

그림 5-5

끈 지그재그형 슈퍼사이클 파동을 자세히 보여준다. 하락파동의 세 번째 하위파동은 1929년 10월 29일에 있었던 대폭락을 포함한다. 파동 b는 파동 a를 약 50퍼센트 되돌리면서 리처드 러셀이 말한 '1930년의 유명한 상방 조정'을 이룬다. 이 기간 동안 로버트 레아는 랠리의 감정적인 속성에 이끌려서 숏커버링에 나섰다. 파동 c는 파동 a보다 253포인트, 1.382배 하락한 41.22포인트에서 바닥을 찍는다. 이로써 3(피보나치 수)년에 걸친 89(피보나치 수)퍼센트의 하락이 마감되었다.

다시 말하지만 엘리어트는 1928년의 고점을 파동 (Ⅲ)의 정통 고점으로, 1929년의 고점을 비정상 고점으로 해석했다. 우리는 1929년이 정통 고점일 가능성에 동의하는 찰스 콜린스와 함께 엘리어트의 주장에서 몇 가지 오류를 발견했다. 첫째, 1929년에서 1932년에 걸친 하락은 5-3-5 지그재그형 하락의 전형적인 예이다. 둘째, 파동 (Ⅲ)이 1928년에 고점을 찍었다면 파동 (Ⅳ)는 3-3-5 확장 플랫형 조정파동에 맞는 형태가 되지 말아야 한다. 이러한 전제를 고려하면 파동 c는 파동 a와 b에 비해 너무나 크며, 파동 a의 저점보다 훨씬 아래에서 종결된다. 또 다른 문제는 파동 b가 종종 다섯 번째 파동이 그렇듯이 상단 추세선을 위로 돌파하면서 종결된다는 것이다. 다만 파동 (Ⅳ)에 대한 비율 분석은 비정상 고점에 대한 엘리어트의 주장과 정통 고점에 대한 우리의 주장을 모두 뒷받침한다. 파동 c의 이동폭이 엘리어트의 기준에 따른 1928년 11월부터 1929년 11월에 걸친 파동 a의 순하락폭의 2.618배에 해당하는 동시에 우리의 기준에 따른 1929년 9월부터 1929년 9월에 걸친 파동 a의 1.382배(0.382는 2.618의 역)에 해당하기 때문이다.

그랜드 슈퍼사이클 파동에 속한 파동 (V)는 여전히 진행 중이다. 그러나 파동 (Ⅲ)이 연장되면 파동 (V)는 시간과 비율 면에서 파동 (Ⅰ)과 동등해야 한다는 지침대로 형성되고 있다. 파동 (Ⅰ)이 완성되는 데 약 50년이 걸렸다. 파동 (V)도 우리가 예측하는 지점에서 완성된다면 그 정도가 걸릴 것이다. 고정 달러 차트에서 파동 (Ⅰ)의 높이는 파동 (V)의 높이와 거의 같다. 이 점은 상승폭에서의 동등성을 드러낸다. 심지어 형태도 크게 다르지 않다. 파동 (V)에 대해서는 아래에서 추가로 분석할 것이다.

: 1932년부터 시작된 슈퍼사이클 파동

슈퍼사이클 파동 (V)는 1932년부터 시작되어 여전히 진행 중이다 (그림 5-5 참조). 파동이론에 따른 완벽한 파동을 고른다면 파동 (V)가 강력한 후보가 될 것이다. 사이클 파동을 구분하면 다음과 같다.

파동 Ⅰ(1932~1937): 이 파동은 명확하게 엘리어트가 정한 규칙에 따른 5파를 이룬다. 또한 1928년과 1930년의 고점을 0.618배 되돌리고, 내부에서는 연장된 다섯 번째 파동이 첫 번째 파동에서 세 번째 파동에 이르는 거리의 1.618배를 나아간다.

파동 Ⅱ (1937~1942): 파동 Ⅱ 내에서 하위파동 Ⓐ가 5파, 하위파동 Ⓒ가 5파이다. 따라서 전체 형태는 지그재그형이 된다. 대부분의 하락은 파동 Ⓐ에서 이루어진다. 파동 Ⓒ는 저점을 약간만 낮추기 때문에 전체 조정파동의 구조에 일반적으로 기대하는 수준을 훨씬 뛰어넘는 힘이 존재한다. 지속적인 디플레이션이 주가수익률을 1932년보다 낮은 수준으로 끌어내린 점을 감안하면 파동 Ⓒ의 조정은 대부분 침식작용에 따른 것이다.

파동 Ⅲ [1942~1965(6)]: 이 파동은 연장되었다. 다우지수는 이 파동의 힘을 빌려서 24년 만에 1,000퍼센트 상승의 고지를 밟았다. 하위파동들은 다음과 같이 형태별로 분류된다.

1) 파동 ④는 플랫형이며, 지그재그형인 파동 ②와 교대관계를 형성한다.

2) 파동 ③은 가장 긴 프라이머리 파동이며 연장파동이다.

3) 파동 ④는 한 단계 작은 규모의 파동에 속한 네 번째 파동의 고점 근처까지 되돌리며, 파동 ①의 고점보다 훨씬 높은 지점에서 종결된다.

4) 파동 ①과 ⑤의 길이는 상승률 면에서 두 개의 비연장파동이 흔히 그러하듯이 피보나치 비율을 이룬다(각각 129퍼센트와 80퍼센트, 80=129×0.618).

파동 Ⅳ [1965(6)~1974]: 그림 5-5에서 파동 Ⅳ는 정상적으로 파동 ④의 영역에서 저점을 찍고 파동 Ⅰ의 고점보다 훨씬 높은 지점에서 종결되었다. 이 파동은 두 가지 해석이 가능하다. 하나는 1965년 2월부터 시작된 5파 확장삼각형이라는 것이고, 다른 하나는 1966년 1월부터 시작된 이중 3파라는 것이다. 두 계산을 모두 적용할 수 있다. 다만 확장삼각형이라는 해석은 약간 더 낮은 저점을 시사하며, 파동 V는 삼각형의 가장 넓은 부분만큼 상승할 것이다. 그러나 그처럼 약한 파동이 형성되는 중이라는 다른 증거가 없다. 일부 파동이론가들은 1973년 1월부터 1974년 12월에 걸친 하락을 5파로 계산하고, 사이클 파동 IV를 거대한 플랫형으로 파악한다. 그러나 이 계산에 따르면 세 번째 하위파동이 너무 짧고 첫 번째 파동의 영역이 네 번째 파동의 영역과 중복되기 때문에 파동이론의 규칙에 어긋난다. 이 파동은 명백히 A-B-C 하락이다.

파동 V(1974~?): 이 사이클 파동은 아직 형성되는 중이다. 다만 두 개의 프라이머리 파동이 이 시점에서 완료되었고, 세 번째 프라이머리 파동이 전개되면서 역대 신고점을 찍을 가능성이 높다. 마지막 장에서 현재 시장을 보다 자세히 분석할 것이다.

현재의 강세장은 암흑시대로부터 시작된 다섯 번째 파동에 속한 1789년부터 시작된 다섯 번째 파동에 속한 1932년부터 시작된 다섯 번째 파동이다. 그림 5-6은 그 점을 뒷받침한다.*

---

* 『파동의 꼭대기에서(At the Crest of the Tidal Wave)』(1995)는 암흑시대로부터 시작되어 연장파동을 형성 중인 새로운 파동을 보여준다. 이 해석은 여기에서 제시한 비전을 다소 완화하며, 임박한 하락이 밀레니엄 규모가 아니라 그랜드 슈퍼사이클 규모일 뿐이라고 결론을 내린다.

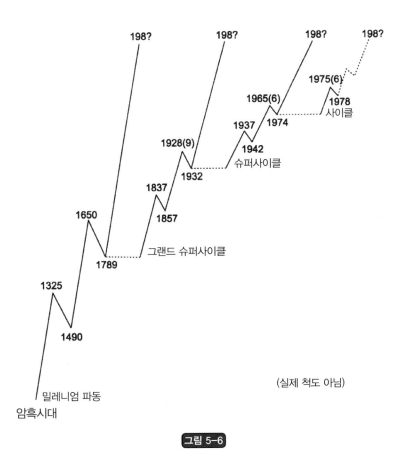

그림 5-6

암흑시대로부터 이어진 서구의 역사는 거의 거침없는 진보의 시기였다. 우리는 이 진보에 밀레니엄 파동이라는 이름을 붙였다. 유럽과 북아메리카의 부흥, 그보다 앞선 그리스와 로마의 부흥, 또 그보다 앞선 이집트의 부흥은 정체와 퇴보를 뛰어넘으며 수세기 동안 진행된 문화의 파동이라고 볼 수 있다. 어쩌면 기록된 역사의 전체에 걸친 이 5파는 신기원 규모의 생성 중인 파동이며, 수세기 후에 지구적 파국(핵전쟁이나 세균전?)이 5,000년 역사에서 가장 큰 퇴보를 초래할지도 모른다.

물론 파동이 나선형으로 발전한다는 점을 감안하면 신기원보다 더 큰 규모의 파동이 존재할 수 있다. 호모 사피엔스가 진화하는 데 걸린 오랜 시간이 더 큰 규모의 파동을 형성할 수도 있다. 어쩌면 그 파동도 지구에서 살아가는 전체 생명의 진화를 반영하는 더 큰 파동의 일부일 수 있다. 지구가 존재한 기간을 1년으로 보면 바다 생명체는 5주 전에 나타났으며, 인간과 유사한 생명체가 땅 위를 걸어다닌 지는 6시간밖에 지나지 않았다. 이는 생명체가 존재한 전체 시기의 100분의 1에 지나지 않는다. 이러한 기준으로 보면 로마는 단지 5초 동안 서구를 지배했을 뿐이다. 이처럼 멀리서 보면 그랜드 슈퍼사이클 파동도 그렇게 엄청난 규모는 아니다.

6장

• • •

주식과 원자재

: 개별 주식

투자 관리는 기본적으로 주식을 포함한 증권을 매매하여 수익을 극대화하는 것이다. 투자세계에서는 종목 선정보다 매매 시기를 결정하는 일이 더 중요하다. 물론 종목 선정이 중요하지 않은 것은 아니다. 그러나 매매 타이밍에 비하면 부차적인 문제에 그친다. 주식 시장에서 승자가 되려면 근본 추세를 거스르는 것이 아니라 따르는 투자를 해야 한다. 펀더멘털은 독자적으로 적절한 투자의 근거가 될 수 없다. US스틸U. S. Steel은 1929년에 주당 260달러에 거래되었고, 미망인들에게 좋은 투자대상으로 고려되었다. 배당은 주당 8달러였다. 그러나 증시 대폭락으로 주가는 22달러로 추락했고, 4년 동안 배당금도 없었다. 이처럼 주식시장은 대개 황소Bull 아니면 곰Bear이지 암소Cow인 경우는 드물다.

주가는 대중심리를 반영하는 현상으로서 개별 주가의 변동에 상관없이 엘리어트 파동의 패턴을 형성한다. 파동이론은 개별 주식에도 적용할 수 있지만 많은 주식의 파동을 일일이 계산하는 것은 실질적인 가치를 지니기에는 너무 복잡하다. 다시 말해서 파동이론은 경마장의 주로走路 상태를 알려줄 수는 있지만 어느 말이 우승할지 알려주지는 못한다. 개별 주식에 대해서는 억지로 파동 계산에 끼워 맞추기보다 다른 종류의 분석법을 활용하는 편이 낫다.

거기에는 그만한 이유가 있다. 파동이론은 개별적인 태도와 조건들이 개별 종목 그리고 보다 덜한 정도로 작은 종목군의 가격 패턴에 영향을 끼친다는 사실을 고려한다. 파동이론이 반영하는 것은 각 투자자들의 결정이 폭넓게 공유되는 부분이다. 전체적으로 보면 상반되는 결정은 상쇄되고 집단심리만 시장에 남는다. 다시 말해서 파동의 형태는 개별적인 수준이 아니라 전체적인 수준의 진보를 반영한다. 기업은 생겼다가 사라진다. 추세, 유행, 문화, 필요, 욕구는 삶의 조건에 따라 변한다. 개별적인 경제활동은 고유한 본질, 수명, 영향관계를 갖는다. 그러나 파동이 반영하는 것은 일반적인 경제활동의 진보이다. 각 기업은 각 개인처럼 전체의 일부로 나타나 자신의 역할을 한 다음 왔던 곳으로 돌아간다.

현미경으로 물방울을 보면 크기, 색상, 형태, 밀도, 염도, 박테리아 수 등에서 개별적인 특성이 명확하게 드러난다. 그러나 그 물방울이 파도의 일부가 되면 개별적인 특성은 전체의 힘에 휩쓸려버린다. 2,000만 명이 넘는 물방울들이 뉴욕증권거래소에 상장된 주식을 보유하고 있다는 점을 감안하면 평균지수가 대중심리를 말해주는 대표적인 현상이 아니라고 말할 수 있을까?

많은 주식이 평균지수를 추종하는 경향이 있다. 개별 주가의 움직임은 평균지수보다 변동성이 심하기는 하지만 평균적으로 75퍼센트의 주식이 평균지수와 같이 오르고, 90퍼센트의 주식이 평균지수와 같이 내린다. 투자기업의 폐쇄형 증권이나 주기성을 띤 대형 주식은 당연히 다른 주식보다 평균지수를 추종하는 경향이 강하다. 성장주는 투자심리의 영향을 강하게 받기 때문에 가장 분명한 파동 패턴을 만드는 경향이 있다. 따라서 이에 접근하는 최선의 방법은 분명한 파동의 형태가 전개되지 않는 한 개별 주식은 파동이론으로 분석하지 않는 것이다. 분명한 파동의 형태가 나와야만 전체 파동의 계산에 상관없이 확실한 행동에 나설 수 있다. 분명한 파동의 형태를 무시하는 것은 언제나 보험 수수료를 지불하는 일보다 더 위험하다.

지금까지 언급한 내용에도 불구하고 개별 주식이 파동이론의 형태를 따르는 수많은 사례들이 있다. 그림 6-1부터 6-7에 나온 일곱 가

US스틸

최대 일관제철업체로서 시멘트, 화학제품 등을
만들고 철강 가공, 운송 등의 사업도 운영함.

nyse X

3:2 분할

척도: 이익
거래단위=$2

	1970	1971	1972	1973	1974	1975	1976	1977	1978	1979	1980	연도
이익	1.81	1.90	1.93	4.01	7.76	6.88	5.03					
배당	1.60	1.33	1.07	1.07	1.47	1.87	2.11	2.20				

그림 6-1

메두사(MPD)

시멘트, 골재 생산업체.

부채 $44,600,000
우선주   29,000
일반주   2,819,000
무액면주

nyse MPD

이전 명칭은 메두사 포틀랜드 시멘트(Medusa Portland Cement)임.

척도: 이익
거래단위=$1

	1972	1973	1974	1975	1976	1977	1978	1979	1980	연도
이익	2.75	3.31	2.24	1.73	4.48					
배당	1.24	1.32	1.40	1.40	1.50	1.75				

그림 6-2

다우케미컬(DOW)

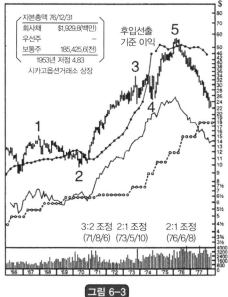

자본총액 76/12/31
회사채	$1,929.8(백만)
우선주	–
보통주	185,425.6(천)

1953년 저점 4.83
시카고옵션거래소 상장

후입선출
기준 이익

3:2 조정　　2:1 조정　　　2:1 조정
(71/8/6)　　(73/5/10)　　　(76/6/8)

그림 6-3

이스트만코닥(EK)

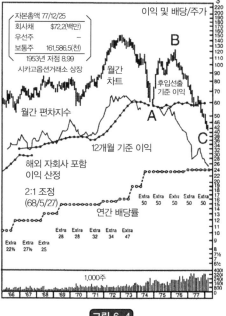

자본총액 77/12/25
회사채	$72.2(백만)
우선주	–
보통주	161,586.5(천)

1953년 저점 8.99
시카고옵션거래소 상장

이익 및 배당/주가

월간
차트

월간 편차지수

12개월 기준 이익

후입선출
기준 이익

해외 자회사 포함
이익 산정

2:1 조정
(68/5/27)

연간 배당률

Extra
50

Extra
50

Extra
50

Extra
50

Extra
50

Extra
28

Extra
28

Extra
32

Extra
34

Extra
47

Extra
22½

Extra
27½

Extra
25

1,000주

그림 6-4

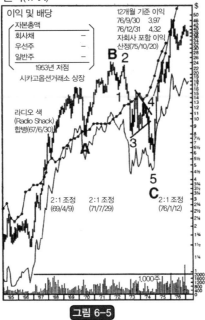

그림 6-5

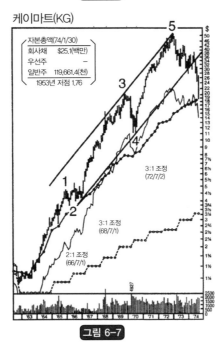

그림 6-7

휴스턴 오일 앤 미네랄(HOI)

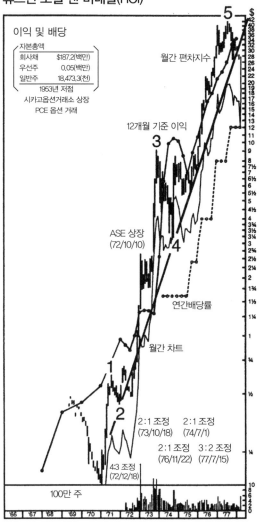

이익 및 배당

자본총액
회사채	$187.2(백만)
우선주	0.05(백만)
일반주	18,473.3(천)

1953년 저점
시카고옵션거래소 상장
PCE 옵션 거래

월간 편차지수

12개월 기준 이익

ASE 상장
(72/10/10)

연간배당률

월간 차트

2:1 조정   2:1 조정
(73/10/18)   (74/7/1)

2:1 조정   3:2 조정
(76/11/22)   (77/7/15)

4:3 조정
(72/12/18)

100만 주

'66 '67 '68 '69 '70 '71 '72 '73 '74 '75 '76 '77

그림 6-6

지 주식은 세 가지 상황을 대변하는 패턴을 드러낸다. US스틸, 다우케미컬Dow Chemical, 메두사Medusa의 주가는 대바닥에서 벗어나는 5파 상승을 보여준다. 이스트만코닥과 탠디Tandy의 주가는 1978년으로 접어드는 A-B-C 하락파동을 보여준다. 케이마트Kmart, 휴스턴 오일 앤 미네랄Houston Oil & Minerals의 주가는 장기 상승파동을 완성시킨 후 지지선을 하단으로 뚫는다.

: 원자재

원자재는 주식만큼 개별적인 성격을 지닌다. 원자재지수와 주식지수의 한 가지 차이점은 원자재지수의 경우 때로 주요 강세장과 약세장이 중복된다는 것이다. 가령 그림 6-9의 대두 선물지수처럼 완전한 5파 강세장이 신고점을 달성하지 못하기도 한다. 따라서 많은 원자재의 지수가 멋진 슈퍼사이클 파동을 만들지만, 일부의 경우에는 관찰 가능한 가장 큰 규모가 프라이머리 파동 또는 사이클 파동으로 보인다. 이 규모를 넘어서면 파동이론과 상충하는 현상이 여기저기에서 나타난다.

또한 원자재시장은 주식시장과 달리 프라이머리 규모 또는 사이클 규모 강세장에 속한 다섯 번째 파동이 연장되는 경우가 많다. 이 경향은 인간의 감정적 성향을 반영하는 것으로서 파동이론과 완전히 호응한다. 주식시장에서 다섯 번째 파동을 연장시키는 것은 희망이지만 원자재시장에서는 상당히 극적인 감정인 공포가 그 일을 한다. 여기에는 인플레이션에 대한 공포, 가뭄에 대한 공포, 전쟁에 대한 공포 등이 포함된다. 희망과 공포는 차트상으로 다르게 보인다. 원자재지수의 고점이 종종 주식지수의 저점처럼 보이는 이유 가운데 하나가 여기에 있다. 게다가 원자재 상승파동의 연장은 종종 네 번째 파동 위치에서 나타난 삼각형 파동을 따른다. 주식시장에서 삼각형을 따르는 상승은 짧고 빠르지만 원자재시장의 경우에는 대개 연장된다. 그림 1-44에 나온 은 차트가 그러한 사례를 보여준다.

최고의 엘리어트 패턴은 1970년대에 커피, 대두, 설탕, 금, 은시장에서 나왔다. 당시 이 시장에서는 지수가 횡보로 연장되면서 바닥을 다지다가 장기적인 상승파동을 만들어냈다. 불행하게도 추세 궤도를 적용할 수 있는 반로그 차트는 확보하지 못했다.

그림 6-8은 1975년 중반부터 1977년 중반까지 2년에 걸쳐 급등한 커피가격을 보여준다. 이 패턴은 마이너까지 분명한 엘리어트 파동을 형성한다. 비율 분석에 따른 고점의 위치도 제대로 들어맞는다. 가령 파동 (3)과 3의 고점에 이르는 길이는 전체 상승분을 황금분할한다. 차트 아래에 기재된 파동 계산을 보면 알 수 있듯이 각 고점은 전형적인 비율 분석의 지침을 만족시키면서 파동 ③의 고점으로 표기될 수도 있다. 그리고 전체 패턴의 다섯 번째 파동이 고점에 이른 후 갑자기 강한 약세장이 연출되었다.

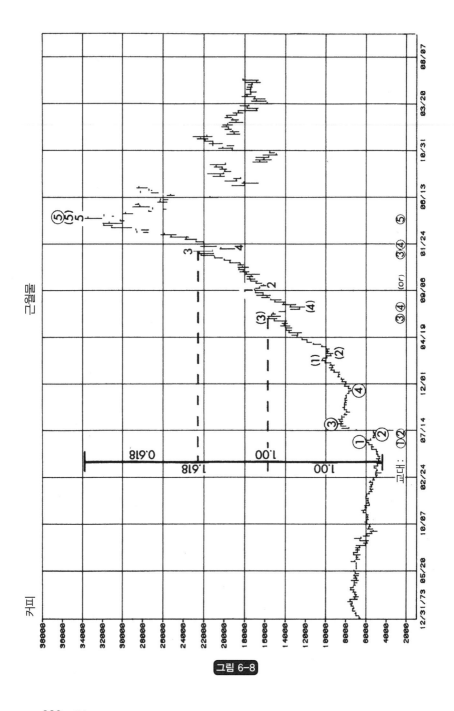

그림 6-8

그림 6-9는 5년 6개월에 걸쳐 움직인 대두 선물지수를 보여준다. 1972~1973년의 폭등은 커피의 경우처럼 오랜 바닥 다지기 끝에 나왔다. 파동 3의 고점에 이르는 길이에 1.618을 곱하면 거의 정확하게 파동 3의 고점에서 파동 5의 고점에 이르는 길이가 된다. 뒤이은 A-B-C 약세장에서 완벽한 지그재그형 파동이 전개되면서 1976년 1월에 바닥을 쳤다. 이 조정파동의 파동 B는 파동 A의 0.618배보다 약간 짧다. 1976~1977년에 새로운 강세장이 연출되었으나 파동 5의 고점이 최저 목표치인 10.90달러에 약간 못 미치는 정상 이하의 수준에 그쳤다. 파동 3의 상승폭(3.20달러)에 1.618을 곱하면 5.20달러가 된다. 이 5.20달러를 파동 4의 저점인 5.70달러와 더하면 목표치인 10.90달러가 나온다. 각 상승장에서 최초 측정단위는 시작점에서 파동 3의 고점까지로 동일하다. 이 거리는 파동 3의 고점, 파동 4의 저점 또는 그 사이 지점부터 측정한 파동 5의 길이에 0.618을 곱한 것과 같다. 다시 말해서 파동 4의 특정 지점이 4장에서 설명한 대로 전체 상승폭을 황금분할한다.

그림 6-10은 밀 선물의 주간 차트이다. 6.45달러에서 고점을 찍은 후 4년 동안 밀 가격은 멋진 비율을 형성하면서 A-B-C 약세장을 연출했다. 파동 B는 2장과 3장에서 설명한 수렴삼각형 파동의 모습을 그대로 보여준다. 다섯 개의 접점은 완벽하게 추세선의 경계선에 닿는다. 하위파동들은 서로 피보나치 비율을 이루면서 황금나선형을 만든다(c=0.618b, d=0.618a, e=0.618d). 종결점 근처에서는 전형적인 거짓

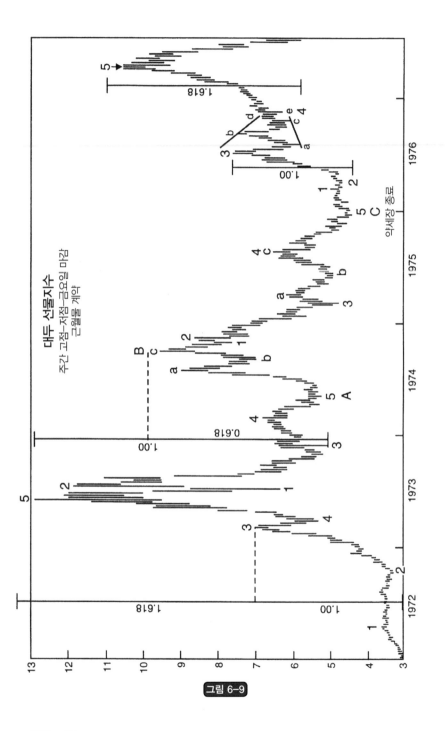

그림 6-9

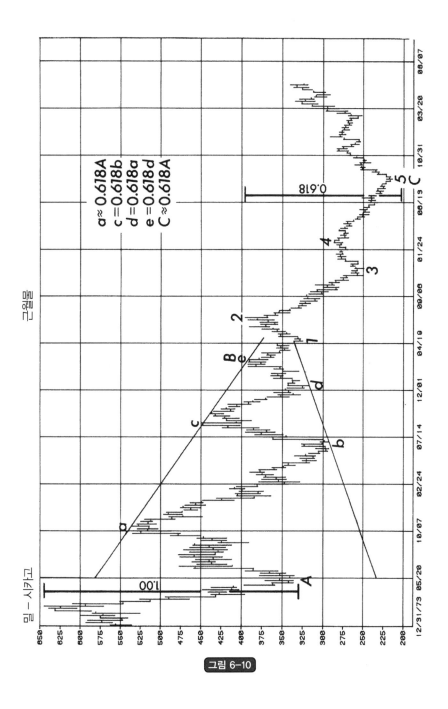

그림 6-10

돌파False Breakout가 나타난다. 다만 이 경우에는 파동 e가 아니라 파동 C에 속한 파동 2를 수반한다. 또한 파동 A의 하락폭은 대략 파동 B에 속한 파동 a와 파동 C의 길이에 1.618배를 곱한 것과 같다.

지금까지 설명한 내용으로 볼 때 원자재의 가격 변동은 엘리어트 가 발견한 보편적 질서를 반영하는 경향을 지닌다고 말할 수 있다. 그러나 원자재의 성격이 독특할수록 엘리어트 패턴을 형성할 가능성 은 낮아진다. 인간의 대중심리와 강하게 결부된 원자재는 금이다.

: 금

최근 금가격은 주식시장과 반대 사이클로 움직였다. 금가격이 상 승 반전하면 대개 주식시장은 하락 반전했고, 그 반대의 경우도 마찬 가지였다. 따라서 금가격지수를 엘리어트 파동이론으로 분석하면 다 우의 변곡점을 예측하는 데 도움이 된다.

미국 정부는 장기 금가격을 1972년 4월에 온스당 35달러에서 38달 러로 올린 데 이어 1973년 2월에 42.22달러로 올렸다. 이 공식 금가격 은 중앙은행들이 통화 태환을 위해 사용했다. 1970년대 초반에 비공 식 금가격이 상승하면서 소위 금가격의 이원체계가 형성되었다. 그 러다가 1973년 11월에 자유시장의 수요 공급에 따른 불가피한 작용 에 의해 이원체계가 무너졌다.

금의 자유시장 가격은 1970년 1월에 35달러에서 오르기 시작하여 1974년 12월 30일에 런던 금가격의 고점인 197달러에 이르렀다. 뒤이어 내리막을 탄 금가격은 1976년 8월 31일에 103.50달러로 저점을 찍었다. 이 하락의 근본적인 이유는 소련과 미국의 금 판매와 국제통화기금의 경매 때문이었다. 그 후 금가격은 상당한 수준으로 회복하여 다시 상승하고 있다.

금의 통화적 기능을 약화시키고 가치저장수단 및 거래수단으로서 심리적 영향을 많이 받지 않도록 하려는 미 재무부의 노력에도 불구하고 금가격은 명확한 엘리어트 패턴을 형성했다. 그림 6-11은 파동 표기를 덧붙인 런던 금가격지수이다. 1974년 4월 3일에 온스당 179.50달러까지 오른 상승은 완전한 5파 형태를 갖추었다. 1970년 이전에는 온스당 35달러로 공식가격이 유지되었기 때문에 이러한 파동이 형성되지 않았다. 그래서 큰 상승파동이 형성되는 데 필요한 장기적인 바닥이 만들어졌다. 이 바닥을 딛고 시작된 역동적인 상승은 엘리어트의 파동 계산에 잘 들어맞는다.

가파른 5파 상승은 거의 완벽한 파동을 만들어냈다. 다섯 번째 파동은 그림에 표시되지 않은 상단 추세선에서 종결되었다. 90달러 오른 파동 ③은 비율 분석에 따라 정통 고점까지 이르는 거리를 계산할 단서를 제공한다. 즉 $90×0.618=$55.62이다. 이 값을 파동 Ⅲ의 고점인 125달러에 더하면 180.62달러가 나온다. 파동 Ⅴ의 실제 고점도 상당히 근접한 179.50달러였다. 또 하나 언급할만한 점은 179.50달러가

런던 금가격

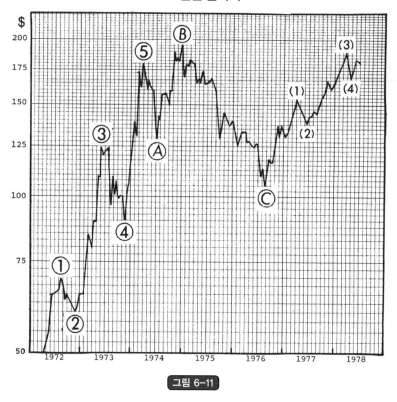

그림 6-11

35달러의 5배(피보나치 수)보다 약간 많다는 것이다.

1974년 12월에 파동 Ⓐ가 하락한 후 금가격은 온스당 200달러에 육박하는 신고점을 기록했다. 확장 플랫형 조정파동에 속한 파동 Ⓑ는 조정파동에 속한 상승파동이 흔히 그러하듯 하단 궤도를 따라 상승했다. 이 상승은 B파동의 성격을 그대로 반영하는 기만적인 것이었다. 1975년 1월 1일부터 개인의 금 소유가 합법화될 예정이었기 때문에 금가격이 상승할 것으로 기대되었다. 파동 ⑧는 도착적이면서도 논리적인 행보를 보이면서 정확하게 1974년의 마지막 날에 고점을 찍었다. 사실 북아메리카와 남아프리카의 금광주가 눈에 띄게 저조한 모습을 보이면서 낙관적인 예상과 달리 문제가 생길 것임을 이미 경고했었다.

급락한 파동 ⓒ는 관련 주식의 심각한 가치 하락을 동반했다. 일부 주식은 상승을 시작한 1970년 수준으로 떨어졌다. 우리는 1976년 초에 비율 분석을 통해 금가격의 바닥을 약 98달러 선으로 예측했다. 파동 ④의 길이인 51달러에 1.681을 곱하면 82달러가 된다. 82달러를 정통 고점인 180달러에서 빼면 예상 저점인 98달러가 나온다. 실제 저점은 한 단계 작은 규모의 네 번째 파동의 영역에 속했으며, 예상 저점에 근접한 103.50달러였다. 금가격이 바닥을 친 날은 다우이론에 따른 주가의 고점이 형성된 7월과 약간 더 높은 실제 고점이 형성된 9월 사이에 있는 1976년 8월 25일이었다.

뒤이은 상승은 지금까지 네 개의 완전한 엘리어트 파동을 만들어냈고, 금가격을 신고점으로 밀어 올릴 다섯 번째 파동으로 접어들었다. 그림 6-12는 1976년의 저점에서 시작된 첫 3파 상승을 보여준다. 각 상승은 명확하게 5파 충격파동으로 구분되며, 반로그 척도에서 추세 궤도를 형성한다. 상승의 기울기는 오랜 가격 통제 뒤에 분출한 초기 상승만큼 가파르지 않다. 현재의 상승은 달러 가치의 하락을 반영하는 것으로 보인다. 금가격은 다른 통화들과 비교할 때 아직 상승

금, 런던, 일간 차트(1976. 8~1978. 3)

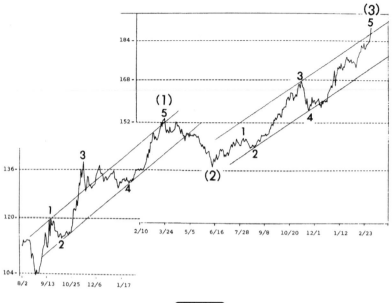

그림 6-12

폭이 크지 않기 때문이다.

금가격이 이전 네 번째 파동의 범위 안에서 정상적인 조정을 받았기 때문에 지금의 파동은 거의 완성된 5파 내지 형성 중인 세 번째 파동의 연장으로 계산할 수 있다. 이 점은 주식과 원자재가 동반 상승하는 상황을 암시하지만 확신할 수는 없다. 그러나 Ⓐ-Ⓑ-Ⓒ로 이어지는 확장 플랫형 조정파동은 다음 파동이 신고점을 향해 강하게 상승할 것임을 시사한다. 다만 원자재는 더 큰 규모로 발전하지 않는 제한적 강세장을 연출할 수 있다. 따라서 반드시 금가격이 35달러의 저점에서 시작하여 거대한 세 번째 파동으로 접어들었다고 확신하기는 어렵다. 금가격이 엘리어트의 규칙대로 분명한 5파 상승을 통해 103.50달러에 이른다면 적어도 잠정적인 매도 신호로 받아들여야 한다. 어느 경우든 98달러는 여전히 모든 주요 하락의 최대치가 되어야 한다.

금은 역사적으로 투자활동의 한 축으로서 견조한 실적을 유지해왔다. 금은 세상에 규율을 제공한다. 어쩌면 그래서 정치인들이 금을 무시하고, 폄하하며, 통화기능을 제거하려고 하는 것인지도 모른다. 그러나 정부는 언제나 만약을 대비하여 일정한 금을 보유해왔다. 현재 금은 과거의 유산으로서 국제금융시장에 남아있지만 동시에 미래의 전조이기도 하다. 규율 있는 삶은 생산적인 삶이다. 이 원칙은 자작농부터 국제금융까지 모든 수준의 경제활동에 적용된다.

금은 오랜 가치저장수단이다. 금가격은 장기간 횡보할지도 모른다. 그러나 세계의 통화체제가 기획에 따르든 불가피한 힘에 따르든 합리적으로 재구성될 때까지 일부를 보유하는 것도 훌륭한 보험이 될 것이다. 종이가 가치저장수단으로서 금을 대체할 수 없다는 사실은 또 다른 자연법칙일지도 모른다.

7장

· · ·

시장을 보는
다른 접근법들

: 다우이론

찰스 H. 다우Charles H. Dow에 따르면 시장의 근본 추세는 모든 것을
삼키는 넓은 조류Tide와 같다. 이 조류는 부차적인 반작용에 해당하는
파동Wave의 간섭을 받는다. 파동보다 작은 움직임은 물결Ripple이다.
물결은 적어도 3주간 5퍼센트의 가격범위 내에서 횡보하여 일정한
선을 형성하지 않는 이상 대체로 중요하지 않다. 다우이론의 주요대
상은 운송평균지수(과거 철도평균지수)와 산업평균지수이다. 주요 다우

이론가인 윌리엄 피터 해밀턴William Peter Hamilton, 로버트 레아, 리처드 러셀, E. 조지 섀퍼E. George Schaefer는 다우이론을 다듬었지만 절대 기본 원칙은 바꾸지 않았다.

다우가 말한 대로 해변에 막대기를 꽂아두면 조류의 방향을 알 수 있듯이 차트는 가격이 어디로 움직이는지를 보여준다. 두 평균지수는 같은 바다의 일부이므로 조류의 흐름이 서로 호응해야 한다. 한 평균지수만 신고점이나 신저점에 이르는 것은 다른 평균지수에 의해 확정Confirmation되지 않은 것이다.

엘리어트 파동이론과 다우이론 사이에는 공통점이 있다. 충격파동을 타고 상승하는 시장은 건강한 상태이며, 이 상태는 등락주선과 다른 평균지수에 따른 확정을 통해 더욱 분명해진다. 조정파동이나 종결파동이 진행 중일 때는 괴리Divergence와 비확정이 발생할 가능성이 높다. 다우이론도 상승에는 세 가지 심리적 국면이 있다고 말한다. 이 국면들에 대한 다우이론의 설명은 2장에서 살핀 파동 1, 3, 5의 특성과 유사하다.

파동이론은 다우이론의 상당부분을 입증하지만 다우이론은 파동이론을 입증하지 못한다. 파동의 움직임에 대한 엘리어트의 분석은 수학적 기반을 가지고 있으며, 하나의 평균지수만 별도로 해석이 가능하고, 구체적인 구조를 기준으로 삼는다. 그러나 두 접근법은 모두 경험적 관찰에 기반을 두며, 이론과 실제에서 서로를 보완한다. 가령 파동 계산은 종종 다우이론에서 말하는 비확정이 임박했음을 미리

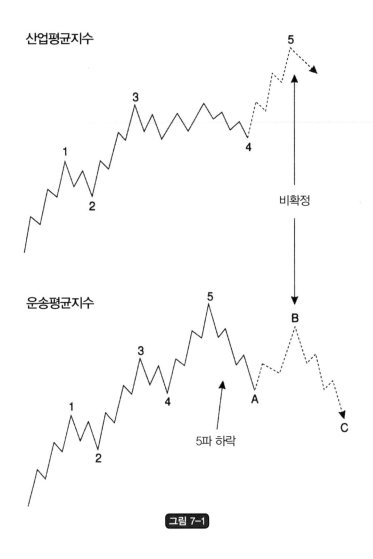

그림 7-1

알려준다. 그림 7-1에 나온 대로 운송평균지수는 지그재그형 조정파

동에 속한 파동 B로 상승하는데 반해 산업평균지수가 네 개의 파동

을 완료하고 다섯 번째 파동의 일부까지 진행을 마쳤다면 비확정이

불가피하다. 이러한 상관관계는 우리에게 여러 번 도움을 주었다. 가령 1977년 5월에 운송평균지수가 신고점을 향해 달려갈 때 산업평균지수가 1월과 2월에 걸쳐 5파로 하락했다는 사실은 모든 랠리가 비확정에 직면할 것임을 말해주었다.

한편 다우이론에 따른 비확정은 엘리어트 이론에 따라 시장을 분석할 때 파동계산을 재점검하여 역전이 일어날 가능성은 없는지 확인하게 만든다. 따라서 한 접근법이 다른 접근법을 적용하는 데 도움을 준다고 말할 수 있다. 다우이론은 파동이론의 할아버지 격이기 때문에 역사적인 의미와 꾸준한 성과를 인정받을 권리가 있다.

: 콘드라티에프 경기 주기

라틴아메리카의 마야족와 고대 이스라엘족은 50~60년(평균 54년) 주기로 파국과 부활이 반복된다고 믿었다. 이 주기를 현대적으로 표현하면 러시아 경제학자인 니콜라이 콘드라티에프Nikolai Kondratieff가 1920년대에 발견한 경제적·사회적 추세의 긴 파동이 된다. 콘드라티에프는 부족한 자료에 의존하여 현대 자본주의 국가의 경기 주기는 반세기 약간 넘게 지속되는 확장과 수축을 반복한다고 주장했다. 이 주기는 규모상 파동이론의 슈퍼사이클(연장파동이 있을 경우의 주기)에 해당한다.

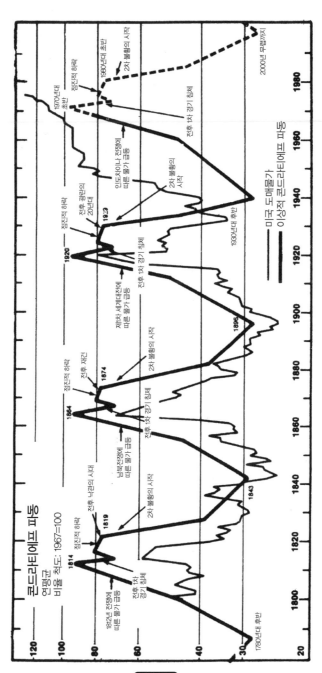

콘드라티에프 파동

연평균
비율 척도: 1967=100

범례:
— 미국 도매물가
━ 이상적 콘드라티에프 파동

그림 7-2

《미디어 제너럴 파이낸셜 위클리The Media General Financial Weekly》가 제공한 그림 7-2는 1780년대에서 2000년에 걸쳐 도매물가의 변동과 이상적인 콘드라티에프 주기를 비교하여 보여준다. 그림 5-4에 나온 그랜드 슈퍼사이클 파동 내에서 파동 (Ⅰ)의 시작점부터 1842년에 형성된 파동 (Ⅱ)의 저점까지가 대략 하나의 콘드라티에프 주기를 이루고, 연장된 파동 (Ⅲ)과 (Ⅳ)가 두 개의 콘드라티에프 주기를 이루며, 현재 진행 중인 슈퍼사이클 파동 (Ⅴ)가 하나의 콘드라티에프 주기를 이룰 것이다.

콘드라티에프는 주기의 바닥 근처에서 전쟁특수로 경기 회복을 노릴 수 있을 때 저점 전쟁이 일어난다고 지적했다. 반면 고점 전쟁은 정부가 전쟁비용을 감당하려고 통화공급을 늘리면서 물가가 급등하고 경기 회복이 충분히 이루어졌을 때 일어난다. 경기가 고점을 찍은 후 경기 후퇴가 이어지고 뒤이어 상대적으로 안정적인 약 10년에 걸친 디스인플레이션 '고원'이 지속된다. 이 기간의 끝에는 몇 년에 걸친 디플레이션과 심각한 불황이 찾아온다.

미국 시장의 경우 첫 번째 콘드라티에프 주기는 독립전쟁을 수반한 바닥에서 시작해 1812년 전쟁에서 고점을 찍었다. 뒤이어 낙관의 시대Era of Good Feeling로 불리는 고원상태가 유지되었다. 그 뒤에는 1830~1840년대에 걸친 불황이 찾아왔다. 제임스 슈먼James Shuman과 데이비드 로즈노David Rosenau가 『콘드라티에프 파동The Kondratieff Wave』에서 설명한 대로 두 번째와 세 번째 주기는 놀랍도록 비슷한 양상으로 진행되었다. 두 번째 주기의 고원은 남북전쟁 이후의 재건을 수반했고, 세 번째 주기의 고원은 제1차 세계대전 후 열린 '광란의 20년대'로 불렸다. 고원 기간에는 대개 견조한 주가 상승이 이어진다. 특히 1920년대의 경우가 그랬다. 당시 급등한 주가는 결국 폭락하면서 대공황과 1942년까지 지속되는 디플레이션으로 이어졌다.

　이제 우리는 또 다른 고원에 도착했다. 이번 주기에는 저점 전쟁(제2차 세계대전), 고점 전쟁(베트남전) 그리고 경기 후퇴(1964~1975)가 있었다. 이 고원은 상대적인 번영기와 강세장을 수반할 것이다. 그리고 1980년대 중반*에 경기가 후퇴하면서 3, 4년에 걸쳐서 심각한 불황이 발생하고, 2000년까지 지속되는 긴 디플레이션이 이어질 것이다. 이 예측은 다섯 번째 사이클 파동이 상승한 후 다음 슈퍼사이클 파동이 하락할 것이라는 우리의 예측과 정확하게 들어맞는다. 이 예측에 대해서는 마지막 장에서 다시 살필 것이다.

: 주기

　주기접근법은 투자자들이 변동성 심한 횡보 추세에 대응하는 방법

---

*　1983년 4월 6일에 나온 특별보고서(부록 그림 A-8 참조)에 따르면 마지막 경기 수축은 그림 7-2에 나온 시점보다 나중인 1949년에 끝났다. 따라서 모든 예상시점을 그만큼 늦추어야 한다. 『파동의 꼭대기에서(At the Crest of the Tidal Wave)』에 갱신된 그림이 나온다.

을 찾으면서 최근에 인기를 얻었다. 이 접근법은 상당한 타당성을 지녔으며, 뛰어난 분석가가 활용하면 대단히 유용한 시장 분석 도구가 될 수 있다. 그러나 우리가 보기에 주기접근법은 다른 기술적 분석법만큼 유용하기는 하지만 시장의 진행을 결정하는 근본적인 법칙을 반영하지는 않는다.

불행하게도 엘리어트 파동이론과 다우이론을 비롯한 한두 가지 연관된 분석법이 결합하여 '모든 강세장은 세 개의 다리를 가졌다'는 인식을 퍼트린 것처럼, 주기이론은 최근에 '4년 주기'에 대한 인식을 많은 분석가와 투자자들 사이에 퍼트렸다. 주기이론의 일부 내용은 타당해 보인다. 첫째, 주기의 후반부에 신고점을 향한 움직임이 불가능한 것은 아니다. 주기 측정의 기준은 중간에 어떤 움직임이 나오든 항상 저점과 저점이 되어야 한다. 둘째, 전후 약 30년에 걸쳐 4년 주기가 형성되었지만 그 이전의 시기에는 주기가 간헐적이고 불규칙하다. 언제든 주기의 수렴, 확장, 전환, 실종이 일어날 수 있다.

주기접근법을 활용하는 사람들에게는 때로 아무런 경고 없이 시작되고 종결되는 주기의 길이 변화를 예측하는 데 파동이론이 효과적인 도구가 되어줄 것이다. 가령 현재의 슈퍼사이클에 속한 하위파동 II, III, IV에서 대부분 4년 주기가 뚜렷하게 나타났지만 1932년에서 1937년에 걸친 강세장 동안 형성된 파동 I과 그 이전에는 불분명하게 왜곡되어 나타났다. 5파 상승파동에 속한 두 개의 짧은 파동이 유사하게 형성되는 경향이 있다는 사실을 알면 현재의 사이클 파동 V

가 파동 Ⅰ을 닮아갈 것임을 예측할 수 있다. 1942년부터 1966년에 걸쳐 형성된 파동 Ⅲ은 연장되었기 때문에 다른 두 동인파동과 다를 것이다. 따라서 현재의 파동 Ⅴ는 짧고 단순한 형태로 전개될 것이며, 4년 주기가 아니라 3년 반 정도로 축소될 수 있다. 이처럼 파동 내에서 주기는 시간의 항상성을 추구하는 경향이 있다. 그러나 다음 파동이 시작되면 주기성의 변화에 촉각을 곤두세워야 한다. 우리는 주기이론가들이 4년 및 9년 주기를 기반으로 하여 예측한 1978년과 1979년의 급락이 일어나지 않을 것이라고 생각한다. 찰스 콜린스는 1954년에 볼튼 트랑블레 앤 컴퍼니에서 낸 『엘리어트 파동이론-재평가 Elliott's Wave Principle-A Reappraisal』에서 다음과 같이 썼다.

주기이론가들 중에서 엘리어트만 전후 시기에 실제 일어난 현상과 호응하는 주기이론의 근본적인 배경을 제시했다.
정통 주기이론에 따르면 1951년에서 1953년에 걸친 기간은 불황으로 주식과 원자재시장이 폭락을 면치 못할 것이라고 예측되었다. 그러나 그 예측은 빗나갔다. 이는 다행스러운 일이다. 1929년부터 1932년까지 이어진 불황이 다시 닥친다면 자유 진영이 생존할 수 있을지 대단히 의문스럽기 때문이다.

우리가 보기에는 고정된 주기성을 증명하기 위해 한없이 깊이 파고들 수도 있지만 대수롭지 않은 결과를 낼 뿐이다. 파동이론은 시장의 움직임이 주기가 아니라 나선의 특성, 기계가 아니라 자연의 특성을 따른다는 점을 보여준다.

: 뉴스

대부분의 금융언론은 최근에 일어난 일을 기준으로 시장의 움직임을 설명하지만 주목할 만한 연관성은 드물다. 대부분의 날은 다수의 호재와 악재를 동시에 가지며, 언론은 대개 시장의 움직임을 설명하는 데 도움이 되는 뉴스만 취사선택한다. 엘리어트는 『자연의 법칙』에서 뉴스의 가치에 대해 이렇게 썼다.

뉴스는 기껏해야 이미 작용하고 있는 힘을 뒤늦게 인지하는 것에 불과하며, 추세를 파악하지 못한 사람들에게나 놀라울 뿐이다. 뛰어난 투자자들은 오래 전부터 주식시장에서 뉴스가 갖는 가치를 해석하는 일이 부질없다는 사실을 알았다. 어떤 뉴스나 일련의 사건 전개도 지속적인 추세를 이끄는 근본적인 이유가 될 수 없다. 실제로 같은 사건이 다양한 여건 속에서 완전히 다른 영향을 미치는 경우가 많았다. 45년 동안의 다우존스 산업평균지수를 연구해보면 이 말이 사실임을 알 수 있다.

이 기간 동안 왕들이 암살당했으며, 전쟁이 터지거나 전쟁에 대한 소문이 횡행했고, 호황과 금융불안, 파산, 신시대, 뉴딜, 신뢰의 붕괴 등 온갖 역사적 사건이 발생했다. 그러나 강세장과 약세장을 이끄는 힘은 모든 종류의 뉴스에 대한 시장의 반응과 추세 변화의 범위를 통제했다. 이 힘은 뉴스에 상관없이 시장의 향후 움직임을 예측하는 기반이 된다.

지진처럼 전혀 예측하지 못한 사건이 일어나기도 한다. 그러나 충격의 정도에 상관없이 사건의 영향력은 아주 빠르게 둔화되며, 이미 진행 중인 추세를 바꾸지 못한다. 뉴스를 추세의 원인으로 보는 사람들은 주요 사건의 영향력을 정확하게 파악하는 능력에 의존하느니 경마장에서 운을 시험하는 편이 낫겠다. 숲을 명확하게 보는 유일한 방법은 나무들 위로 올라가는 것이다.

엘리어트는 주가의 패턴을 형성하는 것은 뉴스가 아니라고 보았다. 중요한 것은 뉴스 그 자체가 아니라 시장이 그 뉴스에 어느 정도의 의미를 부여하느냐이다. 시장의 분위기가 다를 때에는 뉴스에 반응하는 양상도 다르다. 장기 차트를 보고 엘리어트 파동을 파악하는 일은 쉽지만 전쟁의 발발과 같은 극적인 사건의 발생 여부를 가늠하기는 어렵다. 그마나 뉴스가 쓸모 있는 단서를 제공하는 경우는 시장이 일반적으로 기대되는 것과 다르게 반응할 때이다.

우리의 연구에 따르면 뉴스는 시장의 움직임을 지체시키는 경향을 보이지만 결국은 근본적인 추세에 휩쓸리게 된다. 그래서 강세장의 파동 1과 2가 형성되는 동안 신문의 일면에는 공포와 비관을 조성하는 소식들이 실린다. 특히 새로운 상승파동이 일시적으로 저점을 찍는 파동 2에서는 경제상황이 최악인 것으로 알려진다. 그러다가 파동 3에서 경제상황이 우호적으로 제시되고 파동 4의 초반에 잠시 동안 낙관적인 분위기가 절정에 달한다. 그리고 파동 5에서 다시 어느 정도 낙관적인 분위기가 살아나지만 파동 5의 기술적인 특성처럼(2장 '파동의 성격' 참조) 파동 3 동안 형성된 분위기보다 강하지는 않다. 시장의 고점에서 낙관적인 분위기는 여전히 유지되거나 더 강해지지만 그럼에도 불구하고 추세는 반전된다. 조정이 진행되는 동안 비관적인 분위기가 다시 조성된다. 이처럼 뉴스는 파동 하나나 둘 정도의 차이로 시장을 뒤따르고 있다. 이러한 경향은 인간의 활동이 갖는 통일성을 말해주며, 파동이론이 인간적 특성을 반영한다는 점을 뒷받침해준다.

기술적 분석론자들은 시간적 지체를 설명하기 위해 시장이 '미래를 할인한다discount the future'고 주장한다. 다시 말해서 시장이 사회적 조건의 변화를 정확하게 예측한다는 것이다. 이 이론은 시장이 경제상황의 변화나 사회정치적 사건들을 미리 감지하는 것처럼 보인다는 점에서 언뜻 그럴듯하게 들리기도 한다. 그러나 투자자들이 선견지명을 가졌다는 주장은 다소 비현실적이다. 사실은 주가에 반영된 감정적 상태와 추세가 궁극적으로 경제적 통계와 정치에 영향을 미치는 방향으로 사람들이 행동하게 만드는 것이다. 결국 뉴스도 그러한 방향을 따르게 된다. 결론적으로 예측을 위해서라면 시장 자체가 뉴스가 된다.

: 랜덤워크이론

통계학자들이 개발한 랜덤워크이론은 주가가 예측 가능한 패턴을 따르지 않고 임의직으로 움직인다고 주장한다. 이 이론이 맞다면 추세나 패턴 또는 개별 주식의 내재적 힘을 연구하는 일은 부질없는 짓이 된다.

통계 분야의 전문가들이라고 해도 주식시장에서는 아마추어일 수 있다. 그들은 때로 극적인 경향을 띠는 이상하고 불합리하며 명백히 임의적인 시장의 움직임을 이해하지 못한다. 그래서 일부 통계학자들은 시장의 행동을 예측하지 못하는 이유를 설명하기 위하여 애초에 예측이 불가능하다고 주장한다. 그러나 이 주장과 상반되는 구체적인 사례들이 많다. 가령 해마다 수백 번 또는 수천 번에 걸쳐 투자 결정을 내리면서 수익을 올리는 투자자들과 오랫동안 성공적으로 포트폴리오를 운영하는 펀드매니저들이 존재한다는 사실이 그러하다. 통계적으로 이러한 실적들은 시장의 진행을 이끄는 힘이 임의적이거나 우연이 아니라는 점을 증명한다. 시장에는 나름의 법칙이 존재하며, 그 법칙을 파악하여 성공을 거두는 사람들이 분명히 있다. 매주

수십 번의 투자 결정을 내려서 돈을 버는 단기투자자는 완전히 무작위적인 세계에서 동전을 50번 던져서 매번 앞면이 나오는 것보다 훨씬 확률이 낮은 일에 성공한 셈이다. 데이비드 베르가미니는『수학』에서 다음과 같이 썼다.

> 확률이론에서는 동전 던지기를 자주 예로 든다. 확률이 반반이기 때문에 앞면이든 뒷면이든 모두 타당한 선택이 된다. 누구도 두 번에 한 번꼴로 꼬박꼬박 앞면이 나올 것이라고 예상하지 않는다. 그러나 충분히 많은 횟수를 반복하면 앞면이 나오는 경우와 뒷면이 나오는 경우가 반반으로 갈린다. 앞면이 50번 연속으로 나오는 경우는 100만 명이 매주 40시간을 들여서 1분에 10번씩 던져도 9세기마다 한 번밖에 일어나지 않는다.

그림 2-16에 나온 차트를 보면 랜덤워크이론이 얼마나 현실과 거리가 먼지 분명히 알 수 있다. 이 차트는 1978년 3월 1일에 740포인트에서 저점을 찍은 후 89일 동안 이루어진 주가의 변동을 보여준다. 이 차트와 그림 5-5에 나온 차트에서 알 수 있듯이 주가지수는 리듬이나 형태도 없이 마구잡이로 진행하지 않는다. 다우지수는 시간별, 일별, 연별로 40년 전에 엘리어트가 설명한 기본원칙에 완벽하게 들어맞는 패턴으로 구성되는 연속적인 파동을 형성한다. 그래서 엘리어트 파동이론은 추세가 전환되는 지점마다 랜덤워크이론에 이론을

제기한다.

: 기술적 분석

엘리어트 파동이론은 차트 분석의 유효성을 뒷받침할 뿐만 아니라 어떤 형태가 진정한 중요성을 가지는지 판단하는 데 도움을 준다. 파동이론과 미찬가지로 로버트 D. 에드워즈Robert D. Edwards와 존매기John Magee가 『주가 추세에 대한 기술적 분석Technical Analysis of Stock Trends』에서 설명한 접근법은 삼각형을 추세 내부적인 현상으로 파악한다. 기술적 분석은 쐐기형에도 파동이론과 같은 의미를 부여한다. 기술적 분석의 깃발Flag과 페넌트Pennant는 파동이론의 지그재그형과 삼각형에 해당한다. 또한 직사각형은 대개 이중 또는 삼중 3파에 해당한다. 그리고 이중 고점은 대개 이중 또는 삼중 3파에 의해, 이중 저점은 절단된 다섯 번째 파동에 의해 형성된다.

유명한 헤드앤숄더형Head and Shoulder은 정상적인 엘리어트 고점(그림 7-3 참조)으로 볼 수 있다. 또한 어깨선이 깨진 헤드앤숄더형 확장 플랫형 조정파동으로 볼 수 있다(그림 7-4 참조). 두 패턴에서 대체로 거래량이 감소하는 것도 파동이론과 호응하는 특성이다. 그림 7-3에서 파동 3은 가장 많은 거래량, 파동 5는 그보다 다소 적은 거래량, 파동 B는 인터미디에이트 규모 이하일 때 대개 그보다 더 적은 거래량을 수반한다. 또한 그림 7-4에서 충격파동은 가장 많은 거래량, 파동 B는 대개 그보다 다소 적은 거래량, 파동 C의 4는 가장 적은 거래량을 수반한다.

두 접근법은 모두 추세선과 추세 궤도를 활용하고 있다. 정상적인

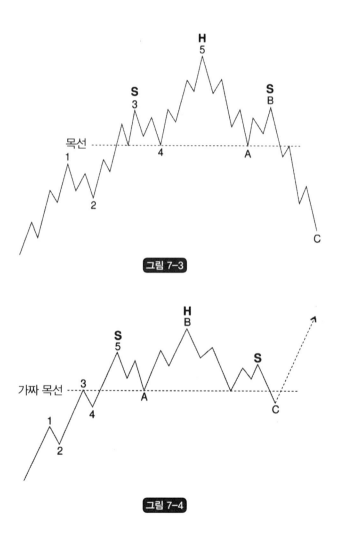

그림 7-3

그림 7-4

파동의 진행과 약세장의 경계에서는(파동 4의 정체지점은 뒤에 오는 하락의 지지선이 된다) 지지선과 저항선이 명확하게 나타난다. 많은 거래량과 높은 변동성(갭)은 대개 세 번째 파동이 이끄는 돌파의 특성으로 인식된다. 세 번째 파동의 성격에 대해서는 2장에서 다루었다. 이러한 호환성에도 불구하고 고전적인 기술적 분석을 주가에 적용하는 것은 현대와 같은 기술의 시대에 돌로 만든 도구를 활용하는 것과 같다.

지표로 알려진 기술적 분석의 도구는 종종 시장의 모멘텀이나 각 형태의 파동을 만드는 심리적 배경을 파악하는 데 상당히 유용하다. 공매도, 옵션 거래, 시장여론조사 같은 투자심리지표는 C파동, 두 번째 파동, 다섯 번째 파동의 종결점에서 극단적인 수준에 이른다. 모멘텀 지표(예: 가격 변동의 속도, 등락주선, 거래량)는 다섯 번째 파동과 확장 플랫형 파동의 B파동에서 괴리를 초래하는 힘이 쇠퇴함을 말해준다. 개별지표의 효용성은 시장역학의 변화로 시간이 지남에 따라 줄어들 수 있기 때문에 지나치게 의존하지 말고 파동을 정확하게 계산하기 위한 보조도구로 활용하기를 권한다. 파동이론의 관련지침들은 때로 시장지표의 힘을 결정하는 시장 환경을 예측하게 해준다.

: 경제지표 분석

현재의 금리 추세, 전형적인 전후 경기 주기의 양상, 물가인상률 같은 경제지표를 활용하여 주가를 예측하는 방법이 기관투자자와 투자자문가들에게 큰 인기를 얻고 있다. 그러나 우리가 보기에 시장 자체를 보지 않고 시장을 예측하려는 노력은 실패할 수밖에 없다. 경제가 믿을 만한 시장의 예측지표라기보다 시장이 훨씬 믿을 만한 경제의 예측지표가 된다. 또한 역사적인 관점에서 보면 다양한 경제적 조건들이 일정한 기간 동안 주식시장과 특정한 방식으로 연계되기는 하지만 그 관계에는 일관성이 없다. 가령 경기 후퇴는 약세장 초기에 시작되기도 하지만 약세장이 끝날 때까지 발생하지 않기도 한다. 또한 인플레이션이나 디플레이션이 주식시장의 상승을 이끌기도 하고 하락을 이끌기도 한다. 마찬가지로 긴축금융에 대한 우려 때문에 많은 펀드매니저들이 1978년부터 지금까지 시장에 선뜻 들어오기를 주저했지만 1962년에는 급락기였음에도 불구하고 그러한 우려가 적었기 때문에 투자를 지속했다. 금리 인하는 종종 강세장을 동반하지만 1929년부터 1932년에 걸친 기간처럼 최악의 폭락을 동반하기도 한다.

엘리어트는 특허 신청의 빈도와 같은 인간이 활동하는 모든 영역에 파동이론을 적용할 수 있다고 주장했다. 해밀턴 볼튼은 보다 구체적으로 1919년부터 이어지는 통화 추세의 변화를 이해하는 데 유용하다고 지적했다. 월터 E. 화이트는 〈주식시장의 엘리어트 파동Elliott Waves in the Stock Market〉에서 파동 분석이 통화 추세를 해석하는 데 유용하다고 썼다. 다음은 그 글의 일부이다.

물가상승률은 최근의 주가에 매우 중대한 영향을 끼쳤다. 1965년부터 1974년 말에 걸쳐 물가상승률의 변동을 그래프로 만들면 1-2-3-4-5 파동의 형태가 된다. 1970년 이후로 과거 전후 경기의 주기와 다른 인플레이션의 주기가 형성되었으며, 앞으로 주기가 어떻게 전개될지는 알 수 없다. 그러나 파동이론은 여전히 1974년 말과 같은 변곡점을 파악하는 데 유용하다.

실제로 엘리어트 파동이론은 많은 경제지표에서 변곡점을 파악하는 데 유용하다. 가령 화이트가 '주가의 변곡점에 선행하는 경향이 있다'고 말한 은행의 순초과지급준비금은 1966년부터 1974년까지 8년 동안 줄어들었다. 그러다가 1974년 말에 5파 하락이 마감되면서 중요한 매수시점이 되었음을 알려주었다.

통화시장에서 파동 분석의 유용성을 말해주는 증거로 미 국채의 장기 가격 차트를 담은 그림 7-5를 제시한다. 이 그림에서도 알 수 있듯이 9개월에 걸친 짧은 가격 패턴에서도 엘리어트 파동이론의 현상들을 볼 수 있다. 이 차트에서는 각 두 번째 파동과 네 번째 파동 사이에 이루어진 교대의 세 가지 사례가 나타난다. 이때 한 파동이 지그재그형이면 다른 파동은 플랫형이다. 상단 추세선은 모든 상승을 제한한다. 다섯 번째 파동은 추세 궤도 안으로 제한된 연장파동을 포함한다. 이러한 해석에 따르면 거의 1년 만에 오는 최고의 랠리가 조만간 시작될 것으로 보인다.

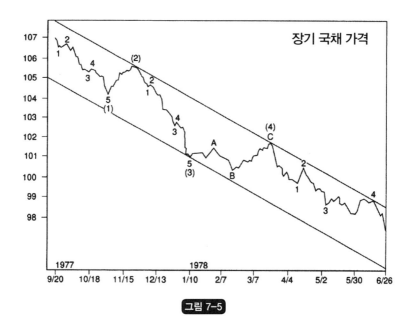

그림 7-5

통화 현상은 복잡한 방식으로 주가와 연계된다. 그러나 우리의 경험에 따르면 가격의 움직임은 언제나 엘리어트 패턴을 형성한다. 투자자들이 포트폴리오를 관리하는 데에 영향을 미치는 요소는 당연히 은행가, 기업가, 정치가들에게도 영향을 미친다. 모든 수준의 활동에 영향을 미치는 힘들의 상호관계가 너무 많고 복잡하면 원인과 결과를 구분하기가 쉽지 않다. 그러나 대중의 심리를 반영하는 엘리어트 파동은 인간이 행동하는 모든 영역에 걸쳐 영향력을 넓혀가고 있다.

: 외부 요인 분석

우리는 외부의 영향력이 주기와 패턴을 촉발할 수 있다는 생각을 부정하지 않는다. 일부 시장분석가들은 지구의 자기장 변화가 인간의 심리에 영향을 미친다는 가정 아래 태양 흑점이 나타나는 빈도와 주가 변동 사이에 연관관계가 존재할 가능성을 검토해왔다. 찰스 콜린스는 1965년에 〈태양 흑점이 주식시장에 미치는 영향에 대한 연구 An Inquiry into the Effect of Sunspot Activity on the Stock Market〉라는 글을 썼다. 그는 이 글에서 1871년 이후로 태양의 흑점 활동이 특정한 수준을 넘을 경우 수년에 걸쳐 심각한 약세장이 이어졌다는 점을 지적했다. 보다 최근에는 R. 버R. Burr 박사가『생존을 위한 청사진Blueprint for Survival』에서 지구물리학적 주기와 식물의 전위電位 수준 사이에 놀라운 상관관계가 존재한다고 썼다. 또한 달과 행성 주기의 영향을 받는 대기 중 이온과 우주 방사선의 변화가 인간의 행동에 영향을 미친다는 연구결과도 다수 나왔다. 실제로 일부 시장분석가들은 태양 흑점에 영향을 미치는 행성 배열을 연구하여 주가를 성공적으로 예측했다. 피보나치학회가 내는 《계간 피보나치》는 1970년 10월에 B. A. 리드 B. A. Read가 쓴 글을 실었다. 리드는 미 육군의 위성통신국장이다. 리드가 쓴 글의 제목은 〈태양계의 피보나치 수열Fibonacci Series in the Solar System〉이었다. 이 글의 내용은 행성간의 거리와 공전주기가 피보나치 관계를 이룬다는 것이었다. 이러한 사실은 지구의 생명에 영향을 미치는 우주적 힘과 주식시장 사이에 무작위적인 차원을 뛰어넘는 상관관계가 존재할 가능성을 제기한다. 그러나 당분간 우리는 심리적 배경과 그에 따른 행동 경향의 사회적 표현이 엘리어트 패턴을 만들어낸다고 가정하는 선에서 만족하려고 한다. 이러한 경향이 우주적 힘과 결부되었다면 그것을 증명하는 것은 다른 사람들의 몫이다.

8장
• • •

파동이론에 따른
향후 예측

: 10년 뒤의 시장 예측

주식시장의 장기적인 변화를 예측하는 일은 불가능에 가까운 위험한 시도이다. 그러나 우리는 파동이론으로 시장의 위치를 분석하는 시범을 보이기 위해 위험을 감수하기로 했다. 여기에서 말하는 위험은 향후 몇 년에 걸쳐 주가 변동과 함께 우리의 생각이 변하더라도 1978년 7월 초에 제시한 이 예측은 계속 책에 남는다는 것이다. 현재로서는 우리의 과감한 예측이 실현되지 않더라도 독자들이 파동이론을 쉽게 무시하지 말기를 바랄 뿐이다. 미리 염려되는 점을 밝혔으니 바로 분석으로 들어가보자.

엘리어트 파동이론의 기준을 적용하면 1932년에 시작된 슈퍼사이클 상승이 거의 완성되었다. 현재 시장은 프라이머리 규모의 5파로 구성된 사이클 규모의 상승 국면에 있다. 5파 중 2파는 이미 완료되었을 가능성이 크다. 그렇다면 장기 차트를 통해 다음과 같은 세 가지 결론을 내릴 수 있다. 첫째, 주가는 적어도 1980년대 초중반까지는 1969년에서 1970년 또는 1973년에서 1974년에 걸쳐 진행된 것과 비슷한 하락을 하지 않을 것이다. 둘째, 사이클 파동 V에 걸쳐 중소형주들이 시장을 주도할 것이다. 다만 사이클 파동 III 때보다는 덜 할 것이다. 셋째, 이 사이클 파동은 1942년에서 1966년에 걸쳐 강세장을 이끈 파동처럼 꾸준하고 오래 가는 형태로 전개되지는 않을 것이다. 그 이유는 모든 규모의 파동 구조 내에서 대개 한 파동만 연장될 수 있기 때문이다. 1942년에서 1966년에 걸쳐 연장파동이 발생했기 때문에 현재의 사이클 파동은 1932년에서 1937년 사이, 1921년에서 1929년 사이에 발생한 파동처럼 단순하고 짧은 형태로 진행될 것이다.

최근까지 다우지수가 꾸준히 하락하면서 형성된 비관적인 분위기는 프라이머리에 속한 두 번째 조정파동으로부터 파괴적인 하락이 나올 수 있다고 왜곡되게 해석할 여지를 주었다. 그래서 엘리어트 파동이론에 따른 분석으로도 가까운 미래에 200포인트 밑으로 떨어질 수 있다는 예측이 나왔다. 우리는 해밀턴 볼튼이 1958년에 《뱅크 크레디트 애널리스트》에서 쓴 글을 인용하면서 이 분석에 대한 답변을 대신한다.

시장이 하락 국면으로 접어들 때마다 엘리어트 파동이론으로 훨씬 낮은 예상 저점을 정당화할 수 있다고 생각하는 사람들이 나온다. 파동이론은 해석의 폭이 넓지만 그렇다고 해서 완전히 맥락에서 벗어날 만큼 왜곡할 수는 없다. 다시 말해서 아마추어와 프로가 붙는 하키 경기에서 규칙을 약간 바꿀 수는 있어도 근본적인 규칙은 유지해야 하며, 그렇지 않다면 완전히 새로운 경기를 창조하는 셈이 된다.

우리가 보기에 가장 비관적인 해석은 사이클 파동 Ⅳ가 아직 끝나지 않았으며 마지막 하락이 여전히 진행 중이라는 것이다. 이 경우에도 최대 저점은 1962년에 형성된 파동 ④의 저점인 520포인트이다. 그러나 그림 5-5에서 설정한 추세 궤도를 참고하면 그렇게 될 가능성은 아주 낮다.

현재 기본적으로 두 가지 합당한 해석이 가능하다. 일부 증거에 따르면 소몰이식 등락과 지속적으로 끼어든 하락으로 거대한 대각삼각형 파동(그림 8-1 참조)이 형성될 가능성이 있다. 1975년 10월에 기록된 784.16포인트의 저점이 1978년 1월에 깨지고 프라이머리의 3파 상승

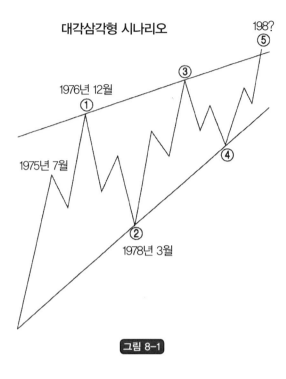

그림 8-1

파동이 이어졌기 때문에 대각삼각형 파동으로 보는 해석은 사이클 규모 강세장에 대한 예측을 낳는다. 대각삼각형 파동에서 각 작용파동은 5파가 아닌 3파로 구성되기 때문이다. 1974년 12월에 시작되는 이 사이클 규모 파동이 슈퍼사이클 규모 파동에 속한 다섯 번째 파동이기 때문에 거대한 대각삼각형이 형성될 것이라는 예측이 가능하다. 대각삼각형 파동은 기본적으로 약한 구조이므로 궁극적인 예상 고점은 1,700포인트 언저리로 하향시킬 필요가 있다. 지금까지 다우지수가 다른 시장에 비해 대단히 부진했다는 점도 이러한 예측을 뒷

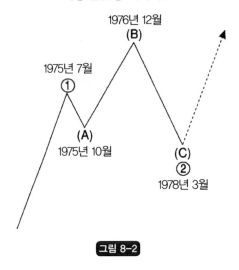

확장 플랫형 시나리오

1976년 12월
(B)

1975년 7월
①

(A)
1975년 10월

(C)
②
1978년 3월

그림 8-2

받침한다.

대각삼각형 시나리오의 가장 설득력 높은 대안은 1975년 7월부터 1978년 3월에 걸쳐 1959년부터 1962년 사이에 형성된 것과 비슷한 대형 A-B-C 확장 플랫형 조정파동이 전개되었다는 것이다. 그림 8-2는 이 해석을 표현한 것으로서 매우 강력한 상승이 이어질 것임을 시사한다. 이 해석이 옳다면 우리의 예상 고점은 쉽게 달성될 것이다.

우리의 지수 예측은 특히 세 번째 파동이 연장되었을 때 5파에 속한 두 충격파동은 유사한 길이로 전개된다는 원칙에 초점을 맞추었다. 반로그 척도에서 1932부터 1937년까지 형성된 파동 Ⅰ을 기준으로 동등성 원칙을 적용하면 정통 고점은 2,860포인트 근처(371.6퍼센트를 정확하게 적용하면 2,724포인트)가 된다. 이 지점은 추세선에 따른 고점이 2,500포인트에서 3,000포인트 사이라는 점을 감안하면 상당한 합리성을 갖는다. 이 수치가 너무 높다고 생각하는 사람들은 역사를 검토해보면 그렇게 높은 상승폭을 기록하는 일이 드물지 않다는 사실을 알 수 있을 것이다.

지수가 9년에 걸쳐 100선 아래에서 머물다가 지난 다섯 번째 사이클 규모 파동이 이끈 1920년대의 강세장을 연출했다는 사실과 지금까지 13년에 걸쳐 머물던 1,000선을 돌파하려 한다는 사실을 비교해보면 무척 흥미롭다. 파동이론에 따르면 1928년에 정통 고점이 296포인트에서 형성되었기 때문에 다음 고점도 상대적으로 같은 수준에서 형성될 것이다. 물론 확장 플랫형 조정파동은 고점을 일시적으로 더 밀어 올릴 수 있다. 우리는 종결점이 슈퍼사이클 궤도선의 상단 근처가 될 것이라고 본다. 만약 초과진행이 일어난다면 뒤이은 반작용은 엄청나게 빠를 것이다.

그림 8-2에 나온 해석이 옳다면 1929년부터 1937년 사이의 차트를 뒤집은 다음 앞뒤를 바꾸어서 1978년 3월의 저점인 740포인트에 붙이면 1974년에서 1987년에 걸친 시장의 변동을 합리적으로 추측할 수 있다. 그림 8-3이 그렇게 해서 만든 차트이다. 이 차트는 한 가지 제안에 불과하지만 연장된 다섯 번째 파동을 포함한 프라이머리 5파의 모습을 보여준다. 파동 ②가 플랫형이고 파동 ④가 지그재그형이므로 교대의 원칙도 충족되었다. 놀랍게도 1986년에 예정된 랠리는

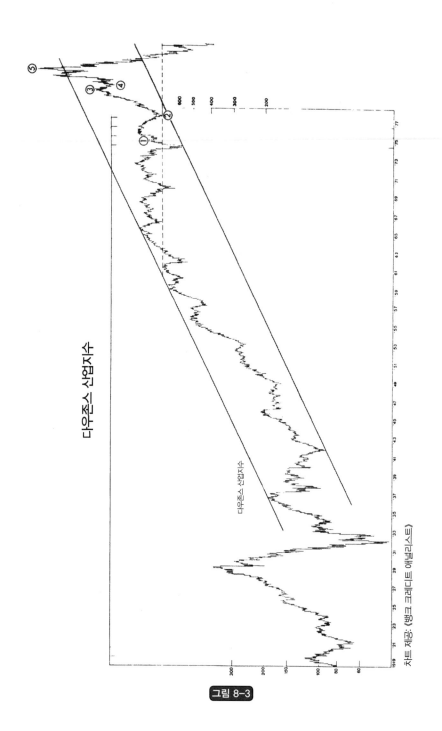

다우존스 산업지수

다우존스 산업지수

차트 제공: 《뱅크 크레디트 애널리스트》

그림 8-3

정확하게 점선으로 표시된 740선에서 멈춘다. 이 선의 중요성은 4장
에서 이미 설명한 바 있다. 1932년부터 1937년에 걸쳐 사이클 규모 강
세장이 지속된 5년을, 앞선 3년의 강세장에 더하면 지금 전개되는 사
이클 규모 파동의 지속시간은 총 8년(파동 Ⅰ의 1.618배)이 된다.

지속시간에 대한 우리의 결론을 뒷받침하기 위하여 1928년과 1929
년 이후 주요 전환점들의 피보나치 시계열을 제시한다.

피보나치 시간표			
전환점	기간	고점?	저점?
1928-29	55	1983-84	
1932	55		1987
1949	34	1983	
1953	34		1987
1962	21	1983	
1966	21		1987
1970	13	1983	
1974	13		1987
1974	8	1982	
1979?	8		1987

4장의 역순 피보나치 시간표도 같은 연도를 전환점으로 제시한다.
이 공식은 시간만을 고려한 것이라서 1982년에서 1984년 그리고 1987
년이 고점인지 저점인지에 대한 의문을 남긴다. 그러나 과거 시장의

상황을 고려하면 1982년에서 1984년에 걸친 기간은 대고점, 1987년은 대저점이 될 것임을 예측할 수 있다. 세 번째 파동이 연장되었기 때문에 첫 번째 파동과 다섯 번째 파동은 이 슈퍼사이클 파동에서 가장 짧을 것이다. 또한 파동 Ⅰ이 피보나치 수인 5년 동안 지속되었기 때문에 파동 Ⅴ는 1982년 말까지 다음 피보나치 수인 8년 동안 지속될 수 있다. 파동 Ⅳ와 Ⅴ가 8년 동안 지속된다면 5년 동안 지속되는 파동 Ⅰ, Ⅱ와 함께 파동 구조에서 종종 명확하게 드러나는 대칭관계를 형성할 것이다. 또한 파동 Ⅰ, Ⅱ, Ⅳ, Ⅴ의 선체 실이는 연장된 파동 Ⅲ의 전체 길이와 비슷할 것이다.

현재의 슈퍼사이클 Ⅴ가 1982~1984년 구간에서 종결할 것이라고 예측하는 또 다른 근거는 순전히 산술적이다. 현재 형성된 추세 궤도 안에서 이루어지는 상승은 1983년 무렵에 예상 고점인 2,860포인트 근처에서 상단 궤도선에 닿아야 한다.

그림 4-17에 나온 베너-피보나치 주기 차트를 보면 추가적인 단서를 얻을 수 있다. 우리가 증명했듯이 이 차트는 1964년에서 1974년에 걸친 주가의 움직임을 예측하는 데 도움이 된다. 현 시점에서는 명확하게 1983년에 대고점, 1987년에 대저점이 형성될 것으로 보이기 때문에 적어도 당분간 베너의 이론은 미래에 대한 우리의 결론을 뒷받침할 것이다. 그러나 이 예측이 향후 10년 동안 들어맞기를 기대하기는 하지만 다른 모든 주기이론처럼 다음 하방 슈퍼사이클 파동에서 크게 어긋날 수도 있다.

콘드라티에프가 제시한 50년 경기주기론도 대공황에 따른 대저점이 형성된 1933년으로부터 54년 후인 1987년이 대저점이 형성되기에 적절한 시점임을 시사한다. 만약 현재의 고원기간이 그전까지 주가를 강하게 유지할 만큼 낙관적인 분위기를 조성한다면 더욱 그렇다.

대부분의 주기이론가들은 '파괴적 파동Killer Wave'이 현재 또는 1979년에 나타날 수 있다고 주장한다. 그러나 우리는 그렇게 생각하지 않는다. 일반적인 투자심리가 실망 매물을 쏟아낼 것처럼 보이지 않기 때문이다. 주요한 주가 폭락은 낙관적인 고평가 기간 이후에 나왔다. 8년에 걸친 약세장으로 투자자들이 대단히 보수적이고 신중한 태도로 돌아선 지금은 절대 그럴 상황이 아니다.

그렇다면 다음에는 어떤 일이 일어날까? 1929년에서 1932년에 걸쳐 나타난 혼돈이 반복될까?

1929년에 매수세가 실종되면서 호가 구조에 하강기류가 형성되었으며, 주가는 폭락했다. 금융계 리더들이 최선의 노력을 기울였지만 이미 공포에 휩쓸린 시장을 안정시킬 수는 없었다. 지난 200년에 걸쳐 1929년과 같은 상황이 재발할 때마다 3, 4년 동안 경제와 시장에 혼돈이 지속되었다. 그러나 지금까지 50년 동안은 이러한 상황이 닥치지 않았다. 물론 영원히 재발하지 않았으면 좋겠지만 역사는 냉정한 사실을 제시한다.

시장에 생긴 네 가지 근본적인 변화가 앞으로 일어날지도 모르는 금융공황의 계기가 될 수도 있다. 첫째, 시장에서 기관의 지배력이 커지면서 소수의 심리가 시장 전체에 미치는 영향력이 커졌다. 한 명 또는 한 위원회가 수백만 아니 수십억 달러의 막대한 자금을 관리할 수도 있기 때문이다. 둘째, 시장이 고점에 접근함에 따라 많은 소액투자자들이 진입할 옵션 시장이 탄생했다. 이 시장에서는 단 하루 만에 수십억 달러에 달하는 자금이 허공으로 사라질 수도 있다. 셋째, 장기 수익의 시간 기준이 6개월에서 12개월로 바뀌었다. 이 변화는 세금문제로 매도를 지연시켜서 왜곡을 초래할 수 있다. 넷째, 증권거래위원회가 뉴욕증권거래소에서 스페셜리스트Specialist의 역할을 없애면서 증권사들이 시장의 유동성을 유지하려고 매우 높은 자산 포지션을 취할 수밖에 없게 되었다. 그에 따라 폭락에 상당히 취약해졌다.

공황은 이론적인 문제가 아니라 심리적인 문제이다. 파동이론은 단지 임박한 추세의 변화를 투자자들에게 경고할 뿐이다. 향후 10년 동안 어디에 주목할지 결정하는 일이 미래를 예측하려고 노력하는 것보다 더 중요하다. 아무리 먼 미래의 가능성을 예측하려고 애써도 우리의 해석은 잠정적일 수밖에 없다. 적어도 다섯 번째 프라이머리 파동에 속한 다섯 번째 인터미디에이트 파동에 속한 다섯 번째 마이너 파동이 1974년의 저점에서 시작되어 진행되는 동안에는 말이다. 다섯 번째 파동에 속한 다섯 번째 파동이 종결점에 가까워지면 사이클 규모 강세장의 끝이 어디인지 파악할 수 있다. 파동이론의 원칙을 통해 시장의 움직임을 분석할 때는 파동 계산이 가장 중요하다는 사실을 명심해야 한다. 따라서 정확하게 파동을 계산하는 일에 집중하고, 절대 사전에 생각한 시나리오에 끼워 맞추려고 해서는 안 된다. 실제 파동이 예상과 다르게 전개될 경우 우리는 누구보다 먼저 지금까지 제시한 시나리오를 포기할 것이다.

그러나 우리가 생각한 시나리오가 맞게 전개된다면 현재의 슈퍼사이클 V가 종결된 후 새로운 그랜드 슈퍼사이클이 시작될 것이다. 이 그랜드 슈퍼사이클의 첫 번째 단계는 1987년 무렵에 주가를 다시 1,000포인트 선으로 끌어내리면서 끝날 것으로 예측된다. 결과적으로 이 주기의 약세장은 앞선 슈퍼사이클의 네 번째 파동이 움직인 41포인트와 381포인트 사이에서 저점을 찍을 것이다. 사실 의심이 가기는 하지만 고점 직후에 공황이 발생한다는 사실을 확정적으로 예측하는 것은 아니다. 시장은 종종 A파동이 형성되는 동안 충동적으로 움직이지만, A-B-C 형태의 C파동에서 보다 분명하게 급격한 움직임을 보인다. 찰스 콜린스는 다음과 같이 최악의 사태에 대한 우려를 표시했다.

슈퍼사이클 V가 종결될 때 과거 45년 동안 세계적으로 지속된 통화공급의 난장판과 케인스식 바보짓은 파국을 맞을 것이다. 파동 V는 그랜드 슈퍼사이클 파동을 종결시키므로 폭풍우가 잠잠해질 때까지 대피하는 편이 나을 것이다.

: 자연법칙과 파동이론

왜 인간은 끊임없이 스스로 만든 폭풍우로부터 대피해야 하는 것일까? 앤드루 디킨슨 화이트Andrew Dickinson White는 『프랑스의 불환 지폐 인플레이션Fiat Money Inflation in France』에서 '경험이 이론을 따르고, 평범한 경기 감각이 금융 형이상학을 따르던' 과거의 사례들을 자세히 분석했다. 헨리 해즐릿Henry Hazlitt은 이 책의 소개글에서 인플레이션에 대한 인간의 반복적 경험을 이렇게 설명했다.

> 1716년에서 1720년에 걸쳐 프랑스에서 진행된 존 로John Law의 신용 실험에 따른 인플레이션, 1775년에서 1780년에 걸쳐 발행한 대륙화폐Continental Currency에 따른 인플레이션, 남북전쟁 동안 달러에 일어난 인플레이션, 1923년에 정점에 달한 독일의 인플레이션 등 심각한 인플레이션 사례들을 연구해보면 이런 생각을 하게 된다. 이 반복적인 기록을 통해 인간은 역사로부터 아무런 교훈도 얻지 못한다는 절망적인 결론을 내려야 할까? 아니면 끔찍한 과거의 교훈을 보고 올바른 길로 나아갈 시간과 이성과 용기를 아직까지는 가지고 있는 것일까?

우리는 이 질문에 대해 깊이 생각한 끝에 인간이 때로는 자연법칙을 받아들이기를 거부한다는 결론을 얻었다. 이 결론이 틀렸다면 파동이론은 아예 존재하지도 않았을 것이다. 파동이론이 존재하는 이유 가운데 하나는 인간이 역사로부터 배우기를 거부하고 잘못된 믿음을 따르기 때문이다. 때로 인간은 자연법칙이 존재하지 않는다고 (또는 보다 일반적으로 '이 경우에는 적용되지 않는다'고) 믿으며, 소비보다 생산이 앞서지 않아도 된다고 믿고, 빌린 것을 갚지 않아도 된다고 믿으며, 약속은 실체와 같다고 믿고, 종이가 금과 같다고 믿으며, 혜택에는 비용이 따르지 않는다고 믿고, 합리적인 우려도 무시해버리면 사라질 것이라고 믿는다.

공황은 현실에 대한 대중의 깨달음이 갑작스럽게 드러나는 것이다. 공황의 초기단계에 대한 인식도 갑작스럽게 이루어진다. 이 단계에서 이성은 갑자기 '이건 너무 심해. 이 수준은 절대 정당화될 수 없어'라고 대중심리에게 말한다. 이 이성적인 판단이 무시되는 만큼 대중심리와 시장의 변동폭이 커진다.

슈퍼사이클이 진행되는 지금, 많은 자연법칙 중에서 가장 무시되는 법칙은 가족과 자선의 경우를 제외하고, 자연적인 환경에서 살아가는 모든 존재는 생존에 필요한 요소들을 스스로 구해야 한다는 것이다. 자연의 아름다움은 모든 생명체가 자신을 위한 생존활동을 하면서 다른 많은 생명체의 생존활동을 저절로 돕게 되는 기능적인 연계성에 있다. 인간을 제외한 다른 생명체는 이웃이 자신을 부양하도록 요구하는 것을 권리로 여기지 않는다. 자연법칙 속에 그러한 권리는 존재하지 않는다. 모든 나무, 꽃, 새, 토끼, 늑대는 자연이 제공하는 것을 취하며, 다른 이웃으로부터 아무것도 기대하지 않는다. 만약 기대한다면 이웃과 전체 자연의 번성이 저해될 것이다. 인류의 역사에서 행해진 가장 고귀한 실험은 인간의 자유와 그것을 보장하는 자유기업체제에 기초한 미국의 사회구조라 할 수 있다. 이 사회구조는 빵을 그냥 빼앗아가는 봉건영주, 지주, 국왕, 주교, 관료, 폭도로부터 인간을 해방시켰다. 이 실험의 다양성, 풍부성, 아름다움은 역사 속에 우뚝 선 위대한 자연법칙의 기념비이며 밀레니엄 파동이 이룬 마지막 성과이다.

미국의 국부들이 꼭대기에 천리안이 있는 피라미드를 국새의 문양으로 삼은 데에는 깊은 뜻이 있다. 그들은 인간의 본성과 자연법칙에 대한 지식에 기초하여 완벽한 사회를 조직하겠다는 의미로 보편적 진실을 의미하는 이집트의 상징을 빌렸다. 그러나 지난 100년 동안 정치적인 이유로 국부들이 한 말의 의미가 왜곡되면서 상당히 다른 사회구조가 형성되었다. 아이러니하게도 국새 문양이 들어간 달러의 가치 하락은 사회구조와 정치구조에 내포된 가치의 하락을 그대로 보여준다. 현재 1달러의 가치는 연방준비은행이 설립된 1912년의 12센트에 해당한다. 화폐의 가치 하락은 거의 언제나 문명의 수준 하락을 동반했다.

리처드 러셀은 이 문제에 대해 다음과 같이 썼다.

나는 모두가 자신에 대해 완전한 책임을 진다면 세상의 모든 문제가 해결되고 지상낙원이 건설될 것이라고 믿는다. 수백 명의 사람들과 이야기를 해보았지만 자신을 다스리며, 자신의 삶에 책임을 지고, 자신이 할 일을 하며, 자신의 고통을 남에게 전가하지 않는 사람은 50명 중에 한 명도 보기 힘들었다. 이처럼 무책임한 태도는 금융시장에도 영향을 미친다. 현재 사람들은 다른 사람들이 비용을 치르는 한 모든 것에 대한 권리를 주장한다. 그들은 일할 권리, 대학에 갈 권리, 행복에 대한 권리, 하루에 세 끼를 먹을 권리를 요구한다. 누가 그들에게 이 모든 권리를 약속했는가? 나는 피해를 초래하지 않는 모든 종류의 자유를 지지한다. 그러나 미국인들은 자유과 권리를 혼동한다.

영국의 역사학자이자 정치가인 토머스 배빙턴 매콜리Thomas Babington Macaulay는 1857년 5월 23일에 H. S. 랜들H. S. Randall에게 보낸 편지에서 이 문제의 뿌리를 정확하게 지적했다.

귀하가 진심으로 올바른 결정을 내리기를 바랍니다. 그러나 저의 바람과 판단은 서로 어긋나서, 최악의 결과를 예측하지 않을 수 없습니다. 귀하의 정부는 불만에 찬 궁핍한 다수를 결코 달랠 수 없을 것입니다. 귀하와 함께 다수가 정권을 잡았으니 소수인 부자들의 운명은 절대적으로 귀하의 처분에 달려 있습니다. 뉴욕 주에서 끼니를 제대로 잇지 못하는 다수의 군중이 법안을 선택할 날이 올 것입니다. 그때 어떤 종류의 법안이 선택될지 의심의 여지가 있을까요? 한쪽에는 인내심과 기득권에 대한 존중 그리고 공적 신뢰를 준수하도록 훈계하는 정치인이 있고 다른 쪽에는 자본주의자들과 고리대금업자들의 폭정을 고발하면서 수천 명의 선량한 사람들이 필수품도 가지지 못하는데 왜 어떤 사람들은 마차를 타고 샴페인을 마실 수 있느냐고 묻는 선동가들이 있습니다.

저는 귀하가 이런 선동에 넘어가 오랜 기근에 종자를 다 먹어버리고 기아에 시달리는 사람처럼 번엉이 나시 찾아오는 것을 막지는 않을지 깊이 우려가 됩니다. 카이사르나 나폴레옹처럼 강력하게 휘어잡지 않으면 귀하의 정부는 로마 제국이 5세기에 당한 것처럼 야만인들에게 끔찍하게 약탈당하고 말 것입니다. 차이가 있다면 로마 제국은 외부에서 침략한 훈족과 반달족에게 약탈당했지만 귀하의 훈족과 반달족은 나라 안에서 제도에 의해 만들어질 것이라는 점입니다.

자본종자의 기능은 이익을 통해 더 많은 자본을 형성하여 미래세대의 복지를 보장하는 것이다. 그러나 사회주의적인 지출정책으로 약탈당한 자본은 영원히 사라지고 만다. 딸기로 잼을 만들 수는 있지만 잼으로는 결코 딸기를 다시 만들 수 없다.

이번 세기에 들어와서 국가기관을 통해 다른 사람들이 생산한 자본에 기생하는 사람들이 생겨났다. 그들은 축적하는 데 수세대가 걸리는 자본을 잠식함으로써 현재의 생산물뿐만 아니라 미래의 생산물까지 당겨쓰고 있다.

사람들은 자연법칙에 어긋난 권리의 이름으로 실질적인 가치가 없는 종이를 가지고 엄청난 소비를 하기 시작했다. 그 결과 역사상 가장 거대한 부채의 피라미드가 생겨났다. 그러나 사람들은 부채를 언젠가는 갚아야 한다는 사실을 받아들이지 않는다. 비숙련공의 고용을 막는 최저임금, 다양성을 억누르고 혁신을 저해하는 교육의 사회화, 주택문제를 어렵게 만드는 임대료 통제, 왜곡을 초래하는 이전지급Transfer Payment*그리고 모든 규제는 경제와 사회와 자연법칙을 거스르는 정치적인 시도이다. 이 시도는 무너지는 건물과 녹슬어가는 철도, 학업수준이 낮은 학생들, 줄어드는 자본 투자와 생산, 인플레이션, 경기침체, 실업, 궁극적으로 만연한 분노와 불안을 초래한다. 잘못된 정책은 양심적인 생산자들의 나라를 참을성 없는 도박꾼들로 가득한 민간부문과 무분별한 약탈꾼으로 가득한 공공부문으로 나누어진 나라로 만든다.

다섯 번째 파동에 속한 다섯 번째 파동이 고점을 찍을 때는 그 이유를 물을 필요가 없다. 현실은 결국 우리 앞에 다가온다. 피를 빨린 생산자들이 사라지면 거머리들도 생명을 유지할 기반을 잃게 된다. 그제야 정신을 차린 사람들은 자연법칙을 참을성 있게 다시 배우려할

＊ 재화나 용역의 거래 없이 정부가 구호품이나 연금 등을 개인에게 지급하는 일.(옮긴이)

것이다.

　파동이론은 인간의 역사가 결국은 위로 향하게 되어 있다는 점을 보여준다. 그러나 그 경로는 일직선이 아니었으며, 자연법칙의 일부인 인간의 본성이 바뀌지 않는 한 앞으로도 일직선이 아닐 것이다. 누구든 인류학자에게 물어보라. 그들은 이 사실을 너무도 잘 알고 있을 것이다.

부록

● 이 조정에 뒤이은 상승은 지난 20년 동안 있었던 어떤 상승보다 강력할 것이다.
정상적인 파동의 진행에 대한 많은 지침이 이 예측을 뒷받침한다. 예상대로 파동
V가 고점을 친다면 그 후에는 무슨 일이 일어날 것인가?

장기 예측 갱신,
1982~1983

『엘리어트 파동이론』은 파동 IV의 약세장이 1974년 12월에 572포인트에서 끝났다는 결론을 내렸다. 또한 저자들은 1978년 3월에 기록한 저점인 740포인트를 새로운 강세장에 속한 프라이머리 파동 ②의 종결점으로 보았다. 이 두 저점은 일별 또는 시간별 종가 기준으로 아직 깨어지지 않았다. 이 파동 계산은 파동 ②의 저점이 1980년 3월에 형성된 것으로 보는 편이 더 타당하다는 점을 제외하고 여전히 유효하다.

앞으로 소개할 《엘리어트 파동이론가》에 실은 글에서 로버트 프렉터는 1982년의 저점도 파동 Ⅳ의 종결점으로 볼 수 있다고 결론짓는다. 이 글은 1982년 9월에 한 극적인 시장 분석도 포함한다. 인플레이션 조정지수에서 16년 6개월 이래 최저점을 기록한 지 한 달 후에 나온 이 글은 사이클 파동 Ⅴ의 대상승이 시작되는 시점을 제시했다.

1942년 이후 이어진 슈퍼사이클 파동의 상승에 따른 인플레이션은 현재 달러Current Dollar, 당대의 실제 가치와 고정 달러Constant Dollar, 인플레이션 조정을 거친 가치에 따른 주가지수가 미국 역사상 처음으로 아주 다른 경로를 향하게 만들었다. 현재 달러 기준 다우지수는 1932년에 지그재그형 하락을 마감하면서 파동 (Ⅳ)를 완성했지만, 고정 달러 기준 다우지수는 1929년에서 1949년에 걸쳐 수렴삼각형으로 파동 (Ⅳ)를 전개했다. 이 패턴은 큰 의미를 지닌다. 바로 고정 달러 기준 슈퍼사이클 파동 (Ⅴ)가 짧고 빠르게 상승하면서 더 큰 움직임을 완성하는 추진파동이었다는 것이다. 『엘리어트 파동이론』은 1978년에 이 패턴의 차이가 지닌 의미를 놓쳤다. 그러나 1년 후에 《엘리어트 파동이론가》에서 그 의미를 조명했다. 여기 실린 1982년 1월에 나온 보고서는 그 의미를 자세히 설명한다.

1983년 4월 판에 처음 실린 이 부록은 강세장의 첫해에 나온 모든 장기 예측을 포함하고 있다.

앞으로 나오는 내용은 로버트 프렉터가
《엘리어트 파동이론가》에 실은 글을 인용한 것이다.

● 1982년 1월 ●

1980년대에 대한 청사진

때로 현재 상황을 객관적으로 바라보려면 과거에 일어난 일을 자세히 살펴야 한다. 이 보고서는 1980년대가 어떻게 진행될지 가늠하기 위한 장기적인 그림을 제공할 것이다. 가장 많은 내용을 보여주는 자료는 지난 200년에 걸친 주가 차트이다. 그림 A-1은 1978년에 A. J. 프로스트와 내가 쓴 『엘리어트 파동이론』에 처음 소개된 것으로서(그림 5-4), 끝부분의 파동 계산만 수정되었다.

1700년대 말부터 1965년에 걸친 파동 구조는 완성된 5파 패턴을 명확하게 보여준다. 세 번째 파동은 특징적으로 길고, 네 번째 파동은 첫 번째 파동의 영역과 중복되지 않으며, 교대 지침에 따라 파동 (Ⅱ)는 플랫형, 파동 (Ⅳ)는 삼각형이다. 또한 첫 번째와 다섯 번째 파동은 피보나치 비율인 1대 0.618의 관계를 형성한다.

일부 분석가들은 현재 달러 기준 차트(그림 5-5)의 파동 계산이 1966년까지 이어지는 완전한 5파 패턴을 보여준다고 주장한다. 이 파동 계산은 상당히 의심스럽다. 이 파동 계산을 인정하려면 삼각형 파동

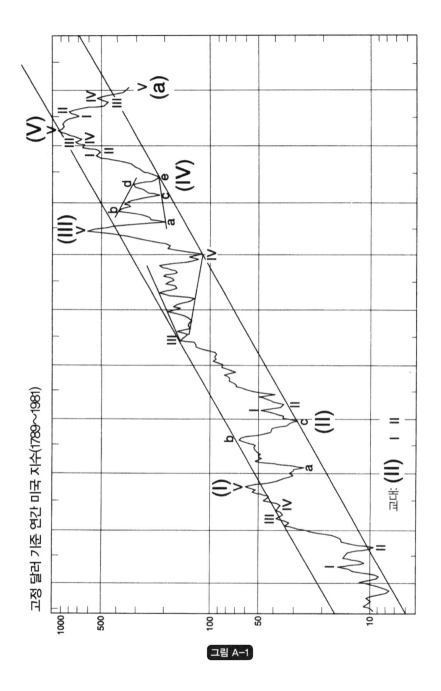

고정 달러 기준 연간 미국 지수(1789~1981)

그림 A-1

이 1942년에 끝난다는 엘리어트의 해석을 받아들여야 한다. 그러나 해밀턴 볼튼은 1960년에 쓴 『엘리어트 파동이론-비판적 평가』에서 엘리어트의 해석이 틀렸다는 점을 상당히 정확하게 설명했다. 그러나 같이 제시한 인플레이션 조정 차트에서 알 수 있듯이 삼각형 파동이 1949년에 끝나는 것으로 보아야 한다는 대안적 해석 역시 1932년에서 1937년에 걸친 파동을 3파로 계산해야 하는 등의 문제를 가지고 있었다. 나중에 나온 증거에 따르면 이 해석은 불가능한 것으로 판명되었다.

1974년 이후 다른 모든 지수는 강세장이었지만 홀로 횡보 추세를 보인 다우는 1965년부터 줄곧 약세장이었다. 엘리어트는 당시 횡보 추세를 약세장으로 파악한 유일한 분석가였다. 이 주장의 근거를 찾으려면 1966년 이후 인플레이션 조정 다우 차트를 분석하고 그림 5-5에 나온 차트와 비교해보면 된다. 사나운 인플레이션과 약세장은 횡보 형태를 만들어낸다.*

보다 중요한 사실은 1965년의 고점에서 이어지는 명확한 5파 하락이 마지막 단계에 접어들었다는 것이다. 현재 주식시장은 단기적으로 심한 과매도 상태에 있다. 장기 지지선 아래로 내려온 주가는 도매물가지수에 대비한 가치 측면에서 역사적으로 매우 저렴한 수준에 있다. 따라서 향후 수년 동안 고정 달러 기준으로 역추세 3파(a-b-c)

---

* 마지막 세 문장은 바로 앞에 나온 1979년 12월호 《엘리어트 파동이론가》에서 인용한 것이다.

랠리가 이어질 수 있다. 이 랠리는 현재 달러 기준으로 다우지수를 급상승시켜서 새로운 신고점까지 밀어 올릴 수 있다. 이러한 상승은 1974년부터 형성된 마지막 다섯 번째 사이클 파동을 완성시킴으로서 명목 달러 기준으로 1932년부터 이어지는 파동 계산을 만족시킬 것이다. 따라서 다우지수는 한 번 더 신고점을 기록하면서 현재 달러 기준으로 다섯 번째 파동, 고정 달러 기준으로 B파동을 완성시킬 것이다.*

● 1982년 9월 13일 ●
임박한 장기 파동 패턴의 종결

지금은 파동이론가에게 대단히 흥미로운 시기이다. 1974년 이후 처음으로 놀라울 만큼 거대한 파동 패턴이 완성될지도 모르기 때문이다. 이 패턴은 향후 5년에서 8년에 걸쳐 중요한 의미를 지닐 것이다. 1977년에 시장이 약세로 돌아선 이후 남아있던 모든 장기적인 문제들이 앞으로 15주 동안 명확하게 풀릴 것이다.

파동이론가는 때로 평균지수를 아주 높게 또는 아주 낮게 예측한다고 비난받는다. 그러나 파동을 제대로 분석하려면 때로 뒤로 물러

---

* 약세장에 대한 전망을 담은, 이어지는 내용은 『파동의 꼭대기에서』의 3장에 재수록되었다.

서서 큰 그림을 보고 역사적인 패턴의 증거를 활용하여 추세의 핵심적인 변화를 읽어야 한다. 사이클 파동과 슈퍼사이클 파동은 넓은 가격대를 오가며, 언제나 고려해야 하는 가장 중요한 구조이다. 100포인트 변동에 초점을 맞추는 사람은 사이클 규모 추세가 중립적인 한 상당히 좋은 성과를 낼 수 있다. 그러나 매우 강력한 추세가 진행되면 어느 시점부터 뒤처지게 된다. 반면 큰 그림을 보는 사람은 항상 추세와 함께 가게 된다.

1978년에 A. J. 프로스트와 니는 1932년부터 시작된 헌 슈퍼사이글의 종결점으로 2,860포인트를 제시했다. 이 예측은 여전히 유효하다. 그러나 지수가 아직 4년 전 수준에 머물러 있기 때문에 시간상으로는 원래 예측했던 지점보다 더 뒤로 밀릴 것이다.

나는 지난 5년 동안 장기 파동을 계산하기 위해 수많은 시도를 했다. 이 모든 시도는 1977년부터 시작된 다우지수의 혼잡한 양상을 분석하기 위한 것이었다. 대부분의 계산은 미달형 5파, 절단형 세 번째 파동, 기준 미달 대각삼각형 파동의 형태를 시사했으며, 고점 내지 저점에 육박하는 급등 내지 급락이 임박했음을 예고했다. 그러나 파동이론의 규칙에 들어맞는 해석이 드물었기 때문에 무시할 수밖에 없었다. 그래서 진정한 해답은 아직 수수께끼로 남아있다. 조정파동은 원래 해석하기 까다롭기로 악명 높다. 나는 시장의 상황과 패턴의 변화에 따라 두 가지 해석을 번갈아 적용해왔다. 이 두 가지 해석은 여전히 유효하지만 앞에서 설명한 이유 때문에 확신을 주지는 못한다. 그러나 파동이론의 규칙과 지침에 맞는 세 번째 해석이 있다. 이 해석은 현재 유력한 대안으로 보인다.

•• 진행 중인 이중 3파 조정

이 파동 계산은 1966년부터 시작된 거대한 사이클 파동 조정이 아직 진행 중인 것으로 본다. 강세장이 시작되기 전의 마지막 저점은 563포인트와 554포인트 사이에서 형성될 것이다. 다만 이 예측이 명확해지려면 766포인트를 깨어야 하지만 아직 그런 일은 일어나지 않았다.

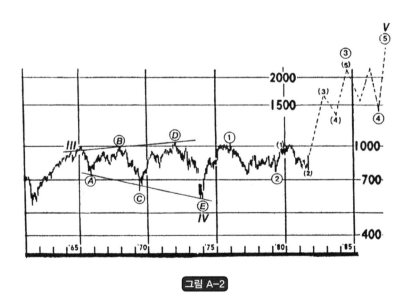

그림 A-2

•• 파동 1과 파동 2의 연속적 진행

이 계산(그림 A-2 참조)은 1974년 이후 내가 기본적으로 참고한 것이다. 그러나 1974년부터 1976년에 걸친 파동 계산의 불확실성과 두 번째 파동에 따른 조정의 강도 때문에 이 해석으로 시장에 대응하는 데에는 어려움이 있다.

이 파동 계산은 1966년부터 시작된 사이클 규모의 조정이 1974년에 마무리되었고, 1975년과 1976년에 걸친 큰 폭의 상승과 함께 사이클 파동 V가 시작되었다고 본다. 이 경우 파동 IV를 기술적으로 분석하면 확장삼각형 파동이 된다. 파동 V의 복잡한 하위파동들은 매우 긴 강세장을 암시한다. 아마 이 강세장은 긴 조정파동인 (4)와 ④가 진행을 늦추는 가운데 10년 동안 지속될 것이다. 파동 V에 속한 파동 ③은 (1)-(2)-(3)-(4)-(5)로 이어지는 명확한 확장형 패턴을 포함할 것이다. 그중에서 파동 (1)과 (2)는 이미 완성되었다. 이상적인 고점은 1978년에 예측한 2,860포인트이다. 이 계산의 결정적인 문제는 동등성 지침에 비추어볼 때 파동 V가 너무 길다는 것이다.

그렇다면 이 계산의 장점과 허점을 살펴보자.

■ 장점

1) 모든 파동이론의 규칙을 만족시킨다.

2) 파동 IV의 저점이 572포인트라는 A. J. 프로스트의 예측을 따르고 있다.

3) 1975년에서 1976년에 걸친 큰 폭의 상승을 설명한다.

4) 1982년 8월에 이루어진 상승을 설명한다.

5) 1942년부터 이어진 장기 추세선을 거의 유지한다.

6) 4년 주기 저점론에 들어맞는다.

7) 실제 저점이 아니라 두 번째 파동의 저점에서 투자환경이 가장 암울해 보인다는 설명에 부합한다.

8) 1923년의 경우처럼 콘드라티에프 파동의 고원이 부분적으로 끝났다는 설명에 들어맞는다.

■ 허점

1) 1974년부터 1976년에 걸친 파동은 기껏해야 5파가 아닌 3파로 계산할 수 있다.

2) 파동 (2)가 파동 (1)보다 여섯 배나 많은 시간을 들여 완성되면서 두 파동의 비율이 크게 어긋났다.

3) 1980년 랠리의 폭은 강력한 인터미디에이트 규모 세 번째 파동에 속한 첫 번째 파동으로 보기에는 부족하다.

4) 1932년부터 1937년에 걸쳐 형성된 파동 Ⅰ과 비슷하게 짧고 단순하게 전개되어야 할 파동 Ⅴ가 너무 길어져서 1942년부터 1966년에 걸쳐서 형성된 연장파동 Ⅲ과 더 비슷해진다(그림 5-5 참조).

•• 1982년 8월에 끝나는 이중 3파 조정

이 파동 계산에 따르면 파동 Ⅳ는 이중 3파가 되며, 두 번째 3파는 상승삼각형 파동이 된다(그림 A-3 참조). 이 파동 계산은 1966년부터 시작된 사이클 규모의 파동에 따른 조정이 1982년 8월에 끝났다고 본다. 1942년 이후 형성된 추세 궤도의 하단 경계는 이 패턴의 종결점에서 일시적으로 깨어진다. 이는 횡보하는 시장이 오랜 강세장으로

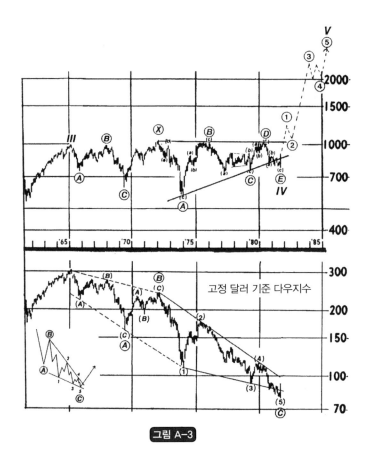

그림 A-3

돌입하기 전에 잠시 주요 추세선을 깬 1949년의 상황과 유사하다. 엘리어트가 지적한 대로 네 번째 파동은 때로 장기 추세선을 일시적으로 돌파하는 특성을 지닌다. 이 파동 계산의 허점은 이중 3파가 너무 드물어서 근래에 실제 사례를 전혀 찾아볼 수 없다는 것이다.

이 파동 계산에서는 놀라운 시간적 대칭성도 발견된다. 1932년부터 1937년까지 5년 동안 지속된 강세장은 1937년부터 1942년까지 5년 동안 조정 받고, 1942년에서 1946년까지 3년 6개월 동안 지속된 강세장은 1946년부터 1949년까지 3년 6개월 동안 조정 받고, 1949년부터 1966년까지 16년 6개월 동안 지속된 강세장은 1966년부터 1982년까지 16년 6개월 동안 조정 받는다.

■ 고정 달러(인플레이션 조정) 다우지수

주가가 사이클 규모의 파동에서 저점을 찍었다면 고정 달러 다우지수에서 만족스러운 파동 계산이 이루어진다. 고정 달러 다우지수는 다우지수를 소비자물가지수로 나누어 달러의 구매력 손실을 보상한 것이다. 이 파동 계산은 Ⓐ-Ⓑ-Ⓒ로 이어지는 하락 패턴을 드러내며, 파동 Ⓒ는 대각삼각형 파동이다(그림 A-3 참조). 대각삼각형 파동이 흔히 그렇듯이 마지막 파동인 파동 (5)는 하단 경계선 밑에서 종결된다.

이 차트의 경계선을 보면 대칭적인 다이아몬드 형태가 선명하게 드러난다. 긴 경계선은 9년 7.5개월(1965년 5월부터 1974년 12월, 1973년 1

월부터 1982년 8월), 짧은 경계선은 7년 7.5개월(1965년 5월부터 1973년 1월, 1974년 12월부터 1982년 8월) 동안 지속된다. 또한 패턴의 중심(1973년 6~7월)은 190포인트에서 가격 변동폭을 절반으로 나누며, 시간적으로도 양쪽을 8년 정도로 나눈다. 끝으로 1966년 1월부터 이어진 하락의 지속시간은 16년 7개월로서 1949년 6월부터 1966년 1월까지 이어진 앞선 상승의 지속시간과 같다.

■ 장점

1) 파동이론의 모든 규칙과 지침을 만족시킨다.

2) 1942년부터 이어진 장기 추세선을 거의 유지한다.

3) 파동 E에서 삼각형의 경계선이 깨어지는 것은 정상적인 경우다.

4) 원래 예측한 단순한 강세장의 구조를 뒷받침한다.

5) 하단 추세선이 깨어지는 현상을 설명한다.

6) 삼각형 파동은 추진파동을 만들기 때문에 1982년 8월에 주가가 급등한 이유를 설명한다.

7) 마지막 저점이 경기 하강 중에 형성된다.

8) 4년 주기 저점론에 들어맞는다.

9) 1921년의 경우처럼 경제가 안정되고 주가가 급등하는 콘드라티에프 파동의 고원이 막 시작되었다는 설명에 들어맞는다.

10) 인플레이션 시대의 끝을 알리거나 안정적인 리플레이션을 동반한다.

■ 허점

1) 이러한 형태의 이중 3파는 너무 드물어서 근래에 실제 사례를 찾아볼 수 없다.

2) 대바닥은 주요 언론의 폭넓은 인식과 함께 발생한다.

■ 전망

삼각형 파동은 가장 넓은 부분의 거리만큼 반대 방향으로 빠르게 진행하는 추진파동의 전조가 된다. 이 지침에 따르면 다우지수는 777 포인트에서 최소 495포인트(1,067~572) 이동한 1,272포인트까지 상승할 것이다. 삼각형 파동의 경계선이 1973년 1월 너머로 연장되어 약 70포인트를 삼각형의 폭에 더했기 때문에 추진파동은 최대 1,350포인트까지 갈 수 있다. 이 예상 고점도 첫 단계에 불과하다. 다섯 번째 파동의 범위는 삼각형 파동뿐만 아니라 그것을 포함하는 파동 IV의 전체 패턴에 따라 결정되기 때문이다. 따라서 1982년 8월에 시작되는 강세장은 시작점의 다섯 배에 달하는 잠재력을 완전히 실현하여 1932년부터 1937년에 걸친 상승폭과 같은 비율을 달성할 것이다. 이 경우에 예상 고점은 3,873포인트에서 3,885포인트 사이에서 형성된다. 다섯 번째 파동은 단순한 형태를 지닐 것이기 때문에 시기는 1987년이나 1990년이 될 것이다. 한 가지 흥미로운 점은 1,000선 밑에서 오랫동안 횡보하다가 급등하는 이 패턴이 100선 밑에서 17년 동안 횡보하다가 383포인트까지 거의 쉬지 않고 급등한 1920년대의 패턴과 유사하다는 것이다. 다섯 번째 파동이 이러한 움직임을 보인다면 사이클 파동뿐만 아니라 슈퍼사이클 파동의 상승도 마무리하게 될 것이다.

근월 파동 구조

나는 8월 17일에 낸 중간보고서에서 12일에 형성된 저점이 대각삼각형 파동을 완성시키는 가능성을 제기했다. 아래 나온 두 개의 일간 차트는 이 파동 계산을 뒷받침한다. 지난 12월부터 이어진 대각삼각형 파동은 1980년의 고점에서 시작된 거대한 a-b-c 패턴을 구성하는

그림 A-4 (그림 A-2와 연계)

그림 A-5 (그림 A-3과 연계)

파동 c에 속한 파동 v이거나(그림 A-4 참조), 1981년의 고점에서 시작된 거대한 a-b-c 패턴을 구성하는 파동 c일 것이다(그림 A-5 참조). 8월의 저점에서 시작된 상승의 힘은 이러한 해석을 뒷받침한다.

● 1982년 10월 6일 ●

이번 강세장은 1960년대 이후 열린 최초의 매수 후 보유 시장이 될 것이다. 이제는 지난 16년 동안 어쩔 수 없이 얻은 잦은 투자습관을 버려야 한다. 지금 시장은 200포인트 상승했지만 앞으로 2,000포인트나 더 상승할 여력이 있다. 다우지수는 1,300포인트*(삼각형 파동에 이은 추진파동인 파동 ①이 도달할 고점)와 2,860포인트(1974년의 저점을 기준으로 예측한 파동 ③의 고점)를 기점으로 3,880포인트에 이를 것이다.

확정된 장기 추세는 세 가지 중요한 의미를 지닌다. 첫째, 다음 반작용파동에서 신저점을 기록하지 않는다. 둘째, 1983년에 급락이나 불황이 발생하지 않는다. 다만 조만간 소규모 위기가 발생할 가능성은 있다. 셋째, 적어도 10년 동안 전쟁은 일어나지 않는다.

---

* 파동 ①은 1983년과 1984년에 1,286.64포인트에서 고점을 찍었다. 《엘리어트 파동이론가》는 나중에 파동 ③의 고점을 2,860포인트 근처로 낮추었다. 정확한 예측 고점은 2,724포인트였다. 파동 ③은 1987년에 2,722.42포인트에서 고점을 찍었다. 파동 ⑤는 프렉터가 예측한 3,880포인트를 훨씬 넘어서 고점을 찍었다.

● 1982년 11월 8일 ●

파동이론의 관점에서 보면 주식시장의 상황이 명확하게 드러난다.
지난 200년에 걸친 모든 시장의 움직임을 분석하여 현재 파동의 위치
를 정확하게 알아내면 침착한 대응이 가능하다. 그림 A-6은 다우 연
간 차트이다. 짧고 가파른 지그재그형인 파동 Ⅱ와 긴 횡보혼합형인

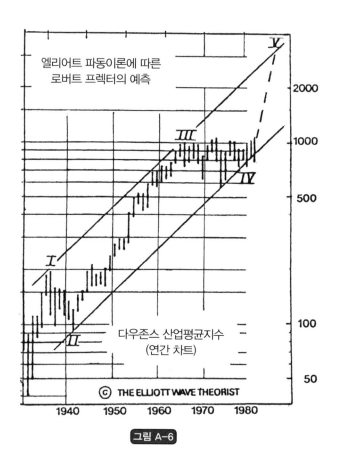

그림 A-6

Ⅳ는 정확하게 교대 지침을 따르고 있다. 1966년에서 1982년에 걸쳐 형성된 패턴은 특이하기는 하지만 완벽한 엘리어트 파동의 형태를 보인다. 이 사실은 때로 아무리 패턴을 읽기 힘들어도 결국은 전형적인 형태로 귀결된다는 것을 말해준다.

향후 몇 년 동안 시장은 상상을 뛰어넘는 수익을 안겨줄 것이다. 어렵게 찾아온 기회를 놓쳐서는 안 된다. 투자방식을 1924년으로 되돌려라. 5년 동안 큰돈을 벌 계획을 세워라. 그리고 그 뒤에 올 힘든 시기를 위해 안전하게 지킬 준비를 하라.

● 1982년 11월 29일 ●

수천 마디 말보다 한 장의 그림

아래 차트(그림 A-7)의 화살표는 현 강세장에서 내가 생각하는 시장의 위치를 가리킨다. 파동이론가가 시장의 위치를 파동 Ⅴ의 ①의 (2)라고 말하면 그 의미는 명확하다. 다만 그러한 분석이 옳은지는 시간만이 말해줄 뿐이다.

예측하기 가장 쉬운 사실은 강세장이 열린다는 것이다. 두 번째로 예측하기 쉬운 사실은 예상 주가, 그 다음은 기간이다. 나는 1987년에 주가가 고점을 찍을 것이라고 보지만 1990년까지 연장될 수도 있다. 중요한 것은 파동의 형태이다. 미리 예측하기보다 이미 발생한

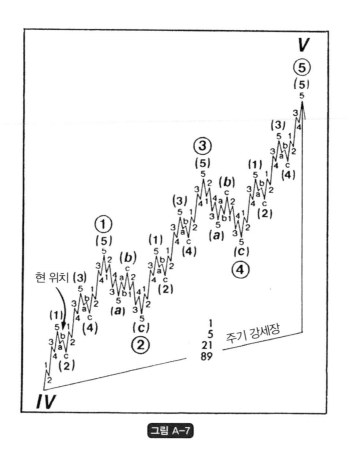

그림 A-7

파동의 형태를 파악하는 일이 훨씬 쉽다. 다만 인내심을 가질 필요가
있다.

등락주선을 보면 거의 언제나 첫 번째 파동에서 세 번째 파동에 이
르는 기간보다 다섯 번째 파동의 상승에서 힘이 감소한다는 사실이
드러난다. 그래서 파동 ③까지 주가가 폭넓게 전개되다가 파동 ⑤의
고점에 이를 때까지 주도주만 상승하면서 선별성Selectivity이 강해질

것이다. 현재로서는 원하는 종목을 마음대로 선택해도 된다. 그러나 나중에는 종목 선정에 보다 신중을 기해야 할 것이다.

● 1983년 4월 6일 ●

상승하는 파동: 다우지수의 파동 Ⅴ

1978년에 A. J. 프로스트와 나는 『엘리어트 파동이론』이라는 책을 썼다. 이 책에서 우리는 다음과 같이 예측했다.

1) 1932년부터 시작된 파동 구조가 완성되려면 거대한 강세장 상승파동인 파동 Ⅴ가 형성되어야 한다.

2) 파동 Ⅴ가 종결되기 전에는 1969년에서 1970년, 1973년에서 1974년과 같은 하락이나 1979년과 같은 급락이 없을 것이다.

3) 1978년 3월에 형성된 740포인트의 저점은 프라이머리 파동 ②의 종결점으로서 깨어지지 않을 것이다.

4) 앞으로 진행될 강세장은 1942년부터 1966년에 걸쳐 형성된 연장형 상승파동과 달리 단순한 형태를 지닐 것이다.

5) 다우지수는 상단 궤도선을 뚫고 파동 Ⅳ의 저점인 572포인트의 다섯 배에 해당하는 2,860포인트에서 고점을 찍을 것이다.

6) 1974년에 파동 Ⅳ가 종결되었다는 분석이 옳다면 다섯 번째 파

동의 고점은 1982년에서 1984년 사이에 형성될 것이다. 특히 1983년에 실제 고점이 형성될 가능성이 가장 높고, 그 다음은 1987년이다.

7) 중소형주들이 상승기에 주도적인 역할을 할 것이다.

8) 파동 Ⅴ가 완성된 후 미국 역사상 최악의 폭락이 있을 것이다.

이 예측을 제시한 후 우리는 다우지수가 마침내 상승하기까지 너무나 오랜 시간이 길렸다는 사실에 놀라시 않을 수 없었다. 다른 평균지수들은 1978년부터 지속적으로 상승했지만 인플레이션과 불경기, 세계 은행 위기에 대한 우려를 보다 많이 반영한 다우는 1966년부터 시작된 조정파동을 1982년까지 이어갔다(이 파동에 대한 보다 자세한 분석은 《엘리어트 파동이론가》 1982년 9월호에 나온다). 그러나 이처럼 긴 기다림에도 불구하고 잠시 장기 추세선 아래로 떨어졌던 다우는 매도세가 멈추자 마침내 폭발적인 상승을 시작했다.

전반적인 시장 분석이 옳다면 1978년에 프로스트와 내가 파동이론에 근거하여 제시한 예측은 시간 목표만 제외하고 대부분 들어맞을 것이다. 『엘리어트 파동이론』에서 지적했듯이 엘리어트는 시간에 대해서는 거의 언급하지 않았다. 사실 고점을 찍는 시기에 대한 우리의 예측은 파동 Ⅳ가 1974년에 종결되었다는 결론에 기초한 것이었다. 그러나 오랫동안 횡보한 파동 Ⅳ의 조정이 1982년까지 끝나지 않았다는 사실이 명확해졌기 때문에 시간요소를 조정해야 했다. 그렇지만 파동 Ⅳ에 뒤이어 파동 Ⅴ가 형성될 것이라는 점에는 의문의 여지가 없다. 문제는 시기일 뿐이다.

이 시점에서 다음과 같은 중요한 물음에 답하고자 한다.

1) 1966년에 시작된 횡보 조정은 실제로 끝났는가?

2) 그렇다면 얼마나 큰 강세장을 기대할 수 있는가?

3) 이 강세장의 특징은 무엇인가?

4) 그 뒤에 어떤 일이 일어날 것인가?

1) 1982년에 다우지수는 아주 큰 규모의 조정을 끝냈다. 이 결론을 뒷받침하는 증거는 대단히 많다.

첫째, 파동이론가들이 줄곧 주장한 대로 1932년부터 시작된 패턴(그림 A-8 참조)은 여전히 미완성이며 5파를 완성하기 위해 마지막 상승이 필요하다. 슈퍼사이클 규모의 급락이 일어날 가능성은 없기 때문에 1966년 이후 전개된 패턴은 사이클 규모의 조정으로 보는 편이 타당하다(1932~1937년, 1937~1942년, 1942~1966년의 파동과 같은 규모).

둘째, 1966년(또는 1964년 내지 1965년)부터 이어진 횡보 패턴은 1932년부터 이어진 장기 추세 궤도의 한계지점을 오간다. 『자연의 법칙』에 나온 그림 A-9에서 알 수 있듯이 네 번째 파동은 때로 파동 5가 시작되기 직전에 상방 추세 궤도의 하단을 깨는 경향을 보인다. 1982년의 주가 움직임은 조정이 계속될 여지를 남기지 않는다.

셋째, 1960년대 중반부터 1982년에 걸쳐 나타난 패턴은 엘리어트가

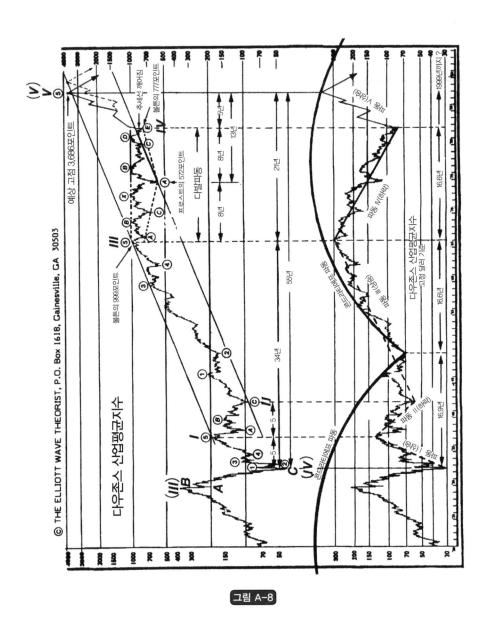

그림 A-8

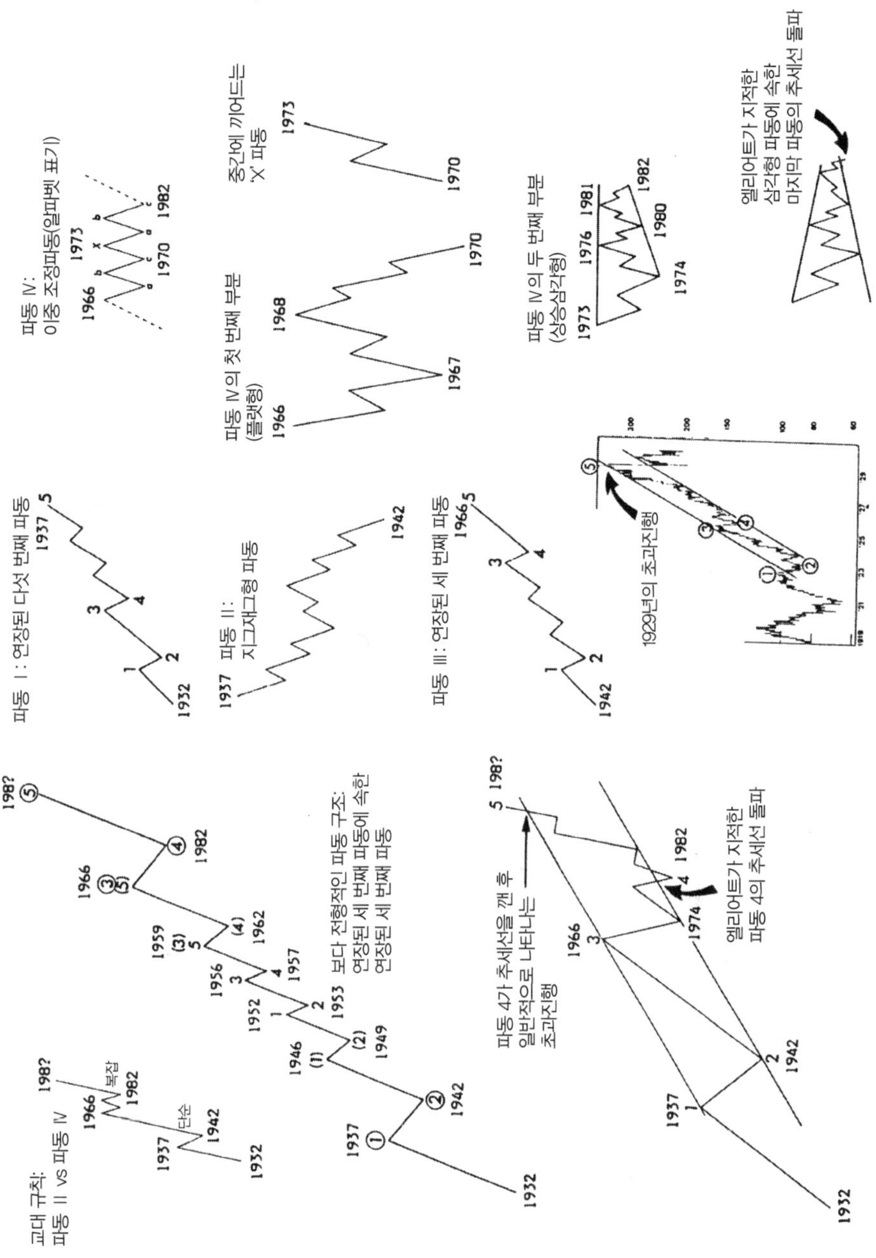
교대 규칙:
파동 II vs 파동 IV
1932
1937
단순
1942
1966
복잡
1982
198?
1932
1937
①
②
1942
1946
(1)
(2)
1949
1952
1
2
1953
1956
3
4
1957
1959
(3)
5
(4)
1962
1966
③
(5)
④
1982
⑤
198?
보다 전형적인 파동 구조:
연장된 세 번째 파동에 속한
연장된 세 번째 파동
파동 I: 연장된 다섯 번째 파동
1932
1
2
3
4
1937
5
1937
파동 II:
지그재그형 파동
1942
파동 III: 연장된 세 번째 파동
1942
1
2
3
4
1966
5
1929년의 초과진행
파동 IV:
이중 조정파동(알파벳 표기)
1966
1973
1970
1982
파동 IV의 첫 번째 부분
(플랫형)
1966
1967
1968
1970
중간에 끼어드는
'X' 파동
1973
1970
파동 IV의 두 번째 부분
(상승삼각형)
1973
1974
1976
1980
1981
1982
엘리어트가 지적한
삼각형 파동에 속한
마지막 파동의 추세선 돌파
파동 4가 추세선을 깬 후
일반적으로 나타나는
초과진행
1932
1937
1
2
1942
1966
3
1974
4
1982
5
198?
엘리어트가 지적한
파동 4의 추세선 돌파

그림 A-9

40년 전에 설명한 표준적인 조정 형태를 보여준다. 이 구조의 공식 명칭은 '이중 3파' 조정파동으로서, 두 개의 조정 패턴이 이어진 것이다. 이 경우 첫 번째 부분은 플랫형(또는 1965년부터 계산하면 하강삼각형), 두 번째 부분은 상승삼각형으로 전개되고 그 사이에 단순한 3파 상승인 X파동이 끼어든다. 또한 엘리어트는 삼각형 파동에 속한 마지막 파동이 1982년의 사례처럼 하단 경계선 아래로 내려가는 경향이 있다고 지적했다. 조정파동이 이중으로 겹치는 경우는 다소 드물다. 프로스트와 나는 1974년의 저점이 이미 장기 추세선에 닿았기 때문에 그런 경우가 생기지 않을 것이라고 생각한다. 게다가 두 번째 부분에 삼각형 파동을 포함한 이중 3파는 대단히 드물며, 내가 알기로는 유례가 없다.

넷째, 이 패턴은 단일한 조정파동으로 보면 몇 가지 흥미로운 특성을 지닌다. 가령 첫 번째 파동(996포인트에서 740포인트까지)이 마지막 파동(1,024포인트에서 777포인트까지)과 거의 같은 거리를 움직인 셈이 된다. 또한 상승 구간은 하락 구간과 같은 8년의 시간을 소모했다. 프로스트와 나는 1979년에 이러한 대칭관계에 주목하여 다발파동Packet Wave이라는 명칭을 부여했다. 다발파동은 폭이 점점 넓어지다가 다시 좁아지면서 시작한 지점으로 돌아오는 단일 패턴을 가리킨다(이 개념은 《엘리어트 파동이론가》 1982년 12월호에 자세하게 설명되어 있다). 한편 이 패턴을 두 개의 삼각형으로 계산하면 각 삼각형 파동에 속한 가운데 파동(파동 C)은 1,000선에서 740선까지 같은 구간을 움직인다.

이 패턴은 많은 피보나치 비율을 포함한다. 《엘리어트 파동이론가》 1982년 7월호에 실린 특별보고서를 보면 자세한 설명이 나온다. 그러나 그보다 훨씬 중요한 것은 이 패턴의 시작점과 종결점이 앞선 강세장과 맺는 피보나치 관계이다. 해밀턴 볼튼은 1960년에 다음과 같은 유명한 분석을 했다.

엘리어트는 주가 패턴에서 드러나는 여러 가지 우연을 지적했다. 가령 1921년에서 1926년에 걸쳐 주가가 움직인 폭은 1926년에서 1928년(정통 고점)에 걸쳐 형성된 마지막 파동이 움직인 폭의 61.8퍼센트이다. 1932년에서 1937년에 걸쳐 형성된 상승 5파의 경우도 마찬가지이다. 이번에도 1930년의 고점(297포인트)에서 1932년의 저점(40포인트)까지 움직인 폭은 1932년의 저점(40포인트)에서 1937년의 고점(195포인트)까지 움직인 폭의 1.618배이다. 또한 1937년에서 1938년에 걸친 하락폭은 1932년에서 1937년에 걸친 상승폭의 61.8퍼센트이다. 1949년부터 현재까지 이어지는 파동이 이 공식을 따른다면 1949년부터 1956년에 걸친 상승(361포인트)은 583포인트(361포인트의 161.8퍼센트)를 1957년의 저점인 416포인트에 더한 999포인트에서 완성될 것이다.

볼튼은 피보나치 비율을 적용하여 주가의 고점을 예측했다. 1966년에 형성된 실제 고점과 그가 예측한 고점의 차이는 3포인트에 불과했다. 볼튼의 놀라운 예측은 여기에서 그치지 않는다. A. J. 프로스트는 파동 Ⅳ의 저점을 572포인트로 예측했으며, 1974년에 형성된 실제 저점은 572.20포인트였다. 반면 볼튼의 예측은 달랐다. 그는 앞에서 소개한 글의 바로 다음 문장에서 이렇게 썼다.

그렇지 않으면 361포인트에 416포인트를 더한 777포인트가 고점이 될 것이다.

이 예측은 1982년 8월이 되어서야 입증되었다. 8월 12일에 형성된 시간별 주가의 정통 저점이 776.92포인트였던 것이다. 이처럼 볼튼은 앞선 가격구조와의 비율관계에 기초하여 파동 Ⅳ의 저점과 고점을 정확하게 예측했다(그림 A-10 참조). 주가 기준으로 보면 1966년에서 1982년에 걸친 변동폭은 1957년에서 1982년 및 1949년에서 1956년에 걸친 변동폭의 0.618배이다. 또한 후자는 1957년에서 1966년에 걸친 변동폭의 0.618배이다. 이 모든 비율관계의 오차는 1퍼센트 미만에 불과하다. 주간 및 월간 패턴이 거듭 피보나치 비율관계를 형성할 때마다 월가의 관찰자들은 대개 또 다른 우연으로 치부한다. 그러나 거대한 패턴이 지속적으로 피보나치 비율을 따르는 경향을 보이는데도 불구하고 우연이라고 무시하는 것은 선입견이라고밖에 볼 수 없다. 내가 아는 한 지속적으로 예측이 들어맞은 사람은 볼튼이 유일하다.

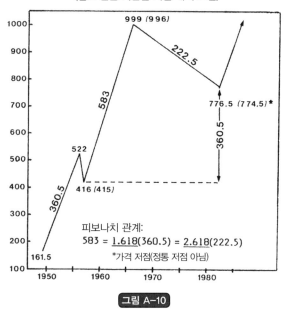

볼튼의 피보나치 비율 계산(1960)
(괄호 안은 시간별 저점 내지 고점)

그림 A-10

지금까지 살핀 내용으로 볼 때 사이클 파동 Ⅳ는 1982년 8월에 끝난 단일한 하락 국면이라는 점이 분명해졌기를 바란다.

2) 이 조정에 뒤이은 상승은 지난 20년 동안 있었던 어떤 상승보다 강력할 것이다. 정상적인 파동의 진행에 대한 많은 지침이 이 예측을 뒷받침한다.

첫째, 프로스트와 내가 줄기차게 주장한 대로 1932년부터 이어진 파동 구조가 완성되려면 다섯 번째 파동의 상승이 필요하다. 우리가 『엘리어트 파동이론』을 쓸 무렵에는 이 파동이 완성되었다고 해석할 만한 패턴이 형성되지 않았다. 다섯 번째 파동은 1932~1937년, 1937~1942년, 1942~1966년, 1966~1982년의 파동 패턴과 특정한 비율 관계를 형성할 것이다.

둘째, 정상적인 다섯 번째 파동은 상단 궤도선에 닿아야 한다. 이 경우 현재의 파동은 1980년대 후반에 3,500~4,000선에 도달해야 한다. 엘리어트는 네 번째 파동이 추세 궤도를 깨면, 다섯 번째 파동이 종종 반대편 궤도의 경계선을 뚫고 초과진행한다는 점을 지적했다.

셋째, 파동이론의 중요한 지침 중 하나는 세 번째 파동(이번 파동의 경우 1942~1966년에 걸친 파동)이 연장되면 첫 번째 파동과 다섯 번째 파동이 시간과 규모 면에서 비슷해지는 경향을 띤다는 것이다. 이 지침은 필연이 아니라 경향을 말하는 것이다. 그러나 1982년부터 이어지는 상승이 1932년부터 1937년까지 이어진 상승과 비슷해질 가능성은 여전히 높다. 다시 말해서 다섯 번째 파동은 41포인트(정확한 수치는 확보되지 않음)에서 195.40포인트까지 다섯 배 가까이 상승한 파동 I 과 비슷한 비율로 움직일 것이다. 파동 V의 정통 시작점은 777포인트이므로 4.744를 곱하면 예상 고점은 3,686포인트가 된다. 1932년의 정확한 저점을 안다면 볼튼식 계산을 통해 정확한 예상 고점을 제시할 수 있을 것이다. 그래도 3,686포인트는 정확한 예상 고점으로부터 100포인트 정도의 오차범위 안에 들어간다고 볼 수 있다. 물론 이 예측이 실현될지는 또 다른 문제이다.

넷째, 1932년에서 1937년에 걸친 강세장은 5년 동안 지속되었다. 따라서 고점이 형성될 것으로 예측할 수 있는 시기는 1982년으로부터 5년 후인 1987년이다. 『엘리어트 파동이론』에서 지적한 대로 우연하게도 1987년은 조정파동의 저점이 형성된 1974년으로부터 13년 후, 파동 Ⅲ의 고점이 형성된 1966년으로부터 21년 후, 파동 Ⅰ이 시작된 1932년으로부터 55년 후이며, 이 기간은 모두 피보나치 수에 해당된다. 또한 1987년은 3,686포인트에 도달하기에 완벽한 시기이다. 3,686포인트에 도달하려면 일시적으로 상단 궤도선을 깨는 초과진행이 일어나야 하기 때문이다. 초과진행은 1929년의 고점과 마찬가지로 상승파동이 마지막으로 기세를 소진할 때 나타나는 전형적인 현상이다. 파동 Ⅰ의 진행기간에 1.618을 곱한 기간과 1920년대의 다섯 번째 사이클 규모 파동과 비슷한 기간 동안 진행된다고 보면 8년 동안 진행될 파동 Ⅴ는 1990년 무렵에 고점을 찍을 가능성이 높다. 1987년에 지수가 예상 고점보다 훨씬 낮은 지점에 있다면 그 가능성은 더욱 높아진다. 파동을 예측할 때 시간은 가장 중요한 파동의 형태와 가격 수준에 비해 부차적인 요소라는 점을 명심해야 한다.

다섯째, 현재 다우는 사이클 파동 Ⅴ에 속한 첫 번째 프라이머리 파동의 상승 국면에 있지만 다른 지수들은 1974년부터 파동 Ⅴ를 시작했으며, 이미 세 번째 프라이머리 파동을 전개하는 중이다(그림 A-12 참조). 밸류라인Valueline 평균지수, 인디케이터 다이제스트Indicator Digest 평균지수, 포스백 토털 리턴 지수Fosback Total Return Index를 비롯한 이

지수들은 전형적인 연장된 세 번째 파동을 형성하고 있으며, 가장 강력한 국면으로 막 접어들었다. 보수적으로 잡아서 5파 패턴의 60퍼센트는 연장된 세 번째 파동을 포함하므로 이 해석은 교과서적인 것이다. 세 번째 파동이 연장되었기 때문에 다섯 번째 파동까지 완성되려면 상당한 시간이 필요할 것이다. 따라서 현재 진행되는 강세장의 규모는 상당히 클 것이라고 볼 수 있다.

3) 파동 Ⅴ의 형성 여부와 규모 및 형태를 판단한 현 단계에서 특성을 가늠하는 것이 도움이 된다.

첫째, 파동 Ⅴ의 상승은 종목군을 바꿔가며 매우 선택적으로 이루어질 것이다. 파동 Ⅴ의 폭은 1940년대와 1950년대에 형성된 파동 Ⅲ의 엄청난 폭에 비해 상대적으로 평이한 수준일 것이다. 그러나 충격 파동이기 때문에 1966년에서 1982년까지 형성된 파동 Ⅳ의 폭보다는 분명히 더 넓을 것이다.

파동 Ⅴ의 폭이 파동 Ⅰ과 Ⅲ의 폭에 비해 좁은 이유는 쉽게 알 수 있다. 오래 지속된 상승세는 다섯 번째 파동에서 마감되며, 상승 국면 내의 조정에 비례하여 깊은 하락이 뒤따른다. 장기 파동에서 이 국면으로 접어들면 이익을 늘리는 기업이 점점 줄어들면서 펀더멘털이 악화되기 시작한다. 내가 보기에 현재 슈퍼사이클에서 이 국면에 접어든 것으로 보인다. 따라서 다섯 번째 파동이 이끄는 강세장은 수익을 낼 좋은 기회를 제공하지만 부진한 등락주선에서 알 수 있듯이 갈수록 보다 선택적인 경향을 보이면서 많은 종목이 신고점을 기록하는 날이 줄어든다. 실제로 1974년의 저점 이후로 전 종목이 일제히 상승한 경우는 드물며, 소수 종목만이 선택적으로 상승했다.*

모든 규모의 연장되지 않은(그리고 대부분의 연장된) 다섯 번째 파동이 이러한 경향을 보인다. 그래서 괴리에 따른 표준적인 매도 신호가 나타나게 된다. 문제는 대부분의 분석가들이 이 개념을 근월이나 인터미디에이트의 단기적인 움직임에만 적용한다는 것이다. 그러나 이 개념은 작은 규모뿐만 아니라 슈퍼사이클에도 적용할 수 있다. 실제로 그림 A-11에 나온 대로 1920년대의 평탄한 등락주선은 1857년부터 이어진 전체 상승의 마감을 알리는 매도 신호였다. 마찬가지로 1960년대 중반의 평탄한 등락주선은 1942년부터 1966년에 걸쳐 형성된 강세장의 마감을 알리는 매도 신호였다. 1982년부터 1987년까지 형성된 상대적으로 부진한 등락주선은 1932년부터 이어진 전체 슈퍼사이클에 대한 매도 신호가 될 것이다. 그러나 현재 우리에게 주어진 교훈은 부진한 등락주선을 성급한 매도의 이유로 삼지 말고 주식시장의 역사에서 가장 수익성 있는 상승이 주는 기회를 놓치지 말아야 한다는 것이다.

둘째, 이 강세장은 1942년에서 1966년 사이에 형성된 파동보다

---

* 이 문단은 《엘리어트 파동이론가》 1983년 4월호에서 인용한 것이다. 앞뒤 문단은 1982년 12월에서 인용한 내용을 포함한다.

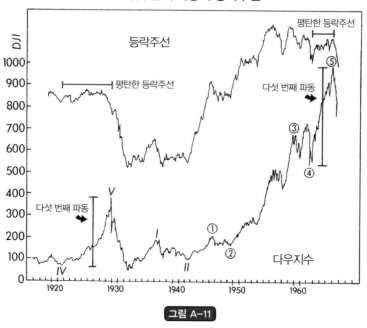

다섯 번째 파동의 등락주선

그림 A-11

1932년에서 1937년 사이에 형성된 파동에 더 가까운 단순한 구조를 지닐 것이다. 다시 말해서 균등하게 분포된 조정 국면을 가진 긴 상승이 아니라 짧은 조정 국면을 가진 빠르고 지속적인 상승이 전개될 것이다. 따라서 대형기관은 시장 타이밍Market Timing 전략을 버리고 종목 선정에 집중하여 다섯 번째 프라이머리 파동이 완성될 때까지 높은 투자비중을 유지하는 편이 바람직하다.

셋째, 다우와 더 폭넓은 지수들의 파동 구조가 호응할 것이다. 1978년의 해석에 기초한 우리의 계산(그림 A-12 참조)이 정확하다면 더 폭넓은 지수의 파동도 비슷한 양상으로 전개될 것이다. 나는 다우의 첫

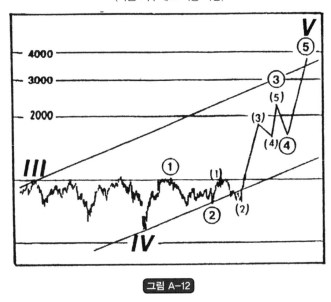

1978년의 해석에 따른 파동 계산
(다른 지수에도 적용 가능)

그림 A-12

번째 파동이 종결될 때 다른 지수의 세 번째 파동이 종결되고, 다우의 세 번째 파동이 종결될 때 다른 지수의 다섯 번째 파동이 종결될 것이라고 예상한다. 다시 말해서 다우는 다섯 번째 파동을 전개하면서 전체 상승 종목이 줄어드는 가운데 거의 유일하게 신고점을 달성할 것이다. 그리고 다우가 신고점에 이르면 다른 지수와 등락주선의 확정을 받지 못하여 전형적인 기술적 괴리가 발생할 것이다.

끝으로 기술적 상황으로 볼 때 파동 V의 심리적 측면은 어떻게 결론내릴 수 있을까? 1920년대의 강세장은 세 번째 슈퍼사이클 파동에 속한 다섯 번째 파동이 이끌었지만, 사이클 파동 V는 다섯 번째 슈퍼사이클 파동에 속한 다섯 번째 파동이다. 따라서 마지막 환호성처럼 종결점에 이르면 거의 열광적인 기관의 주식 매수와 대중의 주가지수 선물, 주식 옵션, 선물 옵션 매수가 일어날 것이다. 내가 보기에 장기 심리지표는 마지막 고점에 이르기 2, 3년 전에 매도 신호를 내보내겠지만 시장은 멈추지 않을 것이다. 파동이론에 따른 예측대로 다우가 1987년이나 1990년에 예상 고점에 도달한 뒤 미국 역사상 최악의 폭락을 기록하려면 투자심리가 1929년, 1968년, 1973년에 나타난 모든 요소들의 영향으로 열광적인 상태에 이르러야 하며, 마지막에는 더 극단적으로 치달아야 한다.

4) 예상대로 파동 V가 고점을 친다면 그 후에는 무슨 일이 일어날 것인가?

파동이론은 3,686포인트를 파동 (V)에 속한 파동 V의 종결점이자 그랜드 슈퍼사이클 파동의 고점으로 본다. 이 고점 이후 초대형 약세장이 1700년대 말부터 이어진 모든 상승을 조정할 것이다. 예상 하락구간은 한 단계 작은 규모의 파동에 속한 네 번째 파동인 파동 (IV)가 움직인 가격구간(이상적으로는 저점 근처*)가 될 것이다. 파동 (IV)는 381포인트에서 41포인트까지 떨어졌다. 세계적인 은행 위기, 정부 파산, 통화체제의 붕괴가 이 정도 규모의 하락을 초래하는 이유가 될

---

* 현실적으로는 고점 근처일 가능성이 더 높다. 『파동의 꼭대기에서』 참조.

수 있다(실제로는 그 결과가 될 수도 있다). 심각한 금융위기 이후에 종종 전쟁이 일어난다는 점을 고려할 때 엄청난 규모의 자산 가치 하락은 강대국 사이의 전쟁을 유발할 수도 있다. 여러 가지 단서들을 종합해 보면 시간 측면에서 그랜드 슈퍼사이클 조정파동에 속한 파동 (A)나 파동 (C)가 1999년 내지 1999±1년에 저점을 찍을 것이다. 1987년의 고점에서 1974년부터 상승이 진행된 13년만큼 조정이 이루어진다면 저점은 2000년 무렵이 될 것이다. 또는 1990년의 고점에서 1982년부터 상승이 진행된 8년만큼 조정이 이루어진다면 저점은 1998년이 될 것이다. 또한 전환점이 16.6년과 16.9년의 간격을 두고 주기적으로 형성되었다(그림 A-8 하단 참조). 이 기준에 따르면 다음 전환점이 형성되는 시기는 1999년이다. 끝으로 콘드라티에프 주기는 2003(±5)년에 저점을 찍는다. 역사적인 패턴을 보면 주가의 저점은 대개 이 시기보다 3, 4년 빠르다.

● 1983년 8월 18일 ●

1980년대의 초강세장 - 마지막 질주

주식시장의 모멘텀을 말해주는 지표들은 거의 언제나 거대한 강세장이 시작되었음을 말해준다. 상승의 초기 단계에 이루어진 엄청난 과매수가 이러한 지표들을 만들어낸다. 이 경향은 모든 규모의 추세

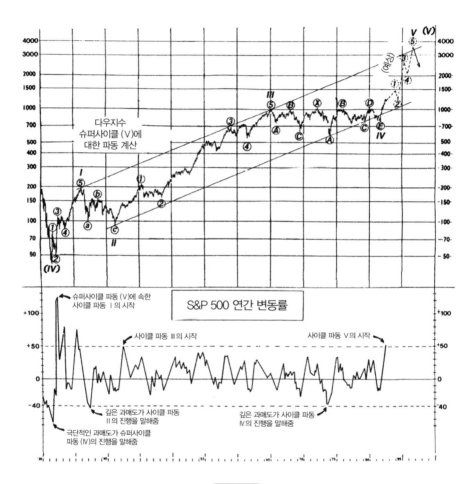

그림 A-13

에서 드러나지만 S&P 500의 연간 변동률이 사이클 규모와 슈퍼사이클 규모의 파동이 지닌 '시작' 모멘텀의 강도를 가늠하는 데 특히 유용하다. 이 지표는 전년 동월 대비 S&P 500 일간 종가 평균지수의 변동률을 측정한 것이다. 이러한 측정방식 때문에 절정의 모멘텀은 대개 움직임이 시작된 지 약 1년 후에 드러난다. 중요한 점은 지표가 도달하는 수준이다. 그림 A-13에서 알 수 있듯이 현재의 강세장이 시작된 지 약 1년 후인 1983년 7월 말의 과매수 수준은 사이클 파동 Ⅲ이 시작된 지 약 1년 후인 1943년 5월 이래 가장 높다. 두 시기의 과매수 수준이 모두 50퍼센트에 이른다는 사실은 같은 규모의 파동이 시작된다는 것을 강력하게 시사한다. 다시 말해서 1982년 8월은 2년의 약세장에 뒤이은 일반적인 2년의 강세장을 뛰어넘는 파동이 시작되는 기점이다. 그러나 멋진 '신시대'의 시작을 알리지는 않는다. 슈퍼사이클 규모의 파동이 시작되려면 파동 (Ⅴ)가 시작된 1932년으로부터 1년 후인 1933년에 나타난 124퍼센트 수준의 과매수가 일어나야 한다. 그러나 지금은 그러한 수준에 도달할 가능성이 없다. 따라서 40년래 최고 수준의 과매수는 파동 Ⅴ가 시작되었다는 우리의 예측이 옳다는 신호이다.

지금은 단지 준비단계라는 것을 명심해야 한다. 내가 현재 전개되는 상승의 초기부터 줄곧 주장한 대로 심리지표는 1970년대보다 훨씬 극단적인 수준에 이를 것이다. 풋/콜 비율과 10일 이동평균은 모두 유용한 지표이지만 보다 폭넓은 시장의 움직임이라는 맥락 안에서 해석해야 한다.

다우 장기 차트를 다시 보고 일반적인 인식을 재조명할 필요가 있다. 다음은 중요한 사항에 대한 질문과 그에 대한 답변이다.

- 변동성이 정말로 과거보다 더 높아졌는가? 그렇지 않다. 1921년에서 1946년 사이의 주가를 보면 바로 알 수 있다.

- 1,000포인트가 높은 수준인가? 그렇다면 1,200포인트는 높은 수준인가? 더 이상 그렇지 않다. 1966년부터 이어진 오래 횡보로 다우는 현재 달러 기준으로 50년 상방 추세 궤도의 하단 경계까지(또한 고정 달러 기준으로 아주 낮은 저점까지) 밀려났다.

- 현재의 강세장은 1974년에 시작된 오래된 강세장이며, 남은 시간이 얼마 되지 않는가? 거의 그렇지 않다. 고정 달러 기준 지수와 40년 상방 추세를 고려할 때 다우는 1974년의 폭락 때보다 1982년에 더 저평가되었다.

- 파동이론에 근거하여 5년에서 8년 사이에 400퍼센트 상승한다는 예측은 지나친 것인가? 최근의 시장 역사에 비추어보면 그렇게 보인다. 그러나 8년 동안 500퍼센트 상승한 1921년과 1929년 사이 또는 5년 동안 400퍼센트 상승한 1932년과 1937년 사이를 보면 그렇지 않다.

- 현재 추세를 바탕으로 항상 미래를 추론할 수 있는가? 당연히 그럴 수 없다. 시장의 절대적인 규칙은 변화이기 때문이다.

- 과거와 똑같은 주기가 존재할 수 있는가? 자주 그렇지는 않다. 엘리어트는 그 점에 대하여 교대 규칙을 제시했다. 폭넓게 해석하자면 이 규칙은 새로운 국면이 시작될 때마다 다른 패턴을 찾으라고 조언한다.

- 너무 강하고, 지나치게 연장된 최근의 주가 움직임은 유례없는 신시대가 열렸음을 의미하는가? 그렇지 않다. 최근과 같은 움직임은 이전에도 다른 형태로 발생했다.

- 시장은 형태나 추세 또는 패턴 없이 무작위로 움직이는가? 그렇지 않다. 시장은 주기적 반복을 통해 명확한 장기 추세와 파동의 패턴을 형성한다.

끝으로 그림 A-13은 오랜 시간에 걸쳐 시장이 어떻게 움직이는지 보여준다. 이 그림을 보면 단기적인 재료는 무의미하게 보이며, 실제로도 그렇다. 또한 이 그림은 지난 16년 동안 나타난 30퍼센트에서 80퍼센트의 상승파동보다 더 큰 상승파동이 형성될 가능성이 높으며, 50년래 최고의 강세장이 열릴 수도 있음을 말해준다. 지금까지 시장은 파동 V에 대한 우리의 원래 예측대로 움직이고 있다. 시장이 기대를 충족시키는 한 우리의 예측은 여전히 유효하다.

용어 해설

• • •

- 교대(지침)/Alternation(guideline of) : 파동 2가 급각 조정파동이라면 파동 4는 대개 횡보 조정파동이며, 그 역도 성립한다.

- 급각 조정/Sharp Correction : 가격 극단이 앞선 충격파동의 종결점과 만나지 않거나 종결점을 넘지 않는 조정 패턴으로서 횡보 조정과 교대한다.

- 꼭짓점/Apex : 수렴삼각형의 두 경계선이 만나는 지점.

- 동등성(지침)/Equality(guidcline of) : 5파 패턴에서 파동 3이 가장 길 때 파동 1과 5가 동등한 가격 범위를 갖는 경향.

- 미달형/Failure : 절단된 다섯 번째 파동 참조.

- 비정상 플랫형/Irregular Flat : 확장 플랫형 참조.

- 삼각형(수렴, 상승, 하강)/Triangle(contracting, ascending or descending) : A-B-C-D-E로 표기되며 3-3-3-3-3으로 나누어지는 조정 패턴. 네 번째 파동이나 B파동 또는 Y파동으로 나타난다. 패턴이 진행됨에 따라 추세선이 수렴한다.

- 삼각형(확장)/Triangle(expanding) : 다른 삼각형과 같지만 패턴이 진

행됨에 따라 추세선이 확장된다.

- 삼중 3파/Triple Three : W, Y, Z로 표기되는 단순한 세 횡보 조정 패턴의 조합이며, 사이에 X로 표기되는 조정파동이 끼어든다.

- 삼중 지그재그형/Triple Zigzag : W, Y, Z로 표기되는 세 지그재그형 패턴의 조합이며, 사이에 X로 표기되는 조정파동이 끼어든다.

- (선도)대각삼각형/Diagonal Triangle(Leading) : 첫 번째 파동 또는 A파동에서만 나타나는 중복을 포함한 쐐기형 패턴. 5-3-5-3-5로 나누어진다.

- 세 번째 파동에 속한 세 번째 파동/Third of a Third : 충격파동에 속한 강력한 중간 부분.

- 이전 네 번째 파동/Previous Fourth Wave : 같은 규모의 앞선 충격파동에 속한 네 번째 파동. 조정파동은 대개 이 구간에서 종결된다.

- 이중 3파/Double Three : W와 Y로 표기되는 두 개의 단순한 횡보 조정파동의 조합이며 사이에 X로 표기되는 조정파동이 끼어든다.

- 이중 지그재그형/Double Zigzag : W와 Y로 표기되는 두 개의 지그재그형 파동의 조합이며 사이에 X로 표기되는 조정파동이 끼어든다.

- 절단된 다섯 번째 파동/Truncated Fifth : 세 번째 파동의 가격 극단을 넘지 못하는 충격성 파동에 속한 다섯 번째 파동.

- 조정파동/Corrective Wave : 한 단계 더 큰 규모의 추세와 반대 방향으로 움직이는 3파 패턴 또는 3파 패턴의 혼합.

- (종결)대각삼각형/Diagonal Triangle(Ending) : 다섯 번째 파동 또는 C파

동에서만 나타나는 중복Overlap을 포함한 쐐기형 패턴. 3-3-3-3-3
으로 나누어진다.

- 중복/Overlap : 파동 4가 파동 1의 가격 범위로 들어가는 것. 충격파
  동에서는 허용되지 않는다.
- 지그재그형/Zigzag : A-B-C로 표기되는 급격 조정파동이며, 5-3-5
  로 나누어진다.
- 추진파동/Thrust : 삼각형 파동이 완성된 후 나타나는 충격성 파동.
- 충격성 파동/Impulsive Wave : 진전을 이루는 5파 패턴. 예: 충격파동
  이나 대각삼각형 파동.
- 충격파동/Impulse Wave : 중복이 일어나지 않는 5-3-5-3-5로 나누
  어지는 5파 패턴.
- 파동 1-파동 2(한 단계 작은 규모), 파동 1-파동 2/One-two, one-two : 파
  동 3의 중심에서 가속이 붙기 전에 전개되는 5파 패턴의 초기 진행
  이다.
- 플랫형/Flat : A-B-C로 표기되는 횡보 조정파동. 3-3-5로 나누어
  진다.
- 확장 플랫형/Expanded Flat : 파동 B가 앞선 추진파동의 범위를 벗어
  나 새로운 가격 범위로 들어가는 플랫형 조정파동.
- 횡보 조정/Sideways Correction : 가격 극단이 앞선 충격파동의 종결
  점과 만나거나 종결점을 넘는 조정 패턴으로서 급각 조정과 교대
  한다.

편집 후기

• • •

앞에서 읽은 대로 저자들은 날카로운 분석을 통해 독자들에게 엄청난 강세장의 시작을 알려주었다. 그들의 분석은 과거와 미래의 주가를 명확하게 드러내는 관점을 제시했다.

오늘날 이 책을 접한 독자들은 엄청난 강세장에 대한 예측이 이루어질 당시의 시대적 배경을 제대로 모를 것이다. 1970년대 말은 불안이 넓게 확산된 시기였다. 투자자들은 어두운 전망에 사로잡혀 있었다. 그래서 생존을 위한 투자 세미나에 종종 수천 명의 인파가 몰려들어 북새통을 이뤘다. 물가상승률은 통제할 수 없었으며, 주가에는 죽음의 입맞춤과 같던 금리는 신고점을 끊임없이 갱신하고 있었다. 『79년의 대폭락The Crash of 79』이라는 제목의 책은 베스트셀러가 되었다. 콘드라티에프 주기론자들은 불황이 닥칠 것이라고 주장했다. 또한 포트폴리오 전략가들은 1966년부터 시작된 오랜 약세장의 마지막 추락을 기다리고 있었다. 당시 대통령은 역사상 가장 무능력하다는 평가를 받았다. 여론조사 결과 미국 국민들은 1940년대에 관련 조사가 시작된 이래 미래를 가장 어둡게 전망하는 것으로 드러났다. 1978

년 초에 다우지수는 1974년의 저점보다 170포인트나 낮은 740포인트까지 내려갔다. 주가가 790선으로 돌아간 '10월 하살October Massacre'의 와중에 이 책의 원고가 인쇄소로 넘어갔지만, 저자들은 '현재의 강세장이 신고점에 이를 급등을 동반할 것'이라는 기존의 입장을 바꾸지 않았다.

그 후 몇 년이 지날 동안에도 회의적인 시각은 사라지지 않았다. 1980년에 물가상승률은 걷잡을 수 없는 수준이었으며, 실업률은 높았고, 경기는 후퇴하는 중이었으며, 이란에서는 미국인 인질 사태가 발생했고, 존 레논이 암살당했으며, 러시아가 아프가니스탄을 침공했다. 정부의 유력인사까지 나서서 공개적으로 경기 침체를 경고했다. 많은 사람들이 레이건 대통령이 세상을 날려버릴 것이라고 걱정했다. 금리는 종잡을 수 없이 오르내렸고, 헌트Hunt 비즈니스 제국의 부도 위기는 금융시장을 뒤흔들어놓았다. 『앞으로 닥칠 어려운 시기에 살아남는 법How to Survive the Coming Bad Years』이라는 책이 《뉴욕타임스》 베스트셀러에 올랐다. 당연히 기관과 일반투자자가 광적인 매수에 나서는 엄청난 강세장이 열릴 것이라는 저자들의 예측은 거의 무시되었다.

이처럼 절망적인 분위기에도 불구하고 주식시장은 앞으로 밝은 날이 펼쳐질 것임을 알았고, 패턴을 통해 그 사실을 알렸다. 이미 다우지수에서 사이클 파동 Ⅳ의 저점이 570포인트에서 형성되었고, 폭넓은 유통시장도 1979년부터 1981년에 걸쳐 견조한 모습을 보임으로써 잠재된 상승세의 신호를 분명하게 드러냈다. 그러나 부정적인 경제상황은 전형적인 양상으로 경기 후퇴와 고금리가 돌아온 1982년에 저점을 시험했다. 다우지수가 영원히 재상승하기 어려워 보일 때 프렉터는 오히려 예상 고점을 3,885포인트로 상향 조정했다. 사람들은 다우가 3,800선까지 오른다는 예측에 미친 것 아니냐는 아주 부정적인 반응을 보였다. 그러나 그때부터 사이클 파동 Ⅴ가 상승 행진을 시작했다.

이러한 일들 덕분에 파동이론이 주가를 예측하는데 대단히 유용한 도구라는 사실이 증명되었다. 그러나 저자들은 시간요소에 대한 의

견을 수정해야 했다. 사이클 파동 V가 애초 예상보다 훨씬 오래 지속되었고, 상당한 추가 시간 때문에 상승 잠재력도 늘어났다. 이러한 변동은 2장에서 설명한 동등성이 규칙이 아닌 지침인 이유를 말해준다. 파동 V는 저자들이 예측한 5년이나 8년이 아니라 1982년부터 계산하면 거의 16년, 1974년부터 계산하면 24년이나 지속되었다. 그리고 그동안 1974년에서 1989년 사이에 일본의 니케이지수가 세운 기록을 제치고 가격과 시간 면에서 기장 오래 연장된 주가 상승을 달성했다.

다만 저자들이 고점을 기록할 것으로 예측한 1983년, 1987년, 1990년에 사이클 파동 V 내에서 가장 중요한 중간 고점이 형성되었다는 사실은 약간의 위안을 안겨준다. 프렉터가 이 책의 부록에서 제시한 것처럼 자세하게 소개된 다른 분석은 1942년 10월에 엘리어트가 제시한 대단히 낙관적인 장기 전망, 1960년에 볼튼이 예측한 999포인트의 고점 예측, 1966년의 고점에서 콜린스가 제시한 약세장 예측, 프로스트가 572포인트로 제시한 파동 IV의 저점 예측 등이 있다. 이 역사를 검토해보면 엘리어트가 처음 주가 예측 보고서를 콜린스에게 보낸 이후 64년이 넘는 기간 동안 파동 전망의 주된 기조는 일관되게 유지되었음을 분명하게 알 수 있다. 반면 대부분의 경제학자, 분석가, 예측가들은 6개월, 6주, 6일마다 시각을 바꾼다. 새로운 뉴스가 나올 때마다 분석에 반영해야 하기 때문이다. 반면 주가 패턴은 종종 다음에 나올 뉴스의 성격을 미리 알려준다. 때로 파동 구조가 해석하기 어렵고 미래의 주가 움직임이 다양한 결과에 대한 가능성의 순위를 바꾸도록 강요하면 원래 시나리오를 포기해야 하기도 하지만, 파동이론은 사전에 합리적인 계획을 세울 수 있도록 안정적인 관점을 제공한다.

주식시장이나 경제 또는 미래 전반에 대해 다룬 많은 책들이 낙관적이거나 비관적인 입장을 취한다. 실제로는 반대의 입장을 취해야 하지만 현재의 사회적 분위기에 휩쓸려 내린 예측들은 대부분 틀릴 수밖에 없다. 설령 한 방향의 일반적 추세를 맞추더라도 우연적인 요소를 고려해야 한다. 이 책에서 소개한 것처럼 구체적이고 포괄적으로 완전한 등락주기를 제시하는 일련의 예측은 이전에 시도된 적도, 성공한 적도 없다. 과학적 이론의 유효성을 증명하는 가장 중요한 근거는 예측이 성공했다는 기록이다. 이 부문에서 파동이론은 다른 어떤 이론도 넘볼 수 없는 독보적인 경지를 구축했다. 8장과 부록에 제시된 실시간 예측은 엄청난 지적 도전이다. 패턴이 형성되는 도중에 내리는 판정은 특히 어렵다. 그러나 1974년 12월과 1982년 8월처럼 주요 패턴이 완성되면서 교과서적인 그림이 명확하게 드러나는 때도 있다. 이러한 때에는 분석에 대하여 90퍼센트 넘는 확신을 가질 수 있다.

현재 저자들이 예측한 약세장에 대한 부분만 미지의 영역으로 남아있다. 그 예측마저 옳다면 이 책은 주식시장의 역사에서 거대한 강세장뿐만 아니라 뒤이은 거대한 약세장까지 정확하게 맞춘 유일한 책으로 남을 것이다. 프렉터는 최근에 낸 『파동의 꼭대기에서』라는 책에서 두 거대 파동을 자세하게 설명했다.

지금까지 우리에게 주어진 엄청난 여정의 절반은 끝났다. 이전 절반은 대부분의 시장 관찰자들이 상상도 못한 수준이었던 저자들의 보수적인 예측을 충족시켰다는 점에서 지적인 보상을 안겨주었다. 이제부터 아래로 향할 다음 국면은 그만한 보상을 안겨주지는 못할 것이다. 그러나 그 시작이 한 시대의 종말을 의미한다는 점에서 훨씬 큰 중요성을 지닌다. 변화에 대한 대비는 투자자들에게 수익을, 예측자들에게 명성을 안겨준다. 이번에 올 변화에 대한 대비는 경제적 추세와 사회문화적 추세의 상호연계성을 지적하는 프렉터의 설명에 근거할 때 경제적·육체적 생존에 도움을 줄 것이다. 많은 사람들이 시장은 무슨 일이든 할 수 있다고 말한다. 그러나 파동이론은 시간과 가격의 패턴을 통해 시장의 움직임에 대한 훌륭한 관점을 제공한다.

이 글은 『엘리어트 파동이론』의 20주년 판을 기념하여 존 와일리 앤 선즈John Wiley & Sons Ltd. 편집자가 쓴 후기이다.(편집자)

엘리어트 파동이론

초판 1쇄 발행 2011년 7월 7일
초판 21쇄 발행 2024년 8월 26일

지은이   A. J. 프로스트 외
옮긴이   김태훈

펴낸곳   ㈜이레미디어
전　화   031-908-8516(편집부), 031-919-8511(주문 및 관리)
팩　스   0303-0515-8907
주　소   경기도 파주시 문예로 21, 2층
홈페이지 www.iremedia.co.kr
이메일   mango@manogu.co.kr
등　록   제396-2004-35호

편집 권효정 | **디자인** 도도디자인 | **마케팅** 김하경
재무총괄 이종미 | **경영지원** 김지선

ISBN 978-89-91998-56-8 13320